Ein glücklicheres Leben

*Wie man echtes Glück und Wohlbefinden
in jeder Phase des Lebens entwickelt.*

.

von Shar Khentrul Jamphel Lodrö

Herausgegeben von Dr. Adrian Heckel

Dzokden

Autor: Shar Khentrul Jamphel Lodrö
Englischer Redakteur: Dr. Adrian Heckel
Deutscher Übersetzer: Michael Aldrian
Deutsche Herausgeberin: Ulrike Holzer

Erste Auflage
ISBN (Taschenbuch): 978-1-958229-82-8
ISBN (ePub): 978-1-958229-83-5

Veröffentlicht von:

DZOKDEN

Dieses Werk wurde von Dzokden produziert, einer gemeinnützigen Einrichtung, die ausschließlich von Freiwilligen getragen wird. Diese Organisation hat es sich zur Aufgabe gemacht, eine nicht-sektiererische Sichtweise aller spirituellen Traditionen der Welt zu verbreiten und den Buddhismus auf eine Weise zu lehren, die sowohl vollkommen authentisch wie auch praktisch und für die westliche Kultur zugänglich ist. Sie widmet sich insbesondere der Verbreitung der Jonang-Tradition, einem seltenen Juwel aus einem abgelegenen Teil Tibets, das die wertvollen Lehren des Kalachakra bewahrt.

Wenn Sie weitere Informationen über geplante Aktivitäten oder verfügbare Materialien wünschen oder eine Spende machen möchten, wenden Sie sich bitte an:

Dzokden
3436 Divisadero Street
San Francisco, CA 94123
USA
www.dzokden.org
office@dzokden.org

Inhalt

Danksagung

Verdienste, die aus diesem Buch entstehen mögen, widme ich meinen Eltern, die mich in diese Welt gebracht und mich großartig umsorgt haben – ich werde ihre liebevolle Zuwendung wohl nie vergelten können. Ich bin so glücklich und dankbar für die Gelegenheit, dieses Buch zu schreiben weil ich noch recht wenig vertraut bin mit der englischen Sprache und Kultur und meine Erfahrung mit dem Leben in einem westlichen Land noch einigermaßen begrenzt ist. Deshalb bin ich auch jenen sehr dankbar, die zu diesem Buchprojekt beigetragen und geholfen haben, nicht nur, indem sie aus meinen schwachen Englischkenntnissen sinnvolle Sätze gemacht haben, sondern auch für die Diskussionen und das Einbringen ihrer Ideen. Ich möchte mich bei Dr. Adrian Hekel für seine enorme Hilfe beim Entstehen dieses Buches bedanken, die weit über die Herausgabe hinausging. Ich glaube Adrians Absicht und Motivation waren ehrlich und bedingungslos. Ich hoffe, dass alle, die dieses Buch lesen, Adrians Mühen würdigen, denn ohne ihn hätte dieses Buch nicht fertiggestellt werden können. Ich möchte auch Julie O'Donnell, die mir geholfen hat, dieses Buch zu beginnen und grenzenlose Unterstützung, Großzügigkeit, Hingabe und Treue bewiesen hat, meinen Dank aussprechen. Jede Gelegenheit, die ich hatte, um an diesem und anderen Projekten zu arbeiten beruht auf der freundlichen Unterstützung durch Julie, deshalb kann ich ihr gar nicht genug danken und werde ihre Hilfe niemals vergessen. Ich möchte auch alle anderen, die an diesem Buch beteiligt waren, nennen und ihnen danken, besonders Stephanie Davis, Mark Cleary, Lisa Jobson, Dorothy Welton und Kristy Peters. Möget ihr viel Glück erfahren und möge eure spirituelle Entwicklung vorankommen.

Khentrul Rinpoche
Melbourne, Australia, Juli 2015

Vorwort des Herausgebers

Vor sechs Jahren traf ich Khentrul Rinpoche zum ersten Mal. Damals war er ganz neu in Australien und kannte fast niemanden und er sprach auch nur ein paar Bruchstücke Englisch. Während unserer tollpatschigen Versuche zu kommunizieren stellte ich fest, dass er eine bemerkenswerte Geschichte zu erzählen hatte und sein Training im Buddhismus unübertroffen war. Als er vor ein paar Jahren die Idee erwähnte, ein Buch über das Thema Glück zu schreiben, brauchte ich eine Weile um überzeugt zu sein, dass wir ein originelles und praktisches Buch schreiben könnten. Aber dann wurde mir klar: Auch wenn viele seiner Ideen simpel ausschauten, war die Weisheit dahinter sehr tiefgehend.

Zur selben Zeit als ich an diesem Manuskript arbeitete, beendete ich meine Arztausbildung, um einige Zeit als Allgemeinmediziner zu arbeiten. Diese Arbeit war wie ein Vergrößerungsglas in die Innenwelt des durchschnittlichen Australiers. Es war die Möglichkeit Zeuge des Herzschmerzes, des Leidens und des Elends zu werden, das die Menschen tagtäglich heimsucht, aber auch die Freude und unglaubliche Resilienz kennen zu lernen, die einige selbst unter den widrigsten Bedingungen an den Tag legten. Die Arbeit als Arzt wie auch meine eigene Lebenserfahrung überzeugten mich, dass Glück nicht einfach zufällig „passiert" und dass es gewiss keine triviale Angelegenheit ist. Ohne Zweifel ist es etwas, worüber wir tief nachdenken sollten. Denn was zählt wirklich im Leben?

Zusätzlich bemerkte ich bei meiner Arbeit als Arzt, dass viele Leute die Realität von Leiden, Tod und Sterben völlig zu ignorieren schienen. Sie sahen Spiritualität als eine private Sache an oder als etwas, worüber sie nicht wirklich nachdachten, weil sie mit dem gewöhnlichen Leben so beschäftigt waren. Deshalb kam mir das Gefühl, dass die Leute ein Buch wie dieses brauchen könnten um zu erkennen wie Spiritualität im Alltag eingebettet ist, und nicht etwas davon Abgetrenntes. Vielleicht könnte es auch helfen eine Brücke zu bauen für jene, die im Westen aufgewachsen sind und am „spirituellen Leben" interessiert sind.

Als Herausgeber dieses Buches hoffe ich, dass mein Schreibstil und die Ergänzungen, die ich eingebracht habe die Weisheit von Khentrul Rinpoche, die er hier zu vermitteln sucht, nicht trivialisiert oder getrübt haben. Um das Buch zugänglicher zu machen habe ich versucht Referenzen aus der neueren Forschung in der Psychologie einzubringen (welche in den Endnoten detailliert vermerkt sind). Vieles davon beruht auf den Erfahrungen, die ich bei der Internationalen Konferenz zu "Glück und seine Grundlagen" in Sydney gemacht habe, wie auch meiner medizinischen Ausbildung und Gesprächen mit Mentoren mit großer Erfahrung in Beratung und Psychologie. Diese Ergänzungen lenken hoffentlich nicht von den essenziellen Aussagen dieses Buches ab und für eventuelle Fehler und Versäumnisse übernehme ich gern die Verantwortung.

Abschließend möchte ich die Arbeit an diesem Buch meinen Eltern widmen,s die immer ganz bedingungslos für mich da waren. Und ich wünsche mir sehr, dass das Lesen dieses Buches einen Unterschied in der Lebensqualität bringt.

Adrian Hekel
März 2010

KAPITEL 1

Glück eine Einführung

Man mag sich fragen warum jemand wie ich daran interessiert ist ein Buch zum Thema „Glück" zu schreiben. Ich war nie in der Schule, ich habe keinen Universitätsabschluss und war der modernen Welt und ihren Informationen kaum ausgesetzt. Stattdessen lebte ich die meiste Zeit meines Lebens als einfacher Mönch, isoliert vom Rest der Welt in den Bergen von Tibet.

Wenn ich aber über mein Leben nachsinne wird mir klar, dass ich erstaunlich viele unterschiedliche Erfahrungen gesammelt habe, die mir geholfen haben zu begreifen, was wirklich essenziell und wichtig im Leben ist. Deshalb konnte ich nicht anders, als meinem Wunsch, diese Frage nach dem Glück zu erforschen und mit anderen zu teilen was ich gelernt hatte, zu folgen. Mein Herzenswunsch war es ein Buch über Glück zu schreiben, das jeden Aspekt und jeden Lebensschritt gesondert und lebensnahe erforscht und für jeden, egal ob alt oder jung, religiös oder nicht, reich oder arm, zugänglich macht. Ich wollte es so schreiben, dass bei sorgfältiger Reflexion und Anwendung der praktischen Übungen, jede/r tatsächlich den Grad des eigenen Glücklichseins verändern kann.

Wenn ich auf mein Leben zurückschaue und mich zurückerinnere an all die Beziehungen und Freundschaften, die ich hatte, an all die Entscheidungen die ich getroffen habe, und die Lektionen die ich daraus gelernt habe, dann bin ich überzeugt, dass ein Buch mit Richtlinien für ein glückliches und zufriedenes Leben sehr hilfreich gewesen wäre. Ich hätte mich sehr glücklich gefühlt, hätte ich ein Buch wie dieses lesen können. Deshalb habe ich mich entschlossen dieses Buch zu schreiben, weil ich nun in der Lage und Position bin, um ein paar der Einsichten teilen zu können, wie man mit den Herausforderungen umgeht, die uns allen in den unterschiedlichen Lebensphasen begegnen, und was echtes Glück wirklich ist.

Die meisten Menschen gehen davon aus, dass man Glück nicht in Zeiten der Not oder während ungünstiger Umstände finden kann. Mit der Zeit habe ich gelernt, dass das doch möglich ist, da ich selber viele Herausforderungen erlebt habe und nie wirklich unglücklich war – ich bin wahrscheinlich sogar glücklicher als die meisten Menschen mit einem problemlosen Leben. Als Kind war mir ein höherer sozialer Status verwehrt und ich lebte stattdessen ein raues Leben – ich musste Yaks hüten und das oft bei Temperaturen von minus 30 Grad Celsius. Als Teenager fand ich intensives Glück in romantischen Beziehungen und ich dachte, sie würden für immer halten, aber als mein Vater starb traf ich die schwere Entscheidung, all das aufzugeben und dem Wunsch meiner Eltern nachzukommen und Mönch zu werden.

Da ich das monastische Leben erst vergleichsweise spät begann, hatte ich es schwer akzeptiert zu werden und mich an dieses völlig neue Leben zu adaptieren. Ich stand im „Wettbewerb" mit jüngeren Mönchen, die seit der Kindheit tagtäglich ihre Ausbildung erhielten, während ich bloß ein Yakhüter war. Später fand ich es sehr schwer mich an den Lebensstil und die Kultur in Australien anzupassen, wo ich absolut niemanden kannte und nur ein paar Worte Englisch sprach.

Meine vielen Jahre buddhistischen Trainings, wie auch mein reicher Erfahrungsschatz im Leben der modernen Welt haben mir die Augen für die Einsicht geöffnet, dass das Glück nicht von jenen Bedingungen abhängig ist, die die Menschen für gewöhnlich damit assoziieren. Ich schätze mich glücklich ein tieferes Verständnis von Glück gewonnen zu haben, wobei das Glück auch inmitten aller Schwierigkeiten und ungünstigen Umstände zugänglich und nicht von einem komfortablen Leben abhängig ist. Wenn ich über meine Erfahrungen reflektiere, erkenne ich nun, dass es genau die schwierigen Zeiten waren, die mich lehrten glücklich zu sein, die mir innere Stärke gaben und eine neue Wertschätzung vieler Dinge brachten.

Als ich in den Westen kam, wo eine ganz andere Kultur, ein anderer Lebensstil und eine andere Denkweise vorherrschen, wurde überraschenderweise mein ganzes Wissen über das Glück bestätigt. Ich änderte nicht meine Sichtweise, sondern meine Ansichten wurden bestärkt und vertieft. Dazu kam es nach vielen Begegnungen und Gesprächen mit Menschen aus dem westlichen Kulturkreis während der letzten paar Jahre, auch weil ich Gelegenheit hatte, das Lebens im Westen näher zu untersuchen und nachdem ich ein wenig über Konzepte der westlichen Psychologie, Philosophie und Wissenschaft gelernt hatte. Ich habe versucht diese Einsichten in den Text einfließen zu lassen, in der Hoffnung die tiefe Weisheit des tibetischen Buddhismus besser zugänglich zu machen (Referenzen für jedes Kapitel sind am Ende des Buches zu finden)

Ich hoffe dieses Buch möge wie ein Spiegel sein durch den man das ganze Leben sehen kann – die Vergangenheit, die Gegenwart und die Zukunft. Selbst wenn du noch jung bist, findest du vielleicht das Kapitel für ältere Menschen hilfreich. Oder umgekehrt, bist du vielleicht schon älter und kannst dich aber besser mit den Anfangskapiteln für Teenager und junge Erwachsene identifizieren. Ich bringe auch meinen buddhistischen Hintergrund im Verlauf dieses Buches ein. Ich hoffe, dass das einige von euch hilfreich finden, speziell, wenn man sich fragt, was mit einem „spirituellem Leben", das von Menschen in der modernen Welt oft fehlinterpretiert wird, gemeint ist. Ich bete darum, dass das Buch den Leser unterstützen mag, ein glücklicheres Leben zu entwerfen und sich dann der Verwirklichung zu widmen, egal welcher Religion oder welchem Glaubenssystem der Leser auch folgen mag.

WAS IST GLÜCK?

Was ist Glück? Geht es nur darum sich gut oder angeregt zu fühlen, ein komfortables Leben zu führen und unsere Bedürfnisse zu befriedigen? Ich glaube, das können alles Eigenschaften des Glücks sein, aber in Wirklichkeit ist es mehr als das. Wenn wir das Wort *Glück* verwenden sind wir uns meist nicht im Klaren darüber, dass es ein riesengroßes und profundes Thema ist. Dieses eine Wort kann die endlosen Formen von Glück nicht adäquat beschreiben.

An der Oberfläche mag Glück körperliches Wohlergehen, geistige Anregung oder momentane Gefühle von Lust und Gefühle von Liebe und Akzeptanz beinhalten. Auf einer etwas tieferen Ebene könnte es auch bedeuten in einer bestimmten Aktivität vertieft zu sein, oder daran zu arbeiten, ein bestimmtes Ziel zu erreichen. Ein glücklicher Zustand kommt nicht notwendigerweise vom Erreichen eines Zieles, aber davon sich enthusiastisch in diese Richtung hin zu bewegen. Jede dieser verschiedenen Ebenen geht mit unterschiedlichen Graden von Befriedigung und Zufriedenheit einher.

Von einer noch tieferen Perspektive aus, kommen Glückserfahrungen auch durch das Verstehen zustande, dass Scheitern und Verlust natürliche Anteile des Lebens sind. Mit diesem Verstehen können wir alle Umstände als Grundlage des Lernens nutzen, um ein Glück zu finden, das von innen kommt, trotz der Hochs und Tiefs. Das führt zu Gleichmut und innerem Frieden, mit erhöhter Fähigkeit die Emotionen zu kontrollieren. Viele spirituelle und nicht-spirituelle Philosophien:

1. erkennen, dass es viele Ebenen von Glück gibt
2. anerkennen, dass Glück in jeder Situation da sein kann

Oft sehen wir nur eine dieser Ebenen. Wenn wir die vielen Dimensionen erkennen und anerkennen, öffnet sich das Tor für die tieferen Ebenen des Glücks. Dieses Verstehen führt zum unbegrenzten Potential für Glück, viel großartiger als alles, dessen wir uns bisher bewusst waren.

Was heißt es die „dunkle Seite" in unserem Leben zu akzeptieren? Generell verfallen wir in zwei Extreme – einerseits ignorieren wir das Leiden, das Teil des Lebens ist, oder klammern uns andrerseits völlig an unserem Leiden fest. Im ersten Fall sind wir von der Realität abgeschirmt und sind überrascht, wenn etwas Unerwartetes geschieht, wie etwa, dass wir unseren Job oder eine geliebte Person verlieren. Im zweiten Fall sind wir auf die dunkle Seite fixiert, verfallen in Depression, Negativität, oder resignative Akzeptanz und schätzen den vielen Segen, den das Leben bringt, nicht mehr.

Zum Glück gibt es einen mittleren Weg, einen günstigen Blickwinkel, von dem aus wir gleichzeitig das Leiden sehen können und uns des Segens bewusst sind. Wir könnten unseren ganzen Besitz oder sogar einen guten Freund verlieren und trotzdem noch wertschätzen, was wir haben, wie etwa unsere Gesundheit und einen klaren Geist und dass wir gesegnet sind ein Leben zu führen, das so viel für uns bereit hält. Glück und Zufriedenheit kann nur entstehen, wenn wir uns der lichten Seite verschreiben aber auch sehen, dass die dunkle Seite natürlich ist und nicht durch bedauernswerte Dinge überwunden werden kann. Wir können uns dem Leben nur richtig hingeben, wenn wir uns beider Seiten bewusst sind, der erfüllenden und der „leidhaften".

Die Dunkelheit in unserem Leben zu verstehen verstärkt unser Mitgefühl, weil wir sehen, dass alle die gleichen Schwierigkeiten haben wie wir. Dann können wir den tiefen Wunsch entwickeln freundlich zu sein und bedingungslose Liebe und Mitgefühl zu entwickeln, während wir die Tendenz nur an uns selber zu denken, reduzieren. Das bringt uns zu einer noch tieferen Ebene des Glücks und spornt uns an unser Leben etwas, das größer ist als man selbst, zu widmen.

Schließlich ist die tiefste und profundeste Ebene des Glücks die Entdeckung der immanenten „selbstlosen Natur", die im Innersten unseres Seins liegt. Diese ist eine konstante Quelle des Glücks und der bedingungslosen Liebe, völlig unabhängig von den äußeren Umständen. In der buddhistischen Tradition nennt man das „erleuchtetes Sein", das man enthüllen kann, wenn man jegliche Spur von Eigeninteressen1 ganz eliminiert. Dann entdecken wir unser Potenzial, völlig glücklich zu sein, erlangen komplette Kontrolle über unsere Emotionen und helfen anderen auf ganz natürliche Weise.

Auch die moderne Psychologie spricht von verschiedenen Ebenen des Glücks. Martin Seligman, den man als Vater der „Positiven Psychologie" kennt, spricht von drei grundlegenden Ebenen des Glücks[2]. Erstens ist da das Gefühl von Lust, das man von Moment für Moment erlebt, zweitens die Freude, wenn man in eine Tätigkeit völlig eintaucht, oder wenn man dabei ist ein bestimmtes Ziel zu erreichen und drittens die tiefe Erfahrung von Sinn und Erfüllung, indem man erkennt, dass das Leben tiefgründig und bedeutungsvoll ist, was noch weiter gesteigert werden kann, indem man wesentliche tugendhafte Eigenschaften entwickelt.

Auch wenn wir alle unterschiedliche Vorstellungen davon haben, was Glück für uns bedeutet, kann man diese verschiedenen Ebenen auf uns alle anwenden, egal wer wir sind. Glück auf diese Weise zu verstehen kann uns zu einem besseren Verständnis von dessen höchstem Potential und größter Kraft führen. Im Verlauf dieses Buches werde ich darüber sprechen, wie man diese verschiedenen Dimensionen des Glücks findet. Meine Hoffnung ist, dass dies für die Leser/innen nachvollziehbar ist und jede/r es auf eine Art anwenden kann, die dem eigenen Persönlichkeitstyp und der momentanen Ebene des Verstehens entspricht. Ich werde speziell das Kultivieren jener tieferen Schichten betonen, wo wahre Erfüllung, gegründet auf Altruismus und Mitgefühl, zu finden ist. Wenn wir das in uns finden können, dann werden wir eine Tiefe unseres Seins entdecken, die eine konstante Quelle für Freude, Friede, Zufriedenheit und Mut, jenseits der Höhen und Tiefen des Lebens ist.

IST GLÜCK ERREICHBAR?

Jedes Lebewesen hat den angeborenen Wunsch, einen gewissen Grad an Glück zu erreichen, egal welche Position die Person innehat oder wie alt sie sein mag. Einige Menschen mögen desilusioniert sein und unkluge Entscheidungen, wie sie ihr Glück finden könnten, treffen. Zum Beispiel könnten einige Menschen anderen physisch oder emotional Schaden zufügen und dabei, aus ihrer Unwissenheit heraus denken, dass ihnen diese Tat Befriedigung und Glück bringen würde. Egal wie verschiedene Menschen glauben ihr Glück erreichen zu können, ist es wichtig zu verstehen, dass die Suche nach Glück und Befriedigung die ultimativen Triebkräfte hinter allem, was wir tun, sind. Das ist eine natürliche Tatsache und es ist sinnlos dieses Grundverlangen weiter zu untersuchen. Genauso wie der Versuch herauszufinden, warum Feuer heiß ist und Wasser flüssig, würde uns das nicht weiterhelfen.

Aber es ist notwendig zu untersuchen ob Glück erreichbar ist oder nicht. Haben wir alle ein inhärentes Potenzial, Glück zu erreichen? Hängt es von Ursachen und Bedingungen ab? Und wenn ja, was sind die richtigen Umstände und Bedingungen? Oder ist es „Schicksal", etwas das einfach passiert, wenn uns Dinge „zufallen"?

Um die erste Frage zu beantworten, ja, wir haben alle das inhärente Potential um Glück zu erreichen. Jedes Glaubenssystem in der Welt, die atheistischen und die theistischen, werden uns sagen, dass Glück nichts Zufälliges ist, oder eine Sache von Glück oder Pech. Darüber hinaus ist die Idee, dass wir alle nur ein gewisses Potenzial fürs Glück zur Verfügung haben[3], in Frage zu stellen. Sowohl die Erfahrung aus traditionellen spirituellen Kulturen wie auch moderne wissenschaftliche Forschung zeigen, dass Glück wirklich erreichbar ist, wenn es geschickt und fleißig kultiviert wird.

In der heutigen Welt und im Verlauf der Menschheitsgeschichte gab es immer wieder lebendige Beweise zahlreicher Menschen, die ein hohes Maß an Glück erreicht haben. Das war oft das Resultat von harter Arbeit oder erheblicher Anstrengungen. Das wissen wir von ihren eigenen Aussagen oder den Aussagen von anderen und das spiegelt sich auch in deren Taten wider. Es gibt sogar eine Anzahl von Menschen die man „erleuchtet" nennen könnte. Ohne Ausnahme zeigen sie auf das gleiche inhärente Potenzial zur Erleuchtung, das sich in allen von uns wiederfindet.

Und zweitens stellten wir die Frage: Ist Glück von Ursachen und Bedingungen abhängig, oder ist es zufällig oder „Schicksal"? Ja, Glück ist ganz und gar von Ursachen und Bedingungen abhängig. Wenn wir die Geschichte der menschlichen Zivilisation betrachten, und wenn wir sorgfältig unsere eigenen Erfahrungen untersuchen, dann finden wir heraus, dass überhaupt nichts ohne Ursachen und Bedingungen geschieht. Auf dieselbe Weise ist es unmöglich, dass Glück rein zufällig entsteht.

Auf der Ebene des Beobachtbaren werden wir alle zustimmen, dass nichts ohne einen Grund geschieht. Auf gleiche Weise ist *die Art, wie wir die Dinge wahrnehmen*, inklusive aller Gedanken und Emotionen die in unserem Geist vorüber ziehen auch von bestimmten Ursachen und Bedingungen abhängig. Deshalb können wir über Glück auf dieselbe Weise sprechen.

DIE RICHTIGEN URSACHEN UND BEDINGUNGEN

Wenn Glück ganz definitiv erreichbar ist, müssen wir uns fragen, was die Ursachen und Bedingungen sind, die das Glück zu uns bringen. Das ist bei weitem die wichtigste Frage und sie erfordert eine sehr ausführliche Antwort. Einige Punkte will ich hier kurz nennen und in späteren Kapiteln dann ausführlicher werden.

Erstens sollten wir uns fragen ob die Mehrheit der Menschen wahrlich glücklich ist. Wenn wir ehrlich nachdenken, kann die Antwort nur „nein" sein. Auch wenn wir oberflächlich glücklich scheinen, gibt es oft ein unterschwelliges Gefühl der Unzufriedenheit oder, dass „etwas fehlt", oder, dass wir sehr aufgewühlt sind, wenn etwas Unerwartetes passiert.

Die meisten Menschen denken „wenn sie nur reich genug wären", oder „wenn sie nur gesund oder schön wären" oder „wenn diese Beziehung gut ginge", *dann* wären sie glücklich. Diese Art zu denken führt zu einem begrenzten Glück, durch körperliches Wohlbefinden, geistige Anregung, momentane Gefühle der Lust oder der Anerkennung und des Geliebt-Werdens. Wir bemerken nicht einmal, dass wir ein ganzes Leben darauf verwenden, um Dingen wie Besitz und sozialem Status hinterher zu laufen.

Wenn wir auf diese Weise denken, verwechseln wir leider die Bedingungen des momentanen Wohlbefindens mit dem Glück an sich. Wir können auf diese sekundären Ursachen so fixiert sein, dass wir in die Falle einer eingeschränkten Sichtweise tappen und uns der primären Bedingungen gar nicht bewusst sind. Es ist wichtig zu unterscheiden zwischen:

- Primären Bedingungen – der eigenen Geisteshaltung
- Sekundären Bedingungen – Geld, Beziehungen, Gesundheit, Schönheit

Vielleicht mögen wir nicht anerkennen, dass wahres Glück darin besteht, dass man sich einer Sache voll hingibt, die man für wichtig hält. Dabei könnten wir das Glück und die Zufriedenheit übersehen, die in einfachen Dingen zu finden sind.

Auf einer grundlegenderen Ebene hängt das Glück davon ab, wie tiefgründig wir das Leben und die Umstände denen wir begegnen, verstehen. Mit weisem Blick erkennen wir, dass wir nicht erwarten können, dass das Leben einfach ist und erfolgreich verläuft, oder dass man notwendigerweise etwas mit harter Arbeit erreicht. Wir glauben, dass wir alles erreichen können, wenn wir nur hart danach streben, wie auch immer wir Erfolg definiert haben, und wir lassen es generell nicht zu, dass nicht alles perfekt nach Plan läuft. Wenn wir scheitern, ist es wichtig unsere Anstrengung fortzusetzen und es kann gut sein, dass ein wesentlicher Nutzen in unserem Streben zu finden ist. Wenn wir fähig sind sorgsam zu reflektieren, werden wir auf das „Schlimmste" viel besser vorbereitet sein, welches Unglück uns auch widerfahren mag.

Darüber hinaus können wir erkennen, dass das wahre Ziel unseres

Lebens die Ausrichtung auf das Entwickeln von bedingungslosem Mitgefühl sein sollte, anderen zu helfen und zu lernen, uns so zu akzeptieren wie wir wirklich sind, statt an einer Vorstellung von uns festzuhalten und dieser nachzueifern.

Das führt ganz natürlich zu einer Geisteshaltung, in der man sich nicht mehr unbefriedigt fühlt und die Egozentriertheit stark reduziert wird. Egozentriertheit heißt nicht grundsätzlich eine selbstsüchtige Person zu sein. Es heißt vielmehr andere als nicht ebenso wichtig anzuerkennen wie sich selber oder sich über die anderen zu stellen. Sich selbst an erste Stelle zu stellen ist eine tief verwurzelte Angewohnheit und andere als gleichwertig mit sich selbst zu sehen erfordert unablässige Übung.

Und letztlich ist der mächtigste und wahrhaftigste Grund für wahres Glück die Fähigkeit, aufrichtig liebende Güte zu kultivieren und wahres Mitgefühl zu entwickeln. Solch ein Geisteszustand ist die wahre Grundlage für ein Glück für jedermann, jenseits der momentanen Lebensumstände. Wir entdecken, dass es uns auf natürliche Art glücklich macht, wenn wir uns um das Glück der anderen kümmern. Wenn man sich nur mit dem eigenen Glück beschäftigt, kommt schnell Enttäuschung auf und man scheitert leicht an den eigenen Erwartungen. Ist die tiefgründigste Ebene von Liebe und Mitgefühl erreicht, fühlt man sich überall zuhause, egal wo man hingeht. Man ist fähig ein hohes Maß an Liebe und Toleranz aufrecht zu halten, egal wen man gerade trifft, egal welche Handlungen die Person ausführt und egal welche Einstellungen diese Person hat, man bleibt ganz ungezwungen und voll entspannt.

Mögen wir auch einen gewissen Grad an Warmherzigkeit und Mitgefühl erreicht haben, so bleibt er für gewöhnlich begrenzt und einseitig, er ist vermischt mit Egozentriertheit, Egoismus und Anhaftung. Wenn wir andererseits Liebe und Mitgefühl auf eine bedingungslose Weise kultivieren, kann unser Glück so mächtig werden, dass Traurigkeit, Stress, Depression und Einsamkeit kaum noch entstehen. Die Basis für diese bedingungslose Art des Mitgefühls ist letztlich die erleuchtete oder angeborene, „selbstlose" (leere) Natur des Geistes, aber auch das begrenzte Mitgefühl bringt uns bereits näher an diesen Zustand heran.

DER GEIST IST WICHTIG

Nichts ist entweder gut noch schlecht,
das Denken erst macht es dazu.
— William Shakespeare —

~

Wir mögen gleichermaßen denken, dass unser Glück von äußeren Bedingungen abhängig ist, wie wir auch in die Falle tappen können zu denken, dass unser Unglück durch äußere Bedingungen festgelegt ist. Wir mögen unser Unglück auf den Mangel an Geld zurückführen oder vielleicht haben wir genug Geld, arbeiten aber zu hart dafür und haben keine Zeit für den Urlaub. Wir können unserem Chef die Schuld geben oder unserem Partner der uns nicht genug liebt. Wie auch immer, es sind nicht die äußeren Dinge die uns unglücklich machen, es ist unser Geist.

Als ich mit dem Schreiben dieses Buches angefangen habe, bin ich gerade in ein neues Haus gezogen. Wir hatten den Eindruck, dass wir mehr bezahlten, als wir sollten, und zu allem Überdruss fiel ein paar Tage später das Warmwasser aus und wir mussten mitten im Winter mit einer kalten Dusche vorliebnehmen. Da wäre es leicht verärgert zu sein, Trübsal zu blasen und sich arm zu fühlen. Mit der Reflexion über unsere Situation war es uns aber möglich eine andere Sichtweise anzunehmen. Wir erkannten, dass wir eigentlich in einer sehr glücklichen Lage waren, immerhin hatten wir ein eigenes Haus und fließendes Wasser, während andere Menschen nicht einmal sauberes Trinkwasser haben. Indem wir das Problem aus dieser Perspektive betrachteten, konnten wir erkennen, dass es eigentlich nur eine Kleinigkeit war, die uns betrübte.

Dieses Beispiel ist natürlich trivial im Vergleich zu den großen Herausforderungen, die sich im Leben stellen. Um ein anderes Beispiel zu geben: Kürzlich ist die meistgeliebte Person in meinem Leben, meine liebe Mutter verstorben. Und als ob das noch nicht genug wäre, haben mir auch noch Leute, denen ich tief vertraut hatte und mit denen ich es nur gut gemeint hatte, zu schaden versucht. Am Anfang war ich völlig schockiert. Meine Welt stand Kopf und es fühlte sich an, als ob ich alles verloren hätte und mein ganzes bisheriges Leben sinnlos war. Als ich allerdings in Betracht zog, was alles noch schlimmer hätte kommen können, erkannte ich, dass meine Lage gar nicht so schrecklich war. Ich hatte immer noch meine Gesundheit, meine Integrität und Menschen, die sich um mich kümmerten und nach mir schauten.

Wenn ich über meine Erfahrungen reflektiere, erkenne ich, dass im Unglück oft unerwartete Möglichkeiten liegen. Wenn wir es uns selbst erlauben Dinge in einem anderen Licht zu sehen, können wir großen Nutzen daraus ziehen, indem wir Dankbarkeit praktizieren. Diese spezielle Situation zum Beispiel hat mir Wesentliches über mich selbst beigebracht, das ich in der Zukunft gut verwenden kann. Und es hat einige Beziehungen zu Menschen, die mir nahe sind, gestärkt.

Wenn wir lernen die Dinge von einem anderen Winkel her zu sehen, können wir umso mehr wertschätzen, was wir haben, wie etwa warmes Wasser, und wissen, dass es keine große Sache ist, für kurze Zeit kein warmes Wasser zu haben. Wir können auch lernen, dass unglückliche Situationen für jede/n von uns ein natürlicher, unvermeidbarer Teil des Lebens sind. Zuerst mag etwas nach einem Unglück ausschauen, aber oft verbergen sich sehr wertvolle Lektionen dahinter. Auf diese Art muss uns eine Person, die sich gegen uns wendet, der Tod einer nahe stehenden Person, oder der Verlust von etwas, an dem wir hart gearbeitet haben, nicht zwangsweise unglücklich machen. Auch wenn wir intensive Traurigkeit erleben, können wir lernen eine standfeste und ausgeglichene Sicht einzunehmen und dann erleben wir auch bedeutend weniger Unglück.

Wie seine Heiligkeit der Dalai Lama erklärt: Letztlich sind die Ursachen für Glück in unserem eigenen Geist zu finden:

Gute äußere Umstände können etwas zu unserem Glück und Wohlbefinden beitragen, aber letztlich hängt Glück vom eigenen Geist und wie er wahrnimmt ab.

LEIDEN UND DESSEN URSACHEN ERKENNEN

Die großen Philosophien fast jeder Kultur kommen darin überein, dass bei ehrlicher Betrachtung unserer Lebensumstände Glücklich-Sein kein natürlicher, inhärenter Zustand im Leben ist – also ist es notwendig die „dunkleren" Aspekte des Lebens anzunehmen und gleichzeitig die „hellen" Aspekte des Lebens zu würdigen und zu nähren. Unglücklicherweise fällt es uns sehr leicht zu denken wir hätten ein „Recht", wahres Glück zu erreichen, und daher erwarten wir es dann auch zu erreichen. Diese Auffassung wird aber immer zu Enttäuschung führen.

Der erste Schritt, um Glück zu erlangen, ist anzuerkennen, dass Leiden ein unvermeidbarer Teil des Lebens ist. Schau dich um und denk an die Menschen, die dir wichtig sind. Jede Sekunde, von der Geburt an, werden sie älter und ihr Sterben rückt ein kleines Stück näher. Wir wissen nicht wer ein langes und wer ein kurzes Leben haben wird. Das betrifft auch dich. Krankheit und Tod können in jedem Lebensalter auftreten und selbst mit der besten medizinischen Versorgung kann man nichts dagegen tun. Fast alle unsere Erfahrungen enthalten einige leidvolle Elemente – nicht zu bekommen was man sich wünscht, das zu bekommen was man sich nicht wünscht, oder von lieben Menschen getrennt werden, oder jemand zu lieben, der sich nicht für einen interessiert. Wir mögen sogar ein generelles Gefühl der Unzufriedenheit haben, für das wir keinen Grund finden können, und deshalb all die Konventionen hinterfragen wollen, die die Leute um uns herum hochhalten. Auch gute Umstände verändern sich zwangsläufig wieder, egal in welcher Lebensphase wir uns gerade befinden.

Wir werden einsehen, dass Leiden ein unvermeidbarer Anteil unseres Lebens ist, wenn wir zugestehen, dass wir kein dauerhaftes Glück erreichen werden, selbst wenn wir von Geburt bis Tod hart danach streben. Wäre dem Leben das Leiden nicht inhärent sondern stattdessen „neutral", dann wären wohl die meisten Menschen wahrlich glücklich, denn sie streben ja von Geburt bis zum Tod danach. Das ist aber nicht der Fall und nur sehr selten begegnen wir jemandem, der wahres Glück erreicht hat. Deshalb sollten wir lernen froh zu sein, wenn wir ein gewisses Maß an Glück erleben und es genießen, anstatt es einfach als selbstverständlich anzusehen. Dann werden wir erkennen: Glück in einem Leben, das von Leiden durchflutet ist, zu finden, ist wie einen Wasserfall in der Mitte der Wüste zu entdecken!

Obwohl Leiden ein unausweichlicher Teil dieses Lebens ist, sage ich dennoch nicht, dass wir das Leiden einfach wie ein Schicksal, dem wir ganz ausgeliefert sind, weil es keinen Weg gibt es zu überwinden, hinnehmen müssen. Wenn wir krank sind konsultieren wir einen Arzt, der uns sagt warum wir krank sind, und uns dann eine passende Medizin verschreibt, die uns hoffentlich hilft gesund zu werden. Wenn wir auf gleiche Weise das Leiden als das erkennen, was es ist, können wir tiefgründig über die Ursachen und Bedingungen, die zu Leiden oder Glück führen, nachdenken. Oft sind wir so sehr auf das Glück oder Leid fixiert, das wir erfahren, dass wir meinen, wir hätten einfach nur „Glück" oder „Pech" gehabt. Selten denken wir daran die Ursachen zu finden mit der Absicht, diese zu verändern. Deshalb ist das Weiseste, was man tun kann nach den Ursachen und Wurzeln der Probleme Ausschau zu halten, wie ein Arzt der die Krankheit identifiziert.

Das führt zu der Frage, was die Grundursache für all unser Leiden und unsere Unzufriedenheit sind. Da Glück und Unglück nicht primär, wie wir oft denken, von äußeren Bedingungen abhängig ist, sondern eher davon, *wie der Geist auf äußere Dinge reagiert*, könnten wir sagen, der Grund für das Leiden sei starres oder unkluges Denken. Wann immer wir es nicht schaffen die Dinge, die um uns herum geschehen, zu akzeptieren, sperren wir uns in einen Käfig voller negativer Gedanken und Emotionen, wie etwa Gier, Stolz, Neid und Zorn ein. Diese Emotionen übernehmen dann die Kontrolle und verstärken negative Gedanken. Dieser Kreislauf setzt sich solange fort, bis wir fähig sind diese Negativität loszulassen und sie mit heilsameren Emotionen und Gedanken zu ersetzen.

Auf andere Weise ausgedrückt: Leiden und Unzufriedenheit hängen davon ab, wie stur der Geist an Erwartungen festhält, dass sich das Leben auf eine ganz bestimmte Weise entfalten soll. Da wir dazu tendieren äußeren Dingen sehr viel Wert beizumessen, haften wir dann an den Dingen an oder wollen sie von uns wegschieben, und diese Einstellung limitiert das Maß an Glück, das wir erleben.

Ist es also möglich dauerhaft glücklich zu werden, wenn man dies alles mitbedenkt? Die Antwort ist definitiv „Ja", da Glück von Ursachen und Bedingungen abhängt, wie zuvor bereits erklärt. Es kommt besonders darauf an einen weisen, flexiblen Geist zu entwickeln, der sich nicht von Erwartungen niederhalten lässt und der gleichzeitig positive Gedanken und Handlungen entwickelt, wie unbefangene Liebe und Mitgefühl. Dieses wahre Mitgefühl entwickelt sich ganz natürlich, während wir Qualitäten wie ethisches Verhalten, Fleiß und Weisheit kultivieren.

Da Glück und Unglück beide auf spezifischen Ursachen beruhen, können wir darauf vertrauen glücklicher zu werden, wenn wir die Ursachen für Leid reduzieren und die Ursachen für Glück stärken, bis wir letztendlich ein dauerhaftes Glück erfahren, das von äußeren Umständen völlig unversehrt bleibt. Dann werden wir wie ein Ozean sein, der in der Tiefe ruhig bleibt, egal wie heftig die Wellen an seiner Oberfläche auch sein mögen. Wenn wir, auch wenn es keine einfache Sache ist, alles entfernen, was unser Glück behindert, ist es unmöglich unglücklich zu sein! Der Zweck dieses Buches ist es zu lernen, wie man die Ursachen für Leiden überwindet, indem man geschickte Handlungen ausführt und so das höchste Glück erlangt. Wie wir das anstellen, wird Kapitel für Kapitel erläutert.

ALTES WISSEN, MODERNE WELT

Wir können unser Wissen über die wahren Ursachen von Glück weiter vertiefen, wenn wir uns bestimmte Einsichten der westlichen und östlichen Philosophie näher ansehen und Erkenntnisse der modernen Psychologie und der Neurowissenschaft untersuchen.

Was ich bisher besprochen habe, ist stark von meiner Sichtweise als buddhistischer Mönch geprägt. Aber auch viele große westliche Philosophen erklären, dass jegliche Glückserfahrung nur durch das Anerkennen der Realität des Leidens[4] und das Erkennen, dass vernünftiges Nachdenken uns dabei helfen kann das Leiden zu überwinden, zu erlangen ist. Seneca, ein Berater des dekadenten römischen Kaisers Nero, erlebte aus erster Hand die Konsequenzen von Zorn und Stolz. Aufgrund seiner Erfahrungen sprach er von der Gefahr unrealistischer Erwartungen, die uns verleiten viele Dinge als ungerecht oder enttäuschend zu empfinden und uns daher Frustration und Leiden bereiten.

Sokrates hat behauptet, dass „ein Leben, das nicht untersucht und geprüft wird, des Lebens nicht wert" sei. Er bekräftigte die Notwendigkeit den logischen Verstand dafür einzusetzen, unsere Anschauungen, wie etwa „reich zu sein würde mich glücklich machen", zu überprüfen. Epikur wiederum argumentierte, dass die Ursachen eines glücklichen Lebens in Freundschaft, Einfachheit und gut durchdachter Lebensführung zu finden seien; zu viel Fokus auf Sinnengenuss führe immer zu Unzufriedenheit und Leiden.

Die moderne Psychologie stimmt diesen allgemeinen Prinzipien zu. Viele Menschen in unserer Gesellschaft leiden unter Depressionen. Eine Methode sie zu behandeln ist die kognitive Verhaltenstherapie[5], die versucht den Menschen ihre negativen Gedanken und Wahrnehmungen bewusst zu machen und versucht sie durch vernünftigere Gedanken zu ersetzen, die näher an die Realität einer Situation heranreichen. Zum Beispiel könnten wir uns „wertlos" fühlen, weil wir einen Fehler gemacht haben, und vergessen dabei, dass niemand perfekt ist und, dass unsere Vorstellung von „Wert" in uns selbst entsteht. Diese Art Therapie kann einigen Menschen mit Depressionen genauso effektiv helfen, wie Medikamente; und sie kann verwendet werden, um eine ganze Reihe negativer Einstellungen zu überwinden, die aus Angst, Zorn und Schuldgefühl heraus entstanden sind. Sie befähigt Patienten ihre negativen Denkgewohnheiten zu erkennen und durch anschließendes regelmäßiges mentales Training kann dieses negative Denken überwunden und die eigene Situation realistischer betrachtet werden.

Auch wenn sich die moderne Psychologie mehr der Erforschung mentaler Krankheiten gewidmet hat, gab es in den letzten Jahren auch Forschungen über jene Faktoren, die Menschen gut gedeihen lassen, und wie ein höheres Maß an Glück zu erlangen ist. Das Feld der „positiven Psychologie" beschäftigt sich mit der Kultivierung von heilsamen geistigen Zuständen und nennt drei Schlüsselkomponenten für das Glück: Vergnügen, Engagement und einen höheren Zweck im Leben zu finden. Forschungen haben ergeben, dass von diesen drei Komponenten das Vergnügen die bei weitem geringsten Auswirkungen auf ein glückliches und befriedigendes Leben hat. Es gibt einige Dinge die wir tun können, um unsere Wahrnehmung für Engagement und Sinn im Leben zu erhöhen, wie etwa ein „Dankbarkeitsbuch" zu führen, oder in der Gegenwart anderer großzügig zu handeln.

Von der großen Anzahl an psychologischen Studien zum Thema Glück will ich eine besonders interessante erwähnen, die von Philip Brickman 1978 durchgeführt wurde. Viele Menschen träumen davon in der Lotterie zu gewinnen, und wenn sie das Geld hätten, wäre das Glück auf ihrer Seite! In dieser Studie kam heraus, dass Leute die gewonnen haben, ein Jahr nach dem Gewinn nicht glücklicher waren als vorher. Ebenso wurden Querschnittsgelähmte interviewt, es stellte sich heraus, dass alle im ersten Monat nachdem die Lähmung auftrat zumindest einmal an Selbstmord gedacht hatten, aber nach einem Jahr waren sie wieder ungefähr so glücklich wie zuvor. Die Querschnittsgelähmten waren also ungefähr gleich glücklich wie die Lotteriegewinner! Diese Studie zeigt klar, dass weder Glück noch Unglück von äußeren Faktoren bestimmt ist. Glück kommt von innen heraus und hängt davon ab, wie wir eine Situation erleben.

Glauben Wissenschaftler, dass dauerhaftes Glück für jeden möglich ist? Neurowissenschaftler haben herausgefunden, dass das Gehirn sich sehr verändern kann, wenn wir mehr und mehr auf eine bestimmte Weise denken, das nennt sich Neuroplastizität. Experimente haben gezeigt, dass entsprechende Gehirnareale für das Wahrnehmen visueller Signale und das Erkennen von Bewegung größer werden, wenn die Person mit hoher Aufmerksamkeit Dinge anschaut oder tut. Wenn wir beispielsweise viele Jahre lang Geige spielen, werden jene Hirnareale wachsen, die unsere Fingerbewegungen steuern. Wenn wir uns ausgiebig der Praxis von Liebe und Mitgefühl widmen, werden einige Gehirnareale wachsen, speziell der linke präfrontale Kortex. Die meisten Wissenschaftler dachten, wenn man einmal erwachsen ist, habe man einen bestimmten „Glücksgrad" erreicht und dieser sei kaum mehr zu ändern. Jetzt aber, als Ergebnis neuer Forschung der modernen Wissenschaft erkennen wir, dass das Gehirn in jedem Alter neuroplastisch ist.

Also sollten wir fähig sein uns darin zu üben, unseren Glücksgrad zu steigern, egal wie alt wir sind, solange wir wissen, welche Ursachen für ein glückliches Leben nötig sind.

KAPITEL 2

Ursachen des Glücks erforschen

Wir haben alle ein inneres Potenzial für Glück und wir müssen uns der spezifischen Ursachen bewusst werden, um dieses Potenzial freizulegen. Wir haben erwähnt, dass Glück mit dem Geist zu tun hat und nicht von außen bestimmt wird und dass es weiters mit Ursachen zu tun hat, die in Beziehung zu unserem Denken und Handeln stehen. Wir werden uns nun sorgfältig die Kern-Ursachen des Glücks anschauen, die unabhängig von Lebensstil oder Lebensalter vorhanden sind. Beginnen wir mit den menschlichen Grundbedürfnissen.

MENSCHLICHE GRUNDBEDÜRFNISSE

Zu allererst müssen wir anerkennen, dass es gewisse Grundbedürfnisse im Leben gibt und erst, wenn die befriedigt sind, kann man sich der Kontemplation von höheren Dimensionen des Glücks widmen. Gewisse hoch entwickelte Individuen, wie einige Yogis, Lamas oder Einsiedler im Himalaya, können jenseits von äußeren Bedingungen Glück erfahren. Sie erleben Glück, obwohl es oft an genügend Essen, ausreichender Behausung oder menschlichem Kontakt mangelt, und das vielleicht für viele Jahre. Das wird nur durch intensive spirituelle Praxis erreicht. Aber die meisten von uns bedürfen der folgenden Grundversorgung:

1. Lebensnotwendige Bedürfnisse

Dazu gehören Dinge wie Nahrung, Kleidung und Behausung. Ohne diese Dingen finden es die meisten Leute schwierig den Geist auf Höheres zu richten.

2. Sicherheit

Ungeachtet der Tatsache, dass es keine gänzliche Sicherheit gibt, egal wo man sich in der Welt befindet, ist es nötig Schutz vor den Elementen zu haben, wie etwa Feuer oder Sturm, aber auch vor anderen Dingen, wie etwa vor Verletzung oder davor getötet zu werden.

3. Kontakt und Kommunikation:

Wenn wir den Wunsch haben, in der Gesellschaft einen wertvollen Beitrag zu leisten, müssen wir mit anderen in Kommunikation treten. Das kann im direkten verbalen Austausch mit anderen Menschen oder durch schriftlichen Austausch geschehen. Kommunikation befähigt uns zu lernen und gibt unserem Leben Orientierung. Ohne Kommunikation ist es äußerst schwierig etwas zu erreichen, das auf die Gesellschaft einwirkt oder ihr nützt, egal was unser Ziel auch sein mag.

4. Freiheit:

Es ist nötig zu verstehen, dass es unterschiedliche Grade an Freiheit gibt, innere und äußere. Glück ist selbst dann möglich, wenn es keine äußere Freiheit gibt, wie die freie Rede oder einen Zugang zum Gesundheitssystem. Aber das Vorenthalten dieser Freiheiten kann es schwieriger machen jene Dinge zu erreichen, die für uns wichtig sind. Auf der anderen Seite ist innere Freiheit – das bedeutet frei zu sein von unseren Emotionen und von Verlangen – unabdingbar, wenn wir glücklich sein wollen. Dazu werde ich später mehr sagen.

5. Respekt und Anerkennung:

Hier spreche ich nicht von Ruhm oder Berühmtheit, eher davon, dass andere Menschen einen als Individuum anerkennen und als autonomes menschliches Wesen respektieren. Das bedeutet, dass wir nicht wie eine Ware oder ein Objekt behandelt werden wollen. Wenn wir in einem demokratischen Staat leben, wurden uns sehr wahrscheinlich bereits die Rechte und der Respekt eines autonomen menschlichen Individuums zuerkannt.

Wenn jedes dieser Grundbedürfnisse befriedigt ist, besteht für uns, wie für alle anderen, die Möglichkeit, das große Glück zu erreichen. Auch wenn es überraschend klingen mag, brauchen wir letztlich nicht mehr als das. Wenn unsere Lebensumstände so günstig sind, dass diese Bedürfnisse gestillt sind, wir diese aber nicht anerkennen und wertschätzen, dann versäumen wir die kostbare Gelegenheit, eine glücklichere Person zu werden. Alles, was wir unternehmen, kann uns dabei helfen glücklicher zu werden, aber all unser Bemühen kann auch fehlschlagen und unsere Situation schwieriger machen oder zu Frustration führen.

BEDÜRFNISSE UND VERLANGEN

Die fünf erwähnten Grundbedürfnisse sind zum einen notwendig zum Überleben und andererseits auch, um wünschenswerte Umstände für das Glücklichsein zu schaffen – extern, und noch wichtiger intern. Letztlich sind sie grundlegend für das Glücklichsein. Diese Grundbedürfnisse müssen nur auf einfachste Weise befriedigt sein, und deshalb gilt es den Unterschied zwischen Bedürfnis und Verlangen zu erkennen. Was meine ich damit? Wenn wir nach Luxus streben und mehr und mehr nach äußeren Dingen greifen, können wir wohl Vergnügen oder Befriedigung erfahren, aber wir verlieren schrittweise den inneren Fokus und es wird immer schwieriger echtes Glück zu erfahren.

Wir können einfach von Wasser, Brot und etwas Gemüse überleben, stattdessen sehnen wir uns nach verschiedensten Getränken und Speisen. Wir können uns warm halten mit nurzwei angemessenen Kleidergarnituren, aber wir wollen einen ganzen Schrank voll schöner

23

Kleider, um unsere Selbstbild aufzuwerten. Was ein Dach über dem Kopf betrifft, sehnen wir uns nach schönen Häusern, die viel mehr Zimmer haben, als wir brauchen. Das Streben nach anderen materiellen Dingen, wie dem neuen Sportwagen, den wir schon jahrelang herbeisehnen, kann sehr schnell mehr Schwierigkeiten bereiten und uns vom Glück ablenken.

Wir haben auch so viele verschiedene Möglichkeiten zu kommunizieren und Informationen zu sammeln – Internet und Handys, Fernsehen und Zeitungen, um nur einige zu nennen. Da wir uns so viele neue Dinge angeeignet haben, können wir schnell enttäuscht werden, wenn sich unsere Erwartungen nicht erfüllen. Darüber hinaus streben manche geradezu zwanghaft nach dem, was sie für ein besseres Leben halten, arbeiten hart, machen Überstunden und verschulden sich sogar, um dieses „bessere Leben" finanzieren zu können. Wenn wir stattdessen unser Leben vereinfachen und mit etwas weniger zufrieden sind, haben wir mehr Zeit, um uns jenen Dingen zu widmen, die unserem Leben bedeutend mehr Sinn geben können.

Oft sind wir nicht damit zufrieden einfach als menschliches Wesen anerkannt zu werden, wir wollen etwas Besonderes sein, wollen über den anderen stehen. Wir suchen Liebe und Anerkennung und wollen bei unseren Partnern, in der Familie, bei Freunden und in unserer Umgebung in hohem Ansehen stehen, wir wollen, dass die Menschen, für die wir sorgen, eine hohe Meinung von uns haben. Zuoberst haben wir auch noch einen starken Drang uns zu verlieben, was bei den meisten Menschen mit großer Anhaftung verbunden ist. Das kann zu Eifersucht, Verbitterung oder sogar einem gebrochenen Herz führen, wenn die Dinge nicht so laufen, wie wir uns das vorstellen. Deshalb müssen wir sehr ehrlich sein und uns immer daran erinnern, dass sich im Schatten der romantischen Liebe viel Leiden verbirgt und dass wir sie nicht immer brauchen um glücklich zu sein.

Auch wenn wir glauben Geld mache uns glücklich, ist das nicht notwendigerweise der Fall. Unbestritten werden wir etwas Geld zum Überleben brauchen, aber was wir für „genug" halten, hängt ganz von unserer Einstellung ab. Viele von uns kennen reiche Leute, die bedeutend unglücklicher sind als manche mit geringem Einkommen und der beschriebene Fall der Lotteriegewinner scheint das auch zu bestätigen.

Wenn wir uns also in einer Situation wiederfinden, in der wir uns mehr Geld wünschen, oder wenn uns materieller Besitz übermäßig anzieht, oder uns ein Verlangen mitreißt, ist es wichtig über die Frage nachzudenken, was wir wirklich brauchen. Wie wir bald herausfinden werden, sind wir auf längere Sicht glücklicher, wenn wir den Unterschied zwischen Bedürfnis und Begehren verstehen und unser Leben entsprechend vereinfachen.

VERGNÜGEN VERSUS GLÜCK

Oft glauben die Menschen, dass Glück mit Vergnügen oder Aufregung verbunden ist. Wir erfahren eine angenehme Erregung, wenn wir unser erstes Haus bauen oder unser erstes Auto kaufen, wenn wir heiraten oder in den Urlaub fahren. Wir erfahren Vergnügen, wenn wir unsere Freunde treffen, an den Strand gehen oder unserem liebsten Hobby nachgehen. Wir könnten dieses momentane Gefühl der Lust mit Glück verwechseln. Aber diese Art von „Glück" ist von kurzer Dauer, sehr instabil und ganz von äußeren Stimuli abhängig. Wenn dieser äußere Stimulus weggenommen wird, verschwindet das Vergnügen.

Auch wenn nichts falsch daran ist Vergnügen zu empfinden, ist es doch wichtig sich darüber im Klaren zu sein, dass das eine sehr oberflächliche Art von Glück ist. Wenn wir vom Vergnügen abhängig sind, wird uns das daran hindern die tieferen Schichten des Glücks zu erleben.

Eine dauerhafte Art von Glück ist jenes, das aus dem Erlangen von mentalen Fähigkeiten und dem Kultivieren von geschickten Mitteln entsteht. Das beinhaltet die Zufriedenheit, die aus einem Studium, aus der Beschäftigung mit Wissenschaft, Sport, Kunst oder der religiösen Praxis entsteht. Oder darin etwas Neues zu erfinden, oder sich in einer Sache die uns am Herzen liegt zu engagieren. Das entspricht dem Glück, das wir erfahren, wenn wir im „Flow"[10] sind, wenn wir uns einer Arbeit oder einer Aktivität völlig hingeben. Das geschieht, wenn wir in unserem Tun so sehr aufgehen, dass Langeweile gar nicht entstehen kann. Weil wir es genießen und wirklich gut darin sind, haben Angst oder Traurigkeit viel weniger Chance dazwischenzufunken.

Diese beiden Arten von Glück sind etwas stabiler als jenes, das nur auf externen Dingen beruht, denn sie entstehen teilweise von innen heraus, und stehen in Verbindung mit unserer mentalen Einstellung. Auf jeden Fall ist dieses Glück auch nicht dauerhaft. Was passiert zum Beispiel, wenn der Student aus irgendeinem Grund sein Einkommen verliert? Oder wenn ein Wissenschaftler seine Forschung nicht mehr fortsetzen kann, weil es keine Finanzierung mehr gibt? Wenn diese Dinge die Hauptquelle des Glücks für einen Menschen darstellen, kann leicht Verzweiflung aufkommen.

Das bestätigt wiederum, dass wahres Glück nicht von äußeren Dingen und Erlebnissen abhängt. Es ist völlig stabil, da es ein ausschließlich von innen kommendes Gefühl ist – ein Gefühl gekennzeichnet durch Weisheit, Mitgefühl und das Wissen, dass das Leben tiefgründig und bedeutungsvoll ist. Wenn wir authentisches Mitgefühl und Weisheit besitzen, dann sind diese Qualitäten immer in uns, unabhängig von den äußeren Erfahrungen, die wir machen. Das bedeutet aber nicht, dass wir auf Dinge verzichten sollen, die uns Vergnügen bereiten, es geht bei allem, was wir tun darum, den größeren Maßstab von Sinn und Bedeutung nicht aus den Augen zu verlieren. Eine Person mit diesem Wissen kann ein Glück erreichen, das ganz unabhängig von der äußeren Welt ist. Solch eine Person ist wahrlich frei.

GESUNDE GEISTIGE QUALITÄTEN

Wie bereits früher erwähnt, kann man nicht glücklich sein, wie gut auch immer die externen Bedingungen sein mögen, wenn nicht bestimmte, gesunde geistige Qualitäten präsent sind. Diese geistigen Qualitäten entstehen tief innen aus dem eigenen Herzen und, wenn sie kultiviert werden, formen sie die Grundlage eines reifen, tiefen und reichen Charakters. Diese Qualitäten, gemeinsam mit dem, was uns im Leben am meisten bedeutet, soll von uns in Erinnerung bleiben. Auch in herausfordernden Zeiten geben sie uns Sinn und Rückhalt.

Die Essenz dieser heilsamen Qualitäten wird in beinahe jeder großen religiösen oder kulturellen Strömung dieser Welt gefördert. Egal um welche Tradition es sich handelt, gibt es unterschiedliche Ebenen von Einsicht oder Reife, auf denen wir diese Qualitäten üben oder annehmen können. Wichtig ist es, sich daran zu erinnern, dass diese Qualitäten eher eine Richtung angeben, in die wir uns entwickeln wollen, und nicht ein Ziel. Wenn man beispielsweise danach strebt empathischer und fürsorglicher anderen gegenüber zu werden, dann ist das eine Selbstverpflichtung, die unser ganzes Leben dauerhaft formen wird. Es ist nicht etwas, das man erreicht und dann vergisst.

Wenn wir uns selbst verpflichten gesunde geistige Qualitäten zu kultivieren, verbinden wir uns mit unseren tiefsten Werten und erfahren deshalb immer einen gewissen Grad an Glück und Sinn in unserem Leben. Immer wenn wir diese Qualitäten in die Praxis umsetzen, können wir zuversichtlich sein, dass Samen gesät werden, die einmal zu wahrem Glück heranreifen. Es ist sinnvoll das Kultivieren heilsamer Geisteszustände als Prozess wahrzunehmen, der auf Ursache und Wirkung beruht – ein guter Same wird gute Qualitäten hervorbringen und ein schlechter Same schlechte Qualitäten. Einige Menschen werden bemerken, dass diese Eigenschaften ganz selbstverständlich zu ihnen kommen, verglichen mit anderen. Das entspricht der Idee der ‚Signatur-Stärke‘ in der modernen Psychologie[11], die Charaktereigenschaften beschreibt, die ein reichhaltiges und sinnvolles Leben ermöglichen, wenn man sich darauf konzentriert.

Die heilsamen Eigenschaften, die wir kultivieren können, teilen sich ein in primäre und sekundäre Kategorien. Sekundäre Kategorien betreffen unser Glück, indem sie gewissermaßen äußere Bedingungen verändern, während primäre ganz direkt zum Glück beitragen. Wenn es auch schwierig ist, kann man grundsätzlich ohne sekundäre Qualitäten glücklich sein, während das ohne die primären gar nicht möglich ist.

Bevor wir die Eigenschaften konkret durchgehen, ist es notwendig die Bedeutung von Mitgefühl und Weisheit hervorzuheben. Weisheit ist eine Kombination aller Eigenschaften, die ich unten angeführt habe, ist Teil davon und steht zugleich über den anderen. Weisheit ist nicht dasselbe wie Intelligenz, es bedeutet auch nicht ganz viele Dinge zu wissen. Es bedeutet eher ein gutes, praktisches Verständnis dafür zu gewinnen, was wirklich wichtig ist und wie man das konkret im täglichen Leben anwendet.

Mitgefühl ist auch notwendig, wenn wir die höchsten Ebenen des Glücks erreichen wollen. Das Praktizieren der anderen Eigenschaften wird uns einen gewissen Grad an Glück ermöglichen, während nur ein motivierter Geist, der sich in Mitgefühl oder Altruismus übt, sein höchstes Potential ausschöpfen kann. Über allem anderen benötigen wir also Mitgefühl und Weisheit um glücklich zu sein.

Während wir diese Eigenschaften kultivieren, ist es gut möglich, dass unsere Handlungen und unsere Einstellung bei anderen gut ankommen und dass unsere Übung sich gut auf unser Umfeld auswirkt. Aber auch das Gegenteil kann der Fall sein, und Leute um uns reagieren negativ. Das kommt daher, dass wir einen Weg der Selbstlosigkeit gehen und andere, die das nicht tun mögen, sich bedroht fühlen, oder unsere Motivation nicht verstehen. Ihre Reaktionen könnten herausfordernd und unvernünftig sein, weil sie den Zweck nicht erkennen können. Diese Reaktion bedeutet für uns noch mehr Mitgefühl zu entwickeln, um die Quelle für ihre Reaktion zu erkennen und so geschickt wie nur möglich zu erwidern. So kann das eine Chance sein, im täglichen Leben unseren spirituellen Weg zu gehen.

A. Indirekte Qualitäten

Charakterstärke

Wenn wir einen starken oder mutigen Charakter haben, können wir viele Dinge im Leben erreichen und Vergnügen und Befriedigung als Resultat ernten. Eine Person, der ein starker Charakter fehlt, wird Schwierigkeiten haben Entscheidungen zu treffen und Ziele zu erreichen und es wird ihr schwerer fallen glücklich zu sein.

Ehrgeiz, Enthusiasmus und Entschlossenheit

Das sind Qualitäten, mit denen wir vieles im Leben erreichen können. Wenn wir keine klare Richtung im Leben haben, keinen Enthusiasmus, verfallen wir leicht in Selbstgefälligkeit oder Faulheit und werden weder unsere eigene Situation noch die von jemandem anderen verbessern können. Deshalb wird unser Leben dann sehr langweilig. Selbst wenn wir ehrgeizig sind, es uns aber an starkem Willen oder Entschlossenheit fehlt, sind wir leicht ablenkbar und verschwenden die kostbare Lebenszeit. Erinnert euch immer daran, dass hart zu arbeiten nicht bedeutet, dass das Leben schwieriger wird, auf längere Sicht wird es sogar viel einfacher.

Auch wenn einige Leute Stress bekommen mögen, wenn sie zu ehrgeizig sind, so sind sie doch in einer viel besseren Position als faule Leute und graduell kommen wir dahin, den Prozess der harten Arbeit zu genießen, speziell wenn die Ziele sinnvoll sind. Wenn Ehrgeiz mit einem guten Herzen und Weisheit verbunden ist, dann haben wir garantiert gute Resultate zu erwarten. Ohne ein warmes Herz oder Altruismus mögen wir vielleicht viel erreichen, aber die Konsequenzen können negativ sein, wenn wir den Aufstieg von Diktatoren, die großen Schaden angerichtet haben, als historisches Beispiel hernehmen.

Rücksichtnahme, sich um andere kümmern und Empathie

Diese Qualitäten helfen uns ein gutes Verhältnis zu anderen aufzubauen und aufrechtzuerhalten, was für unser eigenes Wohlbefinden vorteilhaft ist. Außerdem werden wir bemerken, dass andere zumeist freundlich zu uns sein werden, wenn wir freundlich zu anderen sind – manchmal unmittelbar, manchmal erst Jahre später. Das Verdienst unserer Handlungen wird jedenfalls größer, vielleicht im Verborgenen, und die günstigen Ergebnisse werden uns ganz natürlich erreichen. Niemand kann höchstes Glück erlangen, ohne anderen zu helfen.

Respekt für andere

Wenn wir immer respektvoll und rücksichtsvoll mit anderen umgehen, werden wir ganz sicher weniger Probleme in unseren Beziehungen mit anderen Menschen haben und es wird uns viel besser gelingen inneren Frieden und Ausgeglichenheit zu wahren. Andere zu respektieren bedeutet mit Demut und Höflichkeit zu handeln und bereit zu sein ihren Standpunkt zu verstehen oder sich in ihre Einschränkungen einzufühlen, was ganz natürlich zu einem Gefühl der Nähe, Zuwendung und Harmonie führt.

Geduld

Das ist eine wichtige Qualität, aber es ist leicht falsch zu verstehen auf welche Art man Geduld kultiviert. Wenn man eine Situation zum Besseren wenden kann, ist es nicht geschickt still sitzenzubleiben und denken: „Jetzt werde ich wohl Geduld praktizieren." Diese Art Einstellung ist Faulheit oder Selbstgefälligkeit, aber nicht Geduld! Geduld zu haben bedeutet, mit jeder Situation umgehen zu können, auch wenn es gerade nicht gut läuft, und tolerant zu bleiben, egal wie frustrierend das gerade sein mag; wir sollten die Geistesgegenwart aufrechterhalten, geschickt und angemessen zu handeln, anstatt aufzugeben oder auf eine Lösung zu warten, ohne uns darum zu bemühen.

B. Direkte Qualitäten

Selbstkontrolle

Das ist absolut notwendig um mit unseren Emotionen klar zu kommen, speziell mit negativen Emotionen wie Zorn und Neid, außer wir haben die außergewöhnliche Fähigkeit, mit diesen Emotionen konstruktiv umzugehen. In einigen Kulturen tendieren die Menschen dazu, echte Gefühle und Emotionen zu unterdrücken, aus Angst, grob oder unfreundlich zu wirken, und im Laufe der Zeit können einen dann solche unterdrückten Emotionen unkontrollierbar überkommen. Diese Menschen können dann mit schweren emotionalen Entgleisungen reagieren, sich völlig zurückziehen und jeder herausfordernden Situation aus dem Weg gehen, was viel schlechter ist als ein normaler emotionaler Austausch. Das Entscheidende hierbei ist sich so zu trainieren, dass man den gewöhnlichen und gesunden Fluss der Emotionen akzeptiert und aufrecht hält, ohne ihn zu unterdrücken. Wir können lernen, sowohl Emotionen wie Zorn und Traurigkeit (die sich zur Depression steigern kann, wenn man sie unbearbeitet lässt), als auch unrealistische Erwartungen oder Verlangen, wie unkontrollierte emotionale Liebe, zu regulieren.

Dankbarkeit

Wenn wir Dankbarkeit für die Dinge um uns herum empfinden, ist es fast unmöglich in Depression zu verfallen oder unglücklich zu sein. Das meiste Unglück erleben wir nicht aufgrund von unglücklichen Umständen, die uns widerfahren, sondern aus einem Mangel an Dankbarkeit, der unsere Wahrnehmung der Außenwelt trübt. Ohne Dankbarkeit können wir niemals glücklich sein, egal wie die Umstände für uns auch sein mögen.

Wertschätzung

Wertschätzung ist eng mit Dankbarkeit verknüpft, da wir automatisch Wertschätzung empfinden, wenn wir uns dankbar fühlen. Für gewöhnlich sind Menschen unglücklich, weil sie vergessen die vielen guten Dinge wertzuschätzen, die ihnen im Leben begegnen. Manche Leute betrachten die Welt aus einer verzerrten Perspektive, aus der alles negativ erscheint, ganz egal was gerade passiert. Ohne Wertschätzung können wir kein wahres Glück finden. Deshalb kann es sehr vorteilhaft sein, sich darin zu üben, auch die kleinsten Momente des Glücks und günstige Gelegenheiten, die uns zufallen, wertzuschätzen, egal wie klein sie auch erscheinen mögen.

Zufriedenheit

Wenn wir Glück erfahren, dann spüren wir Befriedigung. Dieses Gefühl der Befriedigung hängt nicht von äußeren Bedingungen oder Wohlstand ab, sondern eher von der inneren Qualität der Zufriedenheit. Ohne diese Qualität können wir nie ganz zufrieden sein – wir werden immer fühlen, dass wir noch mehr brauchen. Wir werden auch das Gefühl haben, dass andere es besser getroffen haben als wir selbst, was zu einer emotionalen Negativspirale von Gier und Eifersucht führt. Zufriedenheit zu kultivieren bedeutet jedenfalls Glück zu kultivieren. Einige Menschen haben schon auf natürliche Weise Zufriedenheit in sich, und es fällt ihnen leichter diese zu kultivieren, während andere fleißig daran arbeiten müssen. Zufriedenheit ist jedenfalls etwas, das wirklich jede/r aufzubauen und zu nähren lernen kann.

Demut/Bescheidenheit

Eine demütige Einstellung hilft uns, andere respektieren zu lernen und enge Beziehungen aufzubauen. Wie eine offene Schachtel oder eine offene Tür, erlaubt sie vielen guten Qualitäten zu uns zu kommen. Hingegen wirken Stolz und Arroganz wie eine umgedrehte Schachtel oder eine geschlossene Tür, die uns starr zu denken und zu handeln veranlassen und uns vom Lernen neuer Dinge aussperren. Demut ist essenziell, wenn wir von anderen lernen oder sie respektieren wollen, besser klarkommen, oder eine klarere, mitfühlendere Sichtweise der Realität gewinnen wollen.

C. Direkte und indirekte Qualitäten

Selbstwert und Selbstvertrauen

Diese Qualitäten sind indirekt für unser Glück verantwortlich, weil sie notwendig sind, um Ziele im Leben zu erreichen. Und zusätzlich ist unser Geist ganz automatisch glücklicher, wenn wir uns mit uns selber wohl fühlen! Deshalb können uns manchmal auch kleine Dinge, wie ein neuer Haarschnitt oder andere Kleidung, ein Wohlgefühl bereiten und daher zu unserem Selbstvertrauen beitragen.

Ausrichtung, Fokus, Konzentration

Wenn wir fähig sind uns stark zu fokussieren und starke Aufmerksamkeit aufzubringen für die Dinge die wir tun, dann werden wir auch leichter alle anderen Qualitäten einüben können. Achtsam sein oder die Aufmerksamkeit bei dem zu halten, wo man gerade in der Gegenwart ist, wird uns nicht abdriften lassen oder uns in mentales Geschwätz verwickeln. Weiters können wir lernen „Flow" oder Absorbiertheit in vielen Dingen zu erfahren, die wir unternehmen, was zu mehr Glück, Produktivität und Effizienz führt. Je erfolgreicher wir einen Zustand der inneren Ruhe aufrechthalten können, desto weniger Sorgen werden wir empfinden. Über die Zeit wird unser Geist klar, scharf und stark.

Vergebung

Vergeben zu können ist direkt mit Glücklichsein verknüpft. Wenn wir lernen echt zu vergeben, kann unser Geist nicht von Zorn oder

Verbitterung gestört werden. Das führt zur Erfahrung inneren Friedens. Vergebung ist auch indirekt verantwortlich für Glück, denn wenn wir Menschen wirklich vergeben können, wird unsere Beziehung zu Ihnen sicher harmonischer.

Vergebung ist vergleichbar mit Geduld und muss weise angewandt werden. Das bedeutet keinesfalls sich schikanieren zu lassen. In jeder Situation, in der uns jemand etwas antut, können wir, auch wenn es wichtig ist eine Einstellung des Vergebens aufrecht zu halten, uns dennoch aktiv darum bemühen die Situation zu verbessern. Vergebung heißt auch nicht, dass wir Gefühle wie Zorn unterdrücken – es ist essenziell zuerst die Gefühle wie Zorn und Verbitterung anzuerkennen, denn erst danach kann Vergebung stattfinden.

Großzügigkeit

Die indirekte Qualität von Großzügigkeit ist eine bessere Beziehung zu anderen. Wenn wir eine großzügige Einstellung haben und anderen unsere Zeit, Energie, Rat, oder materielle Unterstützung zur Verfügung stellen, oder auf andere Art Großzügigkeit beweisen, ist es unmöglich sich gleichzeitig unglücklich zu fühlen. Unser Herz wird wärmer, wir werden friedlicher und glücklicher. Dennoch müssen wir uns daran erinnern, dass Großzügigkeit nicht in Konkurrenz zu unseren eigenen Bedürfnissen der Selbstliebe und Selbstfürsorge steht. Ein starker Sinn für Selbstwert und Selbstliebe als Basis ist lebenswichtig, um Liebe und Großzügigkeit zu anderen hin ausweiten zu können. Ohne diese Basis wird unsere Fähigkeit, Dinge mit anderen zu teilen, begrenzt sein.

Mitgefühl

Mitgefühl ist essenziell, wenn wir ein wahrhaft glückliches Leben führen wollen, und die Methoden, Mitgefühl zu kultivieren, werden in diesem Buch im Detail erklärt. Mitgefühl heißt sich weise um andere und sich selbst zu kümmern, mit starker Aufmerksamkeit darauf, dass wir alle und alle Wesen gleichermaßen glücklich sein wollen. Wahres Glück kann man nicht finden, wenn es auf Kosten anderer geht, aber es wird gewiss erreicht, wenn wir Mitgefühl entwickeln. Zunächst ist es notwendig, dass wir damit beginnen bei uns selber das Mitgefühl zu kultivieren, das inkludiert gesund zu essen, körperliche Übungen zu machen und sich Ruhezeiten frei zu halten, in denen man „die Batterien wieder auflädt". Wir können unmöglich mit anderen mitfühlend sein, wenn wir gar nicht wissen, wie wir selber im Leben zurecht kommen.

Wenn wir wahres Mitgefühl empfinden, spielt es keine Rolle, ob wir eine Person mögen oder nicht, ob wir sie intelligent finden oder nicht. Auf gleiche Art, wie wir selber glücklich sein wollen, bedeutet Mitgefühl, dass wir auch den anderen dieses Glück wünschen, weil wir erkennen, dass jedes Wesen diese Sehnsucht hat. Dies hat zugleich direkten und indirekten Einfluss auf unser Wohlergehen. Wenn wir wahres Mitgefühl zeigen, speziell ohne Erwartung einer Gegenleistung, werden wir andere liebevoll und warmherzig behandeln und unsere Beziehung zu ihnen wird sich gewiss verbessern. Noch wichtiger ist aber, dass unser eigener Geist klar und ruhig wird, wie ein heller Sommerhimmel ohne eine einzige Wolke. Wahres Glück kann niemals auf Kosten anderer erlangt werden, aber ganz gewiss findet man es durch Mitgefühl für andere Wesen.

HEILSAME TATEN

Wie entwickeln wir heilsame Qualitäten? Es ist nicht genug still dazusitzen und sich Tag für Tag zu denken, „ich muss ein dankbarer Mensch sein, ich muss mehr Selbstvertrauen haben". Unsere Gedanken leiten unsere Handlungen, umgekehrt haben unsere Handlungen auch Einfluss auf unsere Gedanken und auf die ganze Situation um uns herum. Manchmal werden wir nicht das Wissen oder die Erfahrung haben, wie wir in einer bestimmten Situation handeln sollen. Deshalb habe ich in diesem Buch spezifische Richtlinien angeführt, wie wir ein Leben, das auf heilsamen Handlungen beruht, führen können. Auf eine kultivierte und reife Weise zu handeln, bei der unsere Handlungen auf einem guten ethischen Fundament ruhen, wird zu einer heilsameren geistigen Haltung führen und den Geist für die Erfahrung von Glück empfänglich machen.

Wenn wir älter werden und die Lebensumstände sich ändern, werden wir uns unterschiedlichen Herausforderungen gegenübersehen, also habe ich bestimmte Empfehlungen für die unterschiedlichen Herausforderungen, die allgemein in bestimmten Lebensabschnitten zu erwarten sind, gegeben. Basis für diese Ratschläge sind einige grundsätzliche Konzepte oder Regeln, wie man ein gutes Leben führt. Diese fünf Empfehlungen (oder Tugendregeln, wie man sie im Buddhismus nennt), sind direkt vom Buddha in seinen Lehrreden empfohlen worden. Dennoch wird darüber in fast allen moralischen und religiösen Richtungen reflektiert und sie bieten einen guten Rahmen, wie man leben sollte (auch wenn die Interpretation beizeiten komplex ausfallen mag!). Diese fünf Empfehlungen sind:

1. Nicht töten

Das heißt, wir sollten nicht willentlich Wesen schaden oder sie töten, und das inkludiert auch Kreaturen wie Spinnen, Ameisen und Moskitos. Jedes Lebewesen empfindet Gefühle wie Angst und deshalb sind wir aufgerufen alle Lebensformen zu schützen und zu respektieren. Das gilt zum Beispiel auch für das Sportfischen, das den Fischen immenses Leid zufügt, nur zum persönlichen Vergnügen des Fischers.

2. Nicht stehlen

Das bedeutet, das Hab und Gut anderer nicht ohne deren Erlaubnis zu nehmen; wir sollten nur das annehmen, was freiwillig und ohne Manipulation gegeben wird.

3. **Nicht lügen**

   Das bedeutet, wir sollten nicht lügen oder eine Wahrheit verbergen um selber besser dazustehen, oder um die eigenen Interessen zu schützen.

4. **Sexuelles Fehlverhalten vermeiden**

   Das heißt, wir sollten von unmoralischem sexuellen Kontakt Abstand nehmen, der zu negativen Folgen für uns selbst und andere führen würde.

5. **Schädliche Drogen vermeiden**

   Das bedeutet, wir sollten nicht dem Konsum von Giften, wie Alkohol oder anderen Drogen frönen, im Wissen, dass diese den Geist vernebeln, den Körper zerstören und zu Schaden für uns selber und andere führen können.

Wenn wir von heilsamen Handlungen sprechen, bedeutet das auch auf sich selber bestmöglich zu schauen. Auf die gleiche Art, wie wir anderen nicht schaden sollen, sollen wir auch gut auf uns selbst schauen, und das beinhaltet vernünftiges Essen, nicht überessen, genügend Schlaf, und Körperübungen. In Tibet haben die meisten Menschen ein raues Leben, deshalb bekommen sie viel körperliche Ertüchtigung und gutes Essen, Fettleibigkeit ist dort kaum bekannt. Im Westen wird man oft in eine bewegungsarme Lebensweise hinein geboren, wo Körperübungen und gesundes Essen nicht verbindlich sind, und oft sind wir so in Eile, dass diese Bereiche des Lebens total vernachlässigt werden.

Es steht außer Frage, dass körperliche Übungen für unser physisches Wohlbefinden essenziell sind, und mittlerweile wissen wir, dass sie auch für unser mentales Wohlbefinden notwendig sind. Eine neuere Studie hat zum Beispiel gezeigt, dass dreimalige körperliche Ertüchtigung in der Woche für einige Patienten so gut wie ein Antidepressivum wirkt[12]. Weiters zeigte sich, dass Patienten, die nur auf Medikamente eingestellt waren, eher wieder depressiv wurden als jene, die sich körperlich übten.

Zusätzlich haben andere Studien gezeigt, dass regelmäßige körperliche Übung Angst reduziert, den Schlaf verbessert, die geistige Leistungsfähigkeit erhöht und den Selbst-Wert steigert.

Als Buddhist ist es für mich auch eine Tatsache, dass unsere täglichen Aktivitäten, oder unser Karma, mitbestimmen, was uns in diesem und dem nächsten Leben widerfährt. Auch wenn man diese Meinung nicht teilt, finde ich es wichtig sie zu erwähnen, denn ich denke, jeder kann davon profitieren. Auch wenn man mit der Karma-Idee nicht vertraut ist, kann es trotzdem wertvoll sein zu verstehen, dass Frustration und Freude davon abhängen, wie wir miteinander umgehen.

UNHEILSAME GEISTESZUSTÄNDE ÜBERWINDEN

Während wir uns heilsame Zustände aneignen und diese üben, ist es gleichermaßen wichtig negative oder unheilsame Zustände zu erkennen und loszulassen. Hier sind die grundlegenden Hindernisse, die dem wahren Glück im Weg stehen. Grundsätzlich kommen diese unheilsamen Zustände von einem Mangel an Weisheit her und sie beinhalten:

- Wenig Selbst-Wert
- Starke Ängste
- Mangel an Selbst-Kontrolle
- Apathie
- Gleichgültigkeit
- Unzufriedenheit
- Gier und Geiz
- Stolz und Arroganz
- Verleugnung
- Selbstbezogenheit
- Intoleranz
- Ungeduld
- Hass und Groll
- Unkontrollierter Zorn

- Undankbarkeit
- Zynismus.

Auf längere Sicht führen diese unheilsamen Geisteszustände immer zu mehr Leiden und zu unbefriedigenden Erfahrungen. Deshalb sollten wir, so gut es eben geht, diese Zustände erkennen und überwinden. Auch wenn das Entwurzeln unserer negativen Eigenschaften alles andere als einfach ist, so ist es doch definitiv möglich, wenn wir geschickt vorgehen.

Und wie machen wir das? Wenn wir zunächst fleißig üben uns auf positive Qualitäten zu fokussieren, vor allem Mitgefühl und Dankbarkeit, dann werden unheilsame Zustände kontinuierlich schwächer werden. Das kann mit einem geschickten Tischler verglichen werden, der grobes Holz fein hobelt und schleift. Weiters können wir über die Gefahren und Nachteile von unheilsamen Zuständen reflektieren, indem wir erkennen, dass sie für einen selbst und andere nur Leiden bringen.

Auch wenn es schwieriger ist, auf diese Art seinen Geist zu trainieren als zum Beispiel Gewicht zu reduzieren, so ist auf längere Sicht ein innerer Entschluss, sich diesem Geistestraining zu widmen, doch viel nützlicher. Unser Geist wird mit der Zeit stabiler und friedlicher, die unheilsamen Tendenzen verlieren sich immer mehr und gute Qualitäten, wie Liebe und Mut, werden deutlicher hervortreten.

Viele von uns werden es schwierig finden starke Emotionen zu überwinden, da sie so fest im Unterbewusstsein verankert sind. Diese Emotionen und Impulse sind wie ein dunkler Schatten, der immer mit uns geht, auch wenn wir uns der Anwesenheit gar nicht bewusst sind. Dieser Schatten, ist oft verbunden mit schmerzhaften Ereignissen in unserem Leben, die wir ausblenden wollen, und so werden bestimmte Eindrücke, die mit schmerzhaften Geschehnissen oder zweifelhaften Glaubenssätzen wie „Ich bin nicht gut genug" in Verbindung stehen, zum Auslöser dieser Emotionen. Diese Schmerzen kommen dann wieder hoch und verfolgen uns in der Form von unkontrolliertem Ärger, Schamgefühl oder Angst, wie ein Vogel, der sich auf seine Beute stürzt, sobald er sie zu Gesicht bekommt. Auch wenn diese Impulse bis zu einem gewissen Grad zur menschlichen Natur dazugehören, so gibt es doch gute Nachrichten, denn sie können verändert werden.

Wie können wir also mit diesen störrischen Emotionen umgehen? Der Schlüssel ist, sie mit dem Licht mitfühlender Bewusstheit zu bescheinen. Anstatt unsere unlieben Gedanken, Gefühle und Erinnerungen zu verleugnen und zu versuchen sie krampfhaft aus dem Bewusstsein zu drängen oder gegen sie anzukämpfen, was längerfristig nur noch mehr Leiden bringt, lernen wir zuerst sie als Teil unserer menschlichen Veranlagung zu akzeptieren. Danach können wir erkennen, dass sie einem reichen und bedeutungsvollen Leben nicht im Wege stehen müssen[13].

Zusätzlich können wir lernen zu erkennen, dass unter dem Ärger oder dem Schamgefühl eine große Klarheit, Furchtlosigkeit und ein tiefer Zugang der Fürsorge verborgen liegen. Mit Übung können wir die zwei Extreme von unkontrolliertem Ärger einerseits und einem Gefühl von Scham oder sich verletzt zu fühlen andererseits, vermeiden. Beide Reaktionen basieren auf einer falschen Wahrnehmung der Realität. Könnten wir allerdings beim Erleben des nackten Gefühls bleiben, bevor sich unsere gewohnten Reaktionen äußern, könnten wir die Situation in einen tiefen Ausdruck der Zuwendung umwandeln, ähnlich einem Arzt der aus Gift Medizin herstellen kann. Dann können wir uns dafür entscheiden, nachdrücklich mit Wort und Tat einzugreifen, während unser Geist frei bleibt von unkontrolliertem Ärger, oder wir entscheiden uns dafür nicht zu handeln, weil wir erkennen, dass das momentan geschickter ist, aber ohne an Emotionen wie Scham oder Verbitterung anzuhaften, oder wir erkennen einfach, wie solche Emotionen in der Vergangenheit ausgelöst wurden.

Oft haben wir hartnäckige Ansichten, über uns selbst und die Welt, in der wir leben, die zu ungesunden Glaubenssätzen führen, die uns wieder und immer wieder durch sehr starke Emotionen gehen lassen[14]. Das kann von einer Kultur verstärkt werden, die uns anhält erfolgreich zu sein und „weiterzumachen" und viele Dinge, die uns herausfordern, auszublenden. Zum Beispiel können wir eine vorgefertigte Meinung haben, wie sich unser Leben entfalten soll, und dass alles so kommen sollte, wie man es sich vorstellt, oder dass man nur eine gute Person sein kann, wenn ganz bestimmte Bedingungen erfüllt sind. Wir könnten denken, dass das Glück nur kommt, wenn wir hart darum kämpfen der „Beste" zu sein, Anerkennung von anderen bekommen und viel Geld verdienen. Vielleicht denken wir, dass Glück bei diesen momentanen widrigen Lebensumständen unerreichbar für ist, was uns mutlos oder depressiv macht. Andererseits haben wir vielleicht eine eingeschränkte Vorstellung davon, was Glück ist, und hindern uns selbst daran, tiefgründigere Ebenen des Glücks zu erreichen. Im Extremfall könnten wir denken, es sei überhaupt unmöglich glücklich zu sein!

All diese Annahmen sind ein Hindernis für innere Weisheit und leider werden manche Annahmen sogar von den Menschen oder der Kultur, die uns umgibt, verstärkt. Sich dieser Annahmen bewusst zu werden kann uns helfen unser Denken zu verändern, und zu lernen das, was geschieht, zu akzeptieren, anstatt dauernd gegen die Umstände anzukämpfen. Das kann auch zu echtem Mitgefühl für jene führen, die durch ähnliche Prozesse gehen, wir lernen unseren „wunden Punkt" zu berühren und entwickeln Demut gegenüber der menschlichen Existenz.

Um diesen hartnäckigen Ansichten entgegenzutreten und ehrlich akzeptieren zu lernen, wer wir sind, ist es nötig, mit den Menschen offen zu sprechen, denen man vertraut. Das kann bedeuten sich einen Berater zu suchen, oder eine Gruppe, der man vertraut, einen guten Freund oder einen anderen Bekannten, der etwas Lebensweisheit besitzt, weil er zum Beispiel ähnliche Prozesse durchlaufen hat. Wir sollten immer daran denken, dass uns eventuell auch jemand mit weniger Erfahrung helfen kann. Bei Depressionen oder völligem Überforderungsgefühl im Alltag solltest du jedenfalls einen Arzt aufsuchen.

Während wir lernen unseren Schmerz und negative Tendenzen als Teil der menschlichen Natur zu akzeptieren, können wir zugleich daran arbeiten, ein für uns reichhaltiges und erfüllendes Leben aufzubauen und das ist die Hauptsache auf den übrigen Seiten dieses Buches. Während wir uns damit beschäftigen, werden wir ganz natürlich positive Eigenschaften wie Altruismus entwickeln, während wir die negativen Anteile langsam schwächen oder sogar transformieren. Auf diese Weise können wir lernen, schrittweise unsere Emotionen zu kontrollieren, während wir gleichzeitig ihre Anwesenheit und das daraus folgende Leid anerkennen. Wenn wir nicht länger von unseren Gefühlen kontrolliert werden und aufhören uns selbst an die erste Stelle zu setzen, werden wir schließlich unsere „selbstlose" (anatman) Natur erkennen, die wahre Quelle, von welcher alle guten Eigenschaften kommen.

GLÜCK IN VERSCHIEDENEN LEBENSABSCHNITTEN

Die wahren Gründe für das Glücklichsein bleiben dieselben, egal in welchem Lebensabschnitt man sich auch befindet. Jede/r hat das Potenzial, den Geist auf solche Art zu kultivieren, dass die Saat des Glückes aufgehen kann. Die innersten oder direkten mentalen Charakteristika sind in jedem Lebensalter von gleicher Bedeutung. Die indirekten mentalen Charakteristika werden aber, abhängig vom Lebensalter und den Zielen, die wir verfolgen, in ihrer Bedeutung wachsen oder schrumpfen.

Weil jedes menschliche Wesen das Potenzial hat glücklich zu werden, unabhängig vom Lebensalter, will ich die unterschiedlichen Lebensstadien ansprechen und entsprechenden Rat geben. Man kann gleich zu jenem Abschnitt blättern, wo das eigene Alter besprochen wird, oder man versucht aus allen Abschnitten zu lernen und pickt sich hilfreiche Tipps über das Glück heraus, von denen man vielleicht noch nie etwas gehört hat. Man kann auch versuchen jene heilsamen Eigenschaften aufzufinden, die sich ganz natürlich in einem selbst zeigen, und sich zuerst genau auf diese Eigenschaften konzentrieren. Man wird dann feststellen, dass andere gute Eigenschaften ebenso natürlich zu wachsen beginnen.

Aber bevor wir beginnen, möchte ich betonen, dass Glücklichsein ein ausdauerndes Geistestraining erfordert und für manche Menschen wird auch grosser Fleiß und Entschlossenheit nötig sein! Ebenso wie ein Arzt jahrelanges Training benötigt, bis er selbständig Menschen behandeln darf, benötigen auch die meisten von uns viel Training, sowohl unsere Einstellung wie auch unser Handeln betreffend, um einen Zustand gleichmäßigen, dauerhaften Glücksgefühls zu erreichen. Deshalb bitte ich die Leser dringend, dieses Buch als eine Kostbarkeit zu betrachten und sich daran zu erinnern, wenn Schwierigkeiten auftauchen, aber auch wenn man gute Zeiten erlebt. Erinnert euch auch daran, dass dieses Buch nur eine Quelle von vielen ist, und nicht notwendigerweise das wichtigste Hilfsmittel in eurer momentanen Lebenssituation darstellt. Daher ist es klug auch andere Bücher zu lesen und bei Menschen oder Organisationen, denen man vertraut, Unterstützung zu suchen.

Meine Hoffnung ist es, dass ihr euch an die passenden Empfehlungen aus diesem Buch bei Bedarf erinnert, gleich in welchem Kapitel sie zu finden sind! Wichtig ist, nicht bloß mit intellektuellem Verständnis zufrieden zu sein, sondern die Ideen dieses Buches *ins tägliche Leben zu integrieren*. Indem ihr euch dies zu Herzen nehmt, bin ich sehr zuversichtlich, dass ihr eine deutliche Veränderung eurer Glückserfahrung erleben werdet.

Die Samen für Glück säen

Dieses Kapitel enthält einige kurze Geschichten, geeignet zum lauten Vorlesen durch die Eltern, oder zum selber Lesen für Kinder, die alt genug dafür sind. Normalerweise sehen wir in Kinderbüchern Bilder, Fotos, oder andere einfache und klare Darstellungen des Themas, das kommuniziert werden soll. Da dieses Buch aber nicht nur für Kinder gedacht ist, gibt es keine Bilder und einige der Botschaften dieser Geschichten sind komplexer, als in Kinderbüchern üblich.

Allgemein gesprochen sind Kinder normalerweise glücklicher als Erwachsene, weil sie keine große Verantwortung oder Sorgen zu tragen haben. Glücklichsein ist immer in ihrer Reichweite und sie können jederzeit spielen und lustig sein, ohne dass ihnen das jemand beibringen muss. Dennoch ist es äußerst wichtig gerade in diesem jungen Alter die Samen für künftiges Glück zu säen, damit die Kinder lernen verständig zu sein und im Erwachsenenleben wahres Glück zu finden. Die folgenden Geschichten mögen wie Wegweiser am Straßenrand sein, die den Weg zu einem glücklichen Leben zeigen. Mein Wunsch ist es, dass Eltern diese Geschichten vorlesen und mit ihren Kindern darüber sprechen, um die Samen für gute Qualitäten zu säen, die den Kindern dann ihr ganzes Leben lang helfen.[15]

DIE GESCHICHTE VON DER ZUFRIEDENHEIT

Es waren einmal zwei Kinder, Jenny und John, Cousine und Cousin. Obwohl sie gleich alt waren, in die gleiche Schule gingen und unter den gleichen Menschen aufwuchsen, benahmen sie sich doch recht unterschiedlich.

Jenny besaß viele teure Spielzeuge. Sie war sehr habgierig und wollte niemanden mit ihren Sachen spielen lassen, diese nicht einmal berühren lassen. Obwohl sie jede Menge altes Spielzeug hatte, mit dem sie längst nicht mehr spielte, wollte sie nichts davon jemand anderem abgeben. Jenny war niemals zufrieden und wollte immerzu neue Sachen, obwohl sie doch schon soviel besaß.

John andererseits hatte nicht so viele Spielsachen, war aber mit denen, die er hatte, sehr zufrieden. Er war ein unkompliziertes, leicht zufriedenzustellendes Kind, das gerne bereit war mit anderen Kindern seine Spielsachen zu teilen, vor allem mit denen, die noch weniger hatten als er. John brauchte nicht viel, um glücklich zu sein. Wenn kein Spielzeug für ihn da war, beschäftigte er sich genauso vergnügt mit Zweigen und Steinen, oder was er sonst finden konnte.

Während des Heranwachsens blieben die beiden ihrer Wesensart treu. Jenny war niemals zufrieden mit allem, was sie hatte und wollte immer mehr. Sie war unzufrieden mit ihrem Freund, obwohl der wirklich nett war und sie sehr liebte. Sie dachte, sie könnte noch einen Attraktiveren und Intelligenteren finden. Jenny hatte auch eine Menge guter Freunde und besaß viele Dinge, aber egal wie viel sie hatte, sie war nie zufrieden oder wirklich glücklich mit irgendetwas. Auch als sie älter wurde, blieb sie so und am Schluss war sie eine unsichere, unglückliche und einsame Frau.

John blieb dankbar und zufrieden mit dem, was er hatte, oder eben nicht hatte. Er war immer sehr entspannt und aufmerksam in seiner Beziehung zu anderen. Er wuchs heran zu einem sehr glücklichen und allseits beliebten Mann mit vielen wirklich guten Freunden und einer starken, gesunden und liebevollen Familie. Wo immer er hinkam, verbreitete er Freude. John war zufrieden, von seiner frühesten Kindheit an. Irgendwie wusste er, dass Glücklichsein mehr mit dem Teilen dessen, was man hatte, als mit dem Besitzen von vielen Dingen zu zusammenhing.

Wer von den beiden wärest Du lieber, begründe warum? Sprich darüber mit jemandem, vielleicht mit Deiner Mutter oder Deinem Vater. Wie würden sie diese Frage beantworten?

DIE GESCHICHTE VON DER FREUNDSCHAFT[16]

Es war einmal eine Elster, die in den Zweigen einer Weide am Ufer eines Teiches lebte. Im Wasser dieses Teiches, ganz nah bei der Weide lebte eine Schildkröte. Meistens kam auch ein Reh an das Ufer zum Trinken. Alle drei waren bald gute Freunde.

Eines Tages, als das Reh zum Trinken ans Ufer kam, schnappte plötzlich eine Falle zu, die ein Jäger dort ausgelegt hatte. Seine Beine wurden von sehr starken Schnüren zusammengezogen. Als sie seine Schreie hörten, kamen Elster und Schildkröte sofort hinzu und besprachen mit dem Reh, wie ihm wohl am besten zu helfen sei.

Die Elster sagte: „Schwester Schildkröte, da Deine Kiefer stark und widerstandsfähig sind, könntest Du damit die Schnüre durchbeißen. Unterdessen werde ich eine Möglichkeit finden den Jäger daran zu hindern hier an den See zu kommen."

So begann also die Schildkröte die Schnüre durchzubeißen, während die Elster zum Haus des Jägers flog.

Am nächsten Morgen kam der Jäger aus der Türe seiner Hütte, mit einem scharfen Messer bewaffnet. Plötzlich erschien die Elster und attackierte den Jäger, vor allem flog sie ihm ins Gesicht, immer und immer wieder. Ganz benommen flüchtete der Jäger zurück in seine Hütte, aber bald darauf schlich er durch den Hinterausgang hinaus. Aber die Elster war klug, sie hatte durchschaut, was der Jäger vorhatte. Sie stürzte sich erneut auf den Jäger und kratzte ihn heftig mit ihren Krallen im Gesicht. Entmutigt durch diesen zweiten

Angriff dachte der Jäger, dass dieser Tag wohl ein unglücklicher Tag sein müsse, und beschloss ihn zuhause zu verbringen und es lieber am nächsten Morgen zu versuchen.

Am nächsten Morgen war der Jäger, zum Unglück der drei befreundeten Tiere, für eine Attacke der Elster vorbereitet und trug einen Hut, den er tief ins Gesicht zog. Da sie den Jäger diesmal nicht aufhalten konnte, flog die Elster rasch zurück in den Wald, um ihre Freunde zu warnen. „Der Jäger kommt!" zwitscherte sie so laut sie konnte.

Zu diesem Zeitpunkt hatte die Schildkröte die letzten Fäden des Seils, das ihr nun hart wie Stahl erschien, beinahe durchgebissen, ihre Kiefer waren blutig und wund gerieben. Gerade als der Jäger in Sicht kam, strengte sich das Reh noch einmal mächtig an, riss mit einem Ruck die letzten Fäden durch und war gleich im Wald verschwunden.

Wütend darüber, dass das Reh entkommen war nahm er die völlig erschöpfte Schildkröte und stopfte sie in seinen Rucksack, den er an einen Ast hängte, damit sie nicht entkommen konnte. Dann machte er sich daran das Reh zu finden.

Hinter ein paar Büschen verborgen sah das Reh in welch große Gefahr ihre Freundin die Schildkröte nun geraten war. ‚Meine Freunde haben ihr Leben für mich riskiert', dachte das Reh ‚also werde ich jetzt auch etwas für meine Freunde tun'. Also trat das Reh hinter dem Busch hervor und als der Jäger es gesehen hatte, tat es so, als wäre es ganz schwach und erschöpft.

Der Jäger dachte er hätte nun leichtes Spiel und begann das langsame Reh zu verfolgen. Als er dem Reh aber weit genug in den Wald hinein gefolgt war, jagte es ganz plötzlich davon und lief, bis es außer Sicht des Jägers war. Dann verwischte das Reh seine Hufspuren und lief zurück zum See. Dort holte es den Rucksack des Jägers mit seinem Geweih vom Ast und befreite die Schildkröte. Die Schildkröte konnte sich nun unter Wasser verbergen, während das Reh zurück in den Wald rannte.

Als der Jäger dann an den See kam, fand er seinen Rucksack am Boden und leer. Entmutigt und sehr enttäuscht, packte er seine Sachen zusammen und ging zu seiner Hütte zurück. In seiner großen Enttäuschung über dieses Unglück beschloss er das Jagen aufzugeben – vielleicht konnte er ja beim Bauern nebenan Arbeit finden!

Die Schildkröte und die Elster hatten das Leben des Rehs gerettet und das Reh hat gewiss das Leben der Schildkröte gerettet. Und obendrein hatte der Jäger, nachdem er erkannt hatte, dass diese Freunde einander wirklich geholfen hatten, sogar das Jagen aufgegeben. Als er gesehen hatte, wie sehr sich diese Freunde um einander kümmerten, hatte er auch verstanden, dass es genauso falsch wäre eine/n von ihnen zu töten, wie es falsch wäre einen seiner eigenen Freunde zu töten.

Stell Dir vor Du wärest die Schildkröte in dieser Geschichte. Denk über die Freunde nach, die Du in diesem Leben gewonnen hast. Wer von ihnen wäre die Elster? Wer wäre das Reh?

Was bedeutet es für Dich ‚Freund' zu sein? Wie kannst Du jemand anderem zeigen, dass Du ihr/sein Freund bist?

DIE GESCHICHTE VOM SICH-SELBST-ANNEHMEN

Es war einmal ein Junge namens Alex. Als kleines Kind war er versehentlich einmal in einem brennenden Haus eigeschlossen. Von zwei mutigen Feuerwehrleuten wurde er gerade noch rechtzeitig gerettet, musste aber wegen der Verbrennungen sofort im Krankenhaus operiert werden. Davon war ihm eine hässliche Narbe geblieben, vom Nacken aus den ganzen linken Arm entlang.

In der Schule war Alex sehr schüchtern, weil er sich für sein Aussehen schämte. Seine Schuluniform konnte die Narbe nicht vollständig verdecken und weil er anders aussah wurde er von seinen Mitschülern oft gehänselt. Wie Alex sich dabei fühlte, daran dachten seine Mitschüler/innen überhaupt nicht.

„Alex, der Reptilienmann" haben sie ihn unfreundlich verspottet. Er wünschte sich, er wäre größer und stärker, damit er den Mut hätte sich zu wehren, wenn er gehänselt wurde. Stattdessen ging er nur still davon und suchte sich einen Platz, wo er ungestört allein sein konnte, weit weg von den grausamen Bemerkungen der anderen Kinder.

Eines Tages bemerkte der Gärtner, wie Alex verspottet wurde und ging zu ihm hin.

„Ich habe gesehen, dass Dein Leben nicht einfach ist" sagte der Gärtner warmherzig und mit freundlicher Miene. „Vielleicht hilft es Dir, wenn ich eine kleine Geschichte mit Dir teile."

Alex nickte.

„Es gab einmal ein Haus", begann der Gärtner, „das von außen fürchterlich alt und verwahrlost aussah. Das Blechdach war rostig und die Farbe von den Wänden blätterte ab. Auch die Dachrinnen waren rostig und löchrig und das Wasser spritzte bei starkem Regen überall heraus. Drinnen war alles sehr klein und eng. Es gab nicht einmal einen Fernseher."

„Im Inneren jedoch gab es einen hübschen, gemütlichen Ofen, wo ein warmes, großes Feuer brannte und daneben ein wirklich bequemes Sofa, auf dem Gäste für die Nacht schlafen konnten. Die Nachbarn und viele Freunde kamen oft zu Besuch. Sie blieben gerne lange dort, dicht um den Ofen gedrängt und teilten ihre Geschichten und hatten eine gute Zeit miteinander."

„Und so", beendete der alte Mann seine Geschichte, „war dieses Haus, obwohl es von außen nicht sehr ansehnlich wirkte, im Inneren ein beliebter Ort, an dem man gerne zusammenkam. Und das ist, was wirklich zählt."

Alex verstand. Es war nicht so wichtig, dass er eine unansehnliche Narbe hatte und dafür in der Schule gehänselt wurde, weil es die Persönlichkeit in seinem Inneren war, die letztlich zählte. Bald hörten die Kinder auf, ihn am Schulhof zu hänseln, weil sie bemerkten, dass er sich nicht mehr darüber ärgerte. Andere Kinder begannen nun mit ihm zu spielen und nahmen ihn gerne als Freund auf.

Alex hatte gelernt sich selbst so anzunehmen, wie er war, und nun war er in der Lage Vertrauen in sich selbst zu finden. Die anderen sahen das und respektierten ihn dafür.

Hast Du Dich jemals so gefühlt wie Alex?

Bist Du in der Lage Dich selbst so anzunehmen, wie Du bist?

Besprich die Geschichte mit Deinen Eltern – wie kannst Du damit umgehen, wenn andere Kinder Dich hänseln oder verspotten?

DIE GESCHICHTE VOM GEWAHRSEIN

Einmal saß eine Gruppe Kinder auf einer Waldlichtung und hörte einem weisen Lehrer zu, bekannt als der Buddha, der in ihr Dorf zu Besuch gekommen war.

Der Buddha brach eine wunderschöne rote Rose und zeigte sie den Kindern. Er sagte gar nichts und alle waren vollkommen ruhig. Er hielt die Blüte behutsam mit erhabener Geste in Händen. Mit Daumen und Zeigefinger hielt er den Stängel so, dass er der Form seiner Hand folgte. So hielt er die Rose für eine lange Zeit, während er noch immer nichts sagte. Alle fragten sich, was der Lehrer mit dieser Geste meinte.

Schließlich blickte der Buddha auf, lächelte und sah zu den Kindern hin. „Kinder, diese Rose ist ein wundersames und schönes Ding. Wenn ich sie halte, habt Ihr Gelegenheit sie zu erleben. Ihr habt Gelegenheit mit einer wundersamen Wirklichkeit, ja mit dem Leben selbst in Berührung zu kommen."

„Ihr könntet Euch fragen, ‚Warum hält er diese Rose hoch? Was soll das bedeuten?' Wenn Ihr Euren Geist mit solchen Fragen beschäftigt, werdet Ihr die Erfahrung der Blume nicht machen. In gleicher Weise ist das Verloren-Sein in Gedanken etwas, das uns daran hindert mit dem Leben wirklich in Berührung zu kommen. Wenn Ihr mit Enttäuschung, Angst, Ärger, oder Eifersucht beschäftigt seid, werdet Ihr die Gelegenheit verpassen mit all den Wundern des Lebens in Berührung zu kommen."

„Es gibt Menschen, die durch einen Wald gehen können, ohne auch nur einen einzigen Baum wahrzunehmen. In gleicher Weise enthält das Leben, obwohl es mit Leiden angefüllt ist, auch viele Wunder, die manche Menschen nicht sehen können."

„Seid also achtsam, damit Ihr beides sehen könnt, das Leiden und die Wunder im Leben. Dann könnt Ihr mit dem Leben in Berührung kommen und es tiefgründig erfahren. Dann werdet Ihr das Leben verstehen und dieses Verständnis wird zur Liebe zu allem, was uns umgibt, dessen wir teilhaftig sind, führen."

Die Kinder waren von den Worten des Lehrers tief berührt und jedes versprach ein Leben in Achtsamkeit zu führen. Sie versprachen die Wunder des Lebens, denen sie begegneten, wertzuschätzen, wie die wunderschöne Rose.

Wann hast Du zum letzten Mal eine wunderschöne Blume, oder irgendetwas anderes, das Dich an die Wunder des Lebens erinnert hat, wahrgenommen?

Versuche zu bemerken, wenn Du in ärgerlichen Gedanken oder Enttäuschung verloren bist. Versuche dann wieder mit dem Leben in Berührung zu kommen und nimm wahr, wie das die Art und Weise verändert, wie Du Dich fühlst.

DIE GESCHICHTE VON DER DANKBARKEIT

Ganz oben in den verschneiten Bergen zwischen Indien, Nepal und China liegt ein Land, bekannt als Tibet. Im mittleren Osten dieses Landes gibt es ein Dorf mit dem Namen „Glückliches Tal". Die Leute in diesem Dorf haben keine Elektrizität, keine Autos oder Busse, keine Telefone, kein Fernsehen und kein Spielzeug. Sie haben dort nicht einmal Häuser. Sie leben stattdessen in Zelten, die sie aus Yak-Haar-Filz herstellen.

In diesem Dorf lebte eine vierköpfige Familie. Der Vater hieß Yeshe und der Name der Mutter war Tara. Sie hatten zwei Kinder, den Buben nannten sie Yori, er war sechs Jahre alt und das Mädchen hieß Chimey, sie war vier.

Jeden Morgen stand Yori um sechs Uhr auf, bekam ein kleines Frühstück und verbrachte den restlichen Tag mit dem Hüten der Herde von 200 Yaks in den Bergen. Die Yaks liefen überall hin, wo es ihnen gefiel und er musste auch ganz schön laufen, um die Herde zusammenzuhalten. Den ganzen Tag über hatte er kaum eine Pause zum Ausrasten. Yori bekam auch kein Essen, bis er am Abend zum Abendessen heimkam. Er wusste das Essen daher zu schätzen und war seiner Mutter sehr dankbar, dass sie es jeden Abend zubereitete.

Seine Schwester Chimey stand um sieben Uhr auf, bekam ihr Frühstück und musste dann einen weiten Weg zum Wasserholen am Fluss zurücklegen, denn das war die nächst gelegene Wasserstelle, die winters nicht zufror. Da sie noch recht klein war, konnte sie auch nur wenig Wasser tragen und so lief sie den lieben langen Tag um Wasser, jedes Mal ein kleines Gefäß voll, bis die Familie genug Wasser für den Tag hatte. Der Boden war sehr rutschig, weil er mit Schnee bedeckt war, und Yori und Chimey war immer kalt, weil die Temperaturen oft minus 30 Grad erreichten.

Doch Yori und Chimey waren wirklich dankbar für das Essen, das sie bekamen, und für die Liebe ihrer Eltern und deshalb waren die beiden sehr glücklich. Sie wuchsen heran zu fürsorglichen und zufriedenen Menschen, die sich um einander, um ihre Familie und ihre Freunde kümmerten. Sie waren „arm" und doch lebten sie ein glückliches und gesundes Leben, weil sie gelernt hatten für das Glück anderer anstatt nur für sich selbst zu arbeiten.

In einem reichen Viertel von Melbourne am Meer, weit entfernt von Tibet, lebte eine andere Familie. Auch hier gab es zwei Kinder, einen Buben namens Peter, drei Jahre alt und ein fünfjähriges Mädchen namens Carly. Jede/r von ihnen hatte ein eigenes Zimmer, mit Fernseher, Computer und vielen Büchern und Spielzeug. Sie bekamen wunderbare Geschenke zu Weihnachten und zum Geburtstag und fuhren jedes Jahr auf Urlaub nach England, Italien oder Griechenland

Als die Kinder nun älter wurden, fuhren sie nicht mehr so oft an die Strände wie früher. Stattdessen blieben sie in ihren Zimmern, schauten sich Filme an oder chatteten im Internet. Peter fragte die Nachbarkinder, ob sie mit ihm im Garten spielen wollten, aber die sagten nur, er solle sie in Ruhe lassen. So lernte Peter schnell sich mit Computerspielen zu vergnügen, ganz für sich allein. Der Vater übernahm immer mehr Arbeit und kam erst spätabends heim, während die Mutter öfter zu Versammlungen ging.

Mit der Zeit entwickelte sich diese Familie auseinander und verbrachte nicht mehr viel Zeit miteinander. Sie hatten alle einen eigenen Weg sich zu unterhalten gefunden und brauchten einander nicht mehr. Peter wurde sehr still und sprach nicht viel, weil er sich daran gewöhnt hatte seine Zeit allein vor dem Computer zu verbringen. Carly verbrachte die meiste Zeit damit, Freunde anzurufen und am Abend lange auszubleiben, auf den Straßen umherzuziehen und gelegentlich betrunken nachhause zu kommen. Da die Mutter in unterschiedlichen Komitees sehr beschäftigt war, nahm sie nicht wahr, was in ihrer Familie passierte, sie sorgte hauptsächlich dafür, dass genügend Geld und neue Kleidung zum Ausgehen zur Verfügung standen.

An der Oberfläche schien die Familie alles zu haben – all die materiellen Dinge, die uns glücklich machen sollten. Aber mit der Zeit wurden sie einander fremd, einsam und isoliert. Sie hatten den Überblick über all den Segen verloren, der sie umgab und übersahen, wie wichtig es war, füreinander da zu sein und deshalb konnten sie die Erfahrung wirklich glücklich zu sein gar nicht machen.

Was denkst Du hätte die Familie in Melbourne anders gemacht, wäre sie sich bewusster gewesen, welcher Segen sie umgab?

Wie kannst Du Dir der glücklichen Umstände in Deiner Umgebung bewusst werden?

Wie könntest Du Dich daran erinnern für das, was Du hast, dankbar zu sein und das Beste daraus zu machen?

Am Ende jeden Tages könntest Du Rückschau auf all die Erfahrungen, für die Du dankbar sein kannst, halten. Vielleicht kannst Du auch Deine Mutter oder Deinen Vater bitten, dass sie Dir dabei helfen.

DIE GESCHICHTE VOM MITGEFÜHL

Es war einmal eine vierköpfige Familie, mit einer Mutter, einem Vater, Sohn und Tochter. Der Junge hieß Adam, das Mädchen Anne. Unglücklicherweise war ihr Vater ein Alkoholiker und die Mutter drogenabhängig. Wegen der Abhängigkeit beider Eltern war die Familie sehr arm und manchmal konnten sie sich nicht einmal das Allernotwendigste, wie Nahrung oder Kleidung, leisten.

Da diese Familie sich weder ein Auto leisten konnte, noch für andere Transportmittel Geld hatte, gingen die Kinder zur nächstgelegenen Schule, die zu Fuß erreichbar war. Diese Schule war nicht besonders gut. Die Lehrer waren wenig engagiert, die Gebäude waren sehr heruntergekommen und die Klassen überfüllt. Für die Kinder war es schwierig hier konzentriert zu lernen.

Manchmal hatte die Familie gar nichts zu essen – die Speisekammer war vollkommen leer. Bei solchen Gelegenheiten gingen Adam und Anne gemeinsam zur nahegelegenen Kirche zur Ausspeisung. Sie schlossen Freundschaft mit dem Pfarrer, der sehr gütig und mitfühlend war. Wann immer sie zusammenkamen, unterwies er sie in Güte und Mitgefühl und die Kinder erprobten seine Anweisungen auch in ihrem Alltag.

„Mitgefühl zu üben bringt Euch mehr innere Stärke und Ruhe", so erklärte er. „Ihr werdet fähig sein, anderen zu helfen und auch wenn Ihr dies nicht könnt macht es nichts, Ihr werdet doch die wahren Gewinner davon sein. Indem Ihr mitfühlend handelt, werdet Ihr zu 100% der Zeit einen Nutzen davon haben."

Nach einigem Nachdenken erkannten Adam und Anne, dass dies richtig war. Sie versuchten nun Mitgefühl zu üben, wo immer und mit wem auch immer sie zusammen waren – sogar mit Menschen, die sie nicht mochten. Sie stellten die Interessen anderer immer vor ihre eigenen. Zunächst versuchten sie sich vorzustellen, wie es sich anfühlte in der Situation der anderen zu sein. Sie übten das jeden Tag und fanden bald heraus, dass sie ihre eigenen Probleme inzwischen vergessen hatten, weil sie immer an Andere dachten. Ein Erfolg war, dass sie innerlich stärker wurden und nicht mehr über ihre eigene Lebenssituation unglücklich waren.

Diese Übung des Mitgefühls begann bei ihnen zu Hause. Ihre Eltern stritten sich oft und ihre Mutter war die meiste Zeit über depressiv. Adam und Anne versuchten dann ihrer Mutter zu versichern, dass es wieder bessere Zeiten geben würde und dass sie keine schlechte Mutter war. Obwohl ihr Vater von Zeit zu Zeit auf die beiden wütend war, versuchten sie es ihm ihm nicht vorzuwerfen. Er hatte eine Menge Schwierigkeiten und Stress in seinem Leben und auch wenn seine Taten schlecht waren, wussten sie doch, dass er ein guter Mensch war, der im Grunde nur wollte, dass er selbst und seine Familie glücklich war.

Adam und Anne wurden bald bekannt und respektiert in ihrer Gemeinde. Mit ihrer Hilfe gelang es den Eltern ihr Suchtverhalten abzulegen. Danach gingen sie dazu über den Freunden ihrer Eltern zu helfen, die ähnliche Probleme hatten. Sie besuchten oft die alten und kranken Menschen in ihrer Umgebung und waren immer freundlich zu ihren Nachbarn. Eines Tages erfuhr ein Fernsehreporter von Adam und Anne und beschloss eine Sendung über die „mitfühlenden Kinder" zu machen.

Nachdem die Sendung gezeigt worden war, wurde viel Geld in der Gemeinde gesammelt, damit Adam und Anne eine gute Ausbildung bekommen konnten. Sie kamen an eine gute Schule, später an die Universität, wo sie beide gute Abschlüsse machten. Als sie damit fertig waren kamen sie zurück in ihre Gemeinde und wurden dort großartige Lehrer. Sie lehrten nun andere alles, was sie selber gelernt hatten, dass wir selber alles zum Besseren wenden können, sobald wir auch Mitgefühl üben. Dadurch können wir unser Verhältnis zu den Eltern, zu unseren Freunden, auch zu völlig fremden Menschen und sogar die Welt in kleinen Bereichen verändern.

Möchtest Du auch ein Leben lang Mitgefühl üben, wie Adam und Anne?

Was würde Dir abgehen, wenn Du immer an andere denkst, bevor Du an Dich selbst denkst? Was würdest Du dadurch gewinnen?

Wie könntest heute noch damit beginnen, in Deinem Leben mitfühlend zu handeln?

EINE BESONDERE GESSCHICHTE FÜR ÄLTERE KINDER – DIE GESCHICHTE VON DER INNEREN FREIHEIT

Es waren einmal zwei chinesische Jungen in der Stadt T'ien-chu, die an der gleichen Schule lernten und gute Freunde waren. Der eine hieß Fuzu und der Name des anderen war Jujan. Ihre beiden Väter waren von Soldaten der chinesischen Regierung hingerichtet worden. Durch dieses Erlebnis waren, von tiefer innerer Traurigkeit niedergedrückt, den beiden Jungen die Herzen schwer.

Sie fragten viele Erwachsene, wie das sein konnte, dass ihre Väter getötet worden waren. Die Erwachsenen sagten, „Wir haben hier in diesem Land leider keine Menschenrechte und keine Freiheit."

Viele Male fragten sie die Erwachsenen, „Wie können wir Freiheit erlangen?" Manche sagten, sie würden niemals Freiheit erlangen, weil sie glaubten, die Menschen würden für immer unter der Herrschaft der Regierung stehen und dass man diesen Zustand einfach akzeptieren müsse. Andere sagten, dass sie etwas mehr Freiheiten erlangen könnten, wenn sie Rechtslehre (Jus) studierten.

Also entschlossen sich die beiden, wenn sie ihre Schule abgeschlossen hätten, Jus zu studieren, weil sie eine Antwort auf ihre Frage wollten. Bald bemerkten sie, dass das Recht zwar theoretisch gerecht und fair war, aber vieles von dem, was aufgeschrieben war, gar nicht in der (Rechts-)Praxis ausgeübt wurde. Leider waren viele Beamte und Polizisten korrupt. Wenn ihnen jemand ein Verbrechen vortrug, so wurde dies oft gar nicht verfolgt, weil jemand Schmiergeld zahlte, damit gar kein Akt aufgenommen wurde. So wurde den beiden Jungen klar, dass es nicht ausreichte die Gesetze zu kennen – viel wichtiger war es, genügend Geld zu haben. Deshalb hörten sie auf Jus zu studieren, weil sie es für nutzlos hielten.

Eines Tages organisierten die beiden ein Treffen mit einem pensionierten Politiker, der gute Kenntnisse in internationalem Recht und Politik hatte. Sie fragten ihn das Gleiche: „Wie können wir Freiheit erlangen?"

Er antwortete: „Wenn Ihr individuelle Freiheit wollt, müsst Ihr in ein demokratisches Land, wie die Schweiz oder die USA auswandern. Wenn Ihr aber innere Freiheit erlangen wollt, solltet Ihr einen erfahrenen Mönch befragen, der wird Euch Auskunft geben."

Fuzu konnte mit dem Begriff ‚innere Freiheit', den der Politiker benutzt hatte, nichts anfangen, aber er verstand sehr gut, was individuelle Freiheit bedeutete. So sagte er zu Jujan: „Ich werde nach Schanghai gehen und von dort aus versuchen in die USA zu gelangen. Kommst Du mit mir?"

Jujan antwortete: „Bevor wir individuelle Freiheit im Westen suchen, sollten wir vielleicht herausfinden, was ‚innere Freiheit' bedeutet."

Fuzu wollte das nicht und zog allein nach Shanghai und organisierte sich ein Touristenvisum für die Vereinigten Staaten. In Amerika angelangt war es ihm möglich einen Flüchtlingsbescheid zu erhalten.

Zunächst glaubte Fuzu, dass sein neues Leben in Amerika großartig wäre. Er war sehr glücklich mit dem politischen System und den vielen Möglichkeiten, die es hier gab, sein Leben so zu gestalten, wie man wollte. Er fand eine gute Arbeit und heiratete eine Amerikanerin, mit der er gemeinsam vier Kinder hatte. Er wollte viele Kinder, denn in China war nur ein einziges erlaubt.

Trotz ihrer individuellen Freiheiten waren Fuzu und seine Frau nicht zufrieden mit dem, was sie hatten. Diese Unzufriedenheit war der Auslöser für die Zerstörung ihrer Ehe, die mit einer Scheidung endete. Fuzu heiratete noch zweimal, aber es wurde immer schlimmer, statt besser. Er hatte viele Kinder mit all den Frauen, die er geheiratet hatte, doch fand er nur noch wenig Zeit, die er mit den Kindern auch verbringen konnte, weil die alle mit ihrem eigenen

Leben beschäftigt waren. Sein Leben stellte sich nun als sehr einsam und anstrengend heraus. Schließlich griff er zu Alkohol und Drogen, um mit der Situation fertig zu werden. Sowohl seine körperliche als auch seine geistige Gesundheit wurden dadurch immer mehr in Mitleidenschaft gezogen.

Inzwischen hatte Jujan ein Treffen mit einem chinesischen Mönch vereinbart und fragte ihn, was unter innerer Freiheit zu verstehen und wie diese zu erlangen sei.

Der Mönch antwortete: „Darauf gibt es keine schnelle Antwort, aber vielleicht findest Du heraus, was innerer Frieden bedeutet, wenn Du selber Mönch wirst. Es gibt da ein tibetisches Kloster, Zamthang, in der Provinz Shechuan, das Du vielleicht aufsuchen möchtest. Ich habe dieses Kloster erst vor einigen Jahren selber besucht und war sehr beeindruckt. Das einzige Problem dort ist, dass sie überhaupt kein Chinesisch sprechen, nur Tibetisch.

Jujan dankte dem Mönch für seinen Rat. Er fühlte sich so angezogen von dem Klang des Namens, dass er beschloss, sofort zu dem Kloster aufzubrechen. Zuerst reiste er per Bus, dann nur noch auf dem Lastwagen. Bei seiner Ankunft begegnete er dem Klostervorsteher, Lama Lobsang, und war zutiefst berührt. Als er in die Augen des Lama sah, fand er dort eine tiefere innere Freiheit, als er sich je vorzustellen gewagt hatte. Bald erklärte Jujan dem Lama, dass er sein Leben dem Erreichen der inneren Freiheit widmen wollte.

Der Lama antwortete: „Bist Du sicher? Es gibt keine Garantie dafür, wie lange das dauern wird; aber wenn es Dein Wunsch ist, wirst Du die tibetische Sprache und die Lehre des Buddha mit der Hilfe eines Übersetzers studieren müssen.

Jujan war fest entschlossen. So wurde er als buddhistischer Mönch ordiniert und begann fleißig die tibetische Sprache und die Lehre des Buddha mit der Hilfe eines Übersetzers zu studieren. Nach drei Jahren Studium war er in der Lage fließend Tibetisch zu sprechen und zu lesen. Dann widmete er sich weitere acht Jahre dem Studium des Buddhismus, der Praxis und der Meditation. So wurde er zu einem vorbildlichen buddhistischen Mönch.

Eines Tages besuchten die chinesischen Behörden dieses Kloster, wie sie auch alle anderen besucht hatten, und verlangten von jedem Mönch eine Unterschrift unter ein Formular. In chinesischer Sprache geschrieben konnten es die Mönche nicht verstehen und wussten nicht, was sie da unterschreiben sollten; es wurde nur gesagt, es wäre ein Abkommen gegen die ‚Feinde unseres Landes'.

Jujan las das Schriftstück und war sehr entrüstet darüber, dass die Chinesen den Mönchen ihre wahre Absicht und den Inhalt vorenthielten. Das Papier enthielt eine Deklaration, dass die Mönche gegen den Dalai Lama, ihren spirituellen Führer, waren. Jujan verweigerte die Unterschrift und riet den anderen Mönchen ihre Unterschrift ebenso zu verweigern. Dann geriet er in Streit mit einem der Beamten. Diese wollten Jujan festnehmen, er widersetzte sich aber wehrhaft, einige Mönche kamen ihm auch zu Hilfe. Nachdem sie eine Weile so gerungen hatten, gelang es Jujan den Beamten zu entwischen und aus dem Kloster zu flüchten, er dachte dies wäre in dem Fall das Beste. Nach diesem Vorfall wusste er, dass es nicht ratsam wäre in das Kloster zurückzukehren, also beschloss er seine Sachen abzuholen und sich einem kleinen Flüchtlingstreck über den Himalaya anzuschließen, mit der Hoffnung es bis Indien zu schaffen.

Die Flüchtlinge hatten lange Umwege zu gehen, um den chinesischen Autoritäten und Soldaten auszuweichen, und so brauchten sie schließlich eineinhalb Monate. Viele verletzten sich auf dem Weg, weil der Weg sehr steinig und abschüssig war, manchmal eisbedeckt, verschneit oder dicht mit dornigem Gestrüpp bewachsen. Während dieses langen Marsches verliebte sich Jujan in ein tibetisches Mädchen in der Gruppe, Pema war ihr Name. Da sie auf einer chinesischen Schule war konnte sie fließend Chinesisch sprechen. Sie sprachen öfter miteinander und fanden, dass sie viele gemeinsame Interessen hatten.

Nach vielen Abenteuern erreichten sie das tibetische Aufnahmelager in Nepal und konnten später nach Indien weiterreisen. Als sie schließlich in Indien ankamen, mussten sie sich in einem Internat für Erwachsene einschreiben, wo über tausend erwachsene tibetische Flüchtlinge versorgt, untergebracht und unterrichtet wurden. Es gab nur wenige Frauen unter den Studenten, weil es den Männern leichter fiel lange Strecken zu wandern, deshalb waren Frauen hier selten.

Eines Tages verliebte sich ein Mann mit viel Geld und Ansehen in Jujans Freundin und das Paar trennte sich. Jujans Herz war völlig gebrochen, er konnte weder schlafen noch studieren. Er verließ die Schule, aber er hatte keine Bleibe und auch kein Essen, also ging er zu einem Kloster, bat dort um Essen und schlief einige Wochen lang im Wald. Bald stand fest, dass er so nicht länger leben konnte.

Er sagte zu sich selbst, „Ich habe soviel Kummer und Leiden erlebt. Mich interessiert nicht mehr, ob ich eine Freundin, oder Geld habe, oder was die anderen von mir denken. Nun erkenne ich die Wahrheit, dass diese Dinge nicht die wahre Quelle des Glücks sind. Von nun an möchte ich ein einfaches Leben führen und zu meinem ursprünglichen Ziel zurückkehren. Was ich am allermeisten finden will ist innerer Friede."

So ging er zum Büro des Dalai Lama und dort bekam er die Zustimmung, dass man ihn mit Geld und Nahrung versorgen würde, wenn er wirklich aufrichtig praktizierte. Dort wurde ihm auch eine

Meditationsklause hoch oben im Bergwald angeboten, wo er leben konnte. Er blieb fünfzehn Jahre lang da, übte seinen Geist einspitzig fokussiert und entdeckte den friedvollen natürlichen Zustand des Geistes, frei vom Einfluss durch Gedanken und Emotionen.

Die meisten Menschen haben ihre Emotionen nicht unter Kontrolle. Wenn beispielsweise jemand Pech hat und ihm etwas von seinem Eigentum gestohlen wird, jemand schwer krank wird, oder eine enge Beziehung zu Ende geht, dann werden die Menschen normalerweise traurig und niedergeschlagen. Da sie durch ihre Emotionen beeinflusst sind, werden sie vermutlich so reagieren, aber Jujan überwand diese Kontrolle, die seine Emotionen über ihn hatten. Er erholte sich völlig von seinem gebrochenen Herzen und war nicht länger Sklave der Launen seiner Emotionen. Er konnte mit sehr wenig Nahrung auskommen und war von sich aus völlig glücklich. Er konnte auch all seine Krankheiten ohne einen Arzt heilen. Als er hörte, dass seine Familie gestorben war, erschütterte ihn das nicht; er hatte begriffen, dass der Tod ein unvermeidlicher Teil dieses Lebens ist, und nahm diese Einsicht bescheiden und mitfühlend an. Jujans Geschichte verbreitete sich rasch in Indien und er wurde recht berühmt. Er empfing keine Besucher, aber einige Reporter und Touristen fotografierten ihn aus der Entfernung.

Eines Tages erhielt er die Einladung von einem großen chinesischen Tempel in Amerika; er wurde gebeten den Tempel zu besuchen und zu segnen und auch einige Belehrungen zu geben. Er nahm die Einladung an, weil er eine Vorahnung hatte, dass er dort seinen Jugendfreund Fuzu treffen würde, und er war auch froh darüber, seine Erfahrungen erstmals in seiner eigenen Muttersprache weitergeben zu können.

Als er ankam und den Tempel betrat, vollzog er zuerst einige

Zeremonien, um den Ort zu segnen und gab dann Belehrungen. Viele Leute kamen, um ihn zu hören. Zu dieser Zeit war Fuzu mit großem psychischem Leid beschäftigt, also suchte er spirituellen Trost. Deshalb kam er auch in diesen Tempel. Er wusste nicht, dass sein Freund Jujan dort sein würde und war erstaunt ihn dort zu sehen. Jujan erlaubte Fuzu die Nacht über im Tempel bei ihm bleiben. Die ganze Nacht über sprachen sie davon, wie Fuzu individuelle und Jujan innere Freiheit erlangt hatten.

Was brauchst Du, um individuelle Freiheit zu erlangen? Was brauchst Du, um innere Freiheit zu erlangen?

Welche Art der Freiheit, denkst Du, ist wertvoller?

Wie können wir lernen Verantwortung für unser Glücklichsein zu übernehmen?

Wie könntest Du innere Freiheit in Deinem Leben finden ohne in ein Kloster zu gehen oder Deine gegenwärtige Lebenssituation zu verlassen?

Lies diese Geschichten immer wieder, um auch ihre verborgene Bedeutung zu verstehen. Studiere nun die Eigenschaften des Glücks (der Freude) und versuche Dein Bestes, sie auch immerfort zu praktizieren, damit Du ein wirklich glückliches Leben führen kannst.

Den richtigen Weg wählen

Weil die Jugend eine für alle weiteren Schritte im Leben so grundlegende Zeit ist und wir nur diese eine Chance es richtig zu machen haben, fühle ich mich stark aufgerufen Jugendliche diese wichtigen Inhalte zu lehren. Wenn wir diese Gelegenheit verpassen, wird es schwer sein eine zweite zu finden. Deshalb wünsche ich mir, dass Sie, falls Sie eine Tochter oder einen Sohn in diesem Alter haben, diese ermutigen können dieses Kapitel zu lesen. Falls Sie selbst dieser Altersgruppe angehören, bitte ich Sie über die Inhalte dieses Kapitels sorgfältig nachzudenken.

Als Teenager sind wir jung, schlau und aufgeweckt und können Entscheidungen treffen, die uns zu großer Lebenserfahrung führen, zum Entwickeln großer Weisheit und dazu einen großen Einfluss auf die Geschicke der Welt zu nehmen. Andererseits können wir aus Mangel an Erfahrung und Weisheit auch Entscheidungen treffen, die unsere Möglichkeiten einschränken oder gar ruinieren und großes Leid auf uns und die Menschen rund um uns ziehen.

Gewöhnlich wird angenommen, dass Teenager generell nicht zuhören, was die Alten sagen, dass sie zu abgelenkt, oder zu stolz, oder sowieso nicht am Wissen älterer Menschen interessiert sind. Ich glaube nicht, dass das für alle zutrifft, obwohl ich beobachtet habe, dass junge Menschen manchmal stolz darauf sind, was sie in ihren relativ kurzen Leben schon alles gelernt und erfahren haben, und es widerstrebt ihnen zu akzeptieren, dass es noch viel mehr in diesem Leben zu lernen gibt. Das könnte ein Zeichen dafür sein, dass ihnen noch die Weisheit fehlt, die besagt, dass wir je weiser wir werden, desto interessierter am Lernen von den anderen sind.

Es ist ganz natürlich, dass wir unseren Altersgenossen gefallen wollen und Neues ausprobieren wollen, wir beginnen ja gerade in unser Leben einzutauchen und sind noch emotional unerfahren. Kurzzeitbeziehungen sind typisch für diese Zeit, weil wir uns schnell langweilen oder unsere Erwartungen zu hoch ansetzen. Langeweile ist verbreitet, weil wir sehr abhängig sind von äußeren Anregungen – wenn wir nicht genug stimulierende Erfahrungen bekommen, verlieren wir das Interesse, da unser Bedürfnis nach Anregungen von außen stärker ist, als unser Ansporn zu lernen.

Es ist seltsam, dass wir so sehr von Äußerlichkeiten angezogen sind, wo unsere Sichtweise der Welt und der Rahmen unserer Erkenntnis noch so begrenzt sind! Das heißt nicht, dass wir dumm sind. Es bedeutet jedenfalls, dass wir aufgrund unseres Mangels an Lebenserfahrung schwer einschätzen können, was wirklich wichtig für uns ist und was nicht. Bis wir eine ausreichend reife Sichtweise gewonnen haben, werden wir viel Zeit und Energie auf das verschwenden, was sich gerade um uns herum ereignet. Außerdem werden wir so überwältigt sein von unseren Emotionen, dass wir oft die Konsequenzen unserer Handlungen übersehen werden, weil wir nicht verstehen, welche das sein mögen. Deshalb ist es das Wichtigste für Euch als Teenager die Motivation hinter euren Taten zu erkennen und deren Konsequenzen.

Übung: Hier eine einfache Übung, die darauf abzielt euch zu helfen Eure Zukunft zu planen und Eure Aufmerksamkeit zu verbessern. Verwendet jeden Tag fünf Minuten darauf nachzudenken, was ihr an diesem Tag tun wollt oder getan habt, am besten gleich am Morgen, wenn ihr aufsteht, oder spätestens am Abend bevor ihr zu Bett geht. Verwendet diese Zeit darauf, über eure Entscheidungen und die Handlungen, die ihr ausgeführt habt nachzudenken. Zum Beispiel: Was hat dich geärgert oder zornig gemacht? Wie bist du mit den Emotionen umgegangen, die du empfunden hast? Wie haben sich diese auf deine Entscheidungen und Handlungen ausgewirkt? Denke gewissenhaft über die wahrscheinlichen kurz- und langfristigen Folgen nach. Vergegenwärtige dir alle, auch die kleinsten, unbedeutendsten Entscheidungen und Handlungen. Das wird dir mit deiner langfristigen Ausrichtung und auch deinen Plänen für die Zukunft helfen.

WAS WILL ICH MIT MEINEM LEBEN ANFANGEN?

Als Teenager sind wir wie eine Blüte, die sich im Frühling zu öffnen beginnt. Wir haben die Frische und Schönheit der Jugend und die Möglichkeit eines erfüllten und reichen Lebens vor uns. All die wunderbaren Möglichkeiten des Lebens gehören uns. Wir können reich und berühmt werden, ein Weltenbeherrrscher oder ein Held sein. Wir können mithelfen die globale Erwärmung zu verringern, lebensgefährliche Krankheiten zu beseitigen oder der Armut und dem Hunger vorzubeugen. Wir haben all diese Möglichkeiten in unseren Fingerspitzen – alles ist möglich! Und doch scheint es so schwierig zu wissen, was wir tun sollen. Woher sollen wir wissen, welchen Pfad wir einschlagen sollen? Wen wählen wir zum Vorbild? Was tun wir, um uns dahin zu entwickeln, wo wir sein wollen? Was sind die wirklichen Vorteile, wenn wir dorthin gelangen? Wonach wir letztlich suchen ist unsere eigene Identität, die ja tatsächlich etwas so Wesentliches ist, dass danach zu suchen sich lohnt.

Weil wir so leicht abzulenken sind, begnügen wir uns oft mit etwas Angenehmen, weniger Herausforderndem, dem wir uns widmen und unseren Geist damit zerstreuen. Oft verbringen wir Stunden damit im Internet zu chatten, E-Mails zu versenden oder Musik zu hören. Unser Geist gewöhnt sich daran sich so zu verhalten, außen nach Ablenkung und Zerstreuung zu suchen, anstatt nach Innen zu horchen. Wir finden es schwierig bloß mit uns allein zu sein, oder über unsere

Pläne für die Zukunft nachzudenken. Selbst wenn wir versuchen unsere Zukunft und die Möglichkeiten, die uns offenstehen auszumalen, ist es leicht in Fantasien abzuleiten, oder lieber das Gleiche wie unsere Freunde zu tun.

Hier sind einige praktische Hinweise für ein sorgfältiges Nachdenken über Deine Zukunft:

1. Besitzt du die Voraussetzungen, um dein angestrebtes Ziel zu erreichen?

Wenn du ein berühmter Sänger oder bekannter Schauspieler werden willst, solltest du gut aussehen, eine melodiöse Stimme besitzen und die Fähigkeit hart zu arbeiten und eine Menge Glück! Du musst dich fragen: Besitze ich wirklich all diese Eigenschaften? Habe ich das (Selbst-)Vertrauen und die Entschlossenheit dieses Ziel zu verfolgen? Bin ich mir sicher, nicht auf halbem Wege aufzugeben, weil mir das zu schwierig ist? Besitze ich den Fleiß und die Ausdauer, um dieses Ziel zu erreichen? Strebe ich dieses Ziel an, weil ich es wirklich will, oder weil es jemand anderer von mir erwartet?[17]

Wenn du bei allen fünf Fragen ‚ja' sagen kannst, dann versuche es! Du hast alles, was es braucht und du wirst vermutlich erfolgreich sein. Wenn du dir nicht sicher bist, ob du all dies mitbringst, dann ist dieses Ziel für dich nicht sinnvoll zu verfolgen und du folgst vielleicht nur einer Phantasie und verschwendest deine Energie. Wenn du all deine Energie dafür verbrauchst, hindert dich das daran etwas Anderes zu erreichen.

2. Wird dich das Erreichte dein ganzes Leben lang zufriedenstellen?

Wenn du sicher und entschlossen bist ein gewisses Ziel zu verfolgen und dieses Ziel realistisch ist, dann ist es wahrscheinlich, dass es auch gelingt. Dennoch ist es notwendig sorgfältig darüber nachzudenken, ob das Erreichen dieses Ziels auch in späteren Jahren noch bedeutsam für dich ist.

Wenn dein Ziel beispielsweise ist, ein berühmter Sänger oder Sportler zu werden, solltest du sorgfältig über die Konsequenzen nachdenken, die der Einsatz all deiner Energien bedeutet, um diesen Traum zu verwirklichen. Zunächst sollte dir klar sein, dass nur ganz wenige, außerordentliche Menschen mit dieser Karriere auch ein ausreichendes Einkommen haben und es kann für dich auch ein Leben in großer finanzieller Bedrängnis bedeuten. Außerdem kann es sehr schwierig sein sich irgendwo niederzulassen, weil du auf der Suche nach Arbeit ständig deinen Wohnort wechseln musst und wenn du dann erfolgreich bist, benötigt vielleicht niemand mehr deine Fähigkeiten, wenn du älter bist. Es könnte schwierig werden ein „normales" Leben zu führen, vor allem, wenn du in einer Bühnenwelt zuhause warst, oder nie irgendwelche Härten durchstehen musstest.

Vielleicht klingt das seltsam, aber in Tibet sind einige Mönche und Nonnen sehr berühmte Leute, so wie Filmstars in der westlichen Kultur. Ich persönlich wollte nie ein bekannter Lama in Tibet werden, weil ich mich dann in einer bestimmten Art und Weise hätte verhalten und sehr vorsichtig mit meinem Benehmen sein müssen. Ich wäre ständig von einer Menge Menschen umgeben und hätte mich kaum ausruhen oder mich ganz natürlich verhalten können.

Hast du dir darüber wirklich Gedanken gemacht, wie das Verfolgen und Erlangen deines Ziels sich auf dein Leben auswirken könnte? Bist du wirklich noch bereit dieses Ziel zu erreichen und denkst du, dass es dir ein sinnvolles Leben bringen wird? Gibt es andere (bessere) Wege ein sinnvolles Leben zu leben? Wenn du gehemmt oder verlegen bist und draufkämst, dass dich so ein öffentliches Leben eher durcheinanderbringen wird, dann verschwendest du deine Zeit und Energie mit diesen Träumen. Erkenne das und beschäftige dich mit den vielen anderen Möglichkeiten, prüfe jede davon genau und wenn du jenes Ziel gefunden hast, das für dich passt, dann verfolge es ohne Ablenkung. Wenn du dich im Nachhinein dafür kritisierst, kommst du durcheinander und verlierst deinen Weg.

Wenn du es zu schwierig findest, dich einer Aufgabe ganz und gar und ohne Zweifel zu widmen, solltest du planen, wie du dieses Ziel in kleineren Schritten erreichen kannst. Obwohl es gut ist überzeugt zu sein dein ideales Ziel zu erreichen, ist es doch am besten einige Herausforderungen von vornherein einzuplanen und auch einen „Plan B" zu haben. Wenn sich das höchste Ziel nicht ausgeht, brauchst du nicht verzagt sein, denn dein Plan sollte mehrere Ebenen des Erfolges kennen, auch das Scheitern. Du selbst solltest mit allen Mitteln den Erfolg anstreben, doch nicht verzagt sein, wenn du scheiterst. Jedenfalls höre nie auf danach zu streben!

Wir könnten versucht sein zu denken, dass unsere harte Arbeit ein noch härteres Leben nach sich ziehen wird. Doch es könnte genauso gut das Gegenteil zutreffen. Was einst harte Arbeit bedeutete kann uns nun leicht von der Hand gehen und unser Leben auf lange Sicht viel einfacher machen. Andererseits könnten wir recht faul und selbstgefällig sein und das könnte wie ein leichtes Leben aussehen, doch kann sich das sehr schnell ändern und sich als viel mühsamer erweisen. Eine Warnung: Manche Menschen sind dermaßen zielorientiert, dass sie ihre Familie, Freunde und andere wesentliche Aspekte des Lebens vergessen. Aber für die meisten von uns wird es wohl eine sinnvolle Beschäftigung sein, unsere Energie auf das Erreichen unserer Ziele zu lenken, solange wir nicht andere wichtige Dimensionen des Lebens vergessen.

Die Disziplin beständig hart zu arbeiten kann uns auch helfen unsere Konzentration, unsere Sammlung zu verbessern. Wenn wir hart für etwas arbeiten, das uns wert erscheint, werden wir effizienter und klarer im Denken und dann kann sich auch ein Gefühl von Befriedigung und Freude einstellen, während wir mit einer bestimmten Arbeit beschäftigt sind. Wenn wir effizienter werden, fällt es uns leichter ein ausreichendes Einkommen für unsere materiellen Bedürfnisse zu erzielen und wir können dies als Basis für ein einfacheres Leben betrachten, wo wir uns auch Zeit für wesentlichere Beschäftigungen nehmen können, wie etwa Freundschaften zu pflegen, neue Interessen und Fähigkeiten zu entwickeln, oder auch ein spirituelles Leben zu beginnen. Darüber mehr in den folgenden Kapiteln.

Bevor ich fortfahre, hier noch eine kurze Geschichte, die erhellt, wie wichtig Entschlossenheit ist. Ich hoffe, dass ihr versteht, weshalb das Leben der zwei Hauptcharaktere sich so unterschiedlich entwickelt und dass ihr den Wert der Entscheidungen, die die beiden treffen, richtig einschätzt.

EINE GESCHICHTE ÜBER DIE ENTSCHLOSSENHEIT

Es waren einmal zwei Jungen, die gemeinsam im Tibetan Children's Village (TCV), einem Internat für tibetische Flüchtlingskinder in Dharamsala, Nordindien zur Schule gingen. Tenzin wurde in Dharamsala geboren und ist dort auch aufgewachsen, während der andere Junge, Jigme, aus Golok, einer tibetischen Provinz kam. Die beiden maßen sich gerne und wetteiferten um ihren Schulerfolg.

Tibeter und viele andere asiatische Menschen glauben, dass sie in westlichen Ländern bedeutend mehr Chancen hätten, besonders wenn es um Studium und Beruf geht. Wenn Tenzin alt genug ist, wird sein Vater, der ein tibetischer Regierungsbeamter ist, in der Lage sein ihn in die Schweiz zu schicken, wo er bessere Ausbildungs- und Lebensbedingungen haben wird. Das erzählte Tenzin auch seinem Jigme und brüstete sich damit eine erfolgreichere Zukunft vor sich zu haben als sein Schulkollege.

Jigme war ziemlich enttäuscht darüber, dass er nicht dieselben Möglichkeiten haben würde wie Tenzin und so beschloss er hart zu studieren und zu arbeiten, um mit seinem Freund gleichzuziehen.

Als Tenzin in der Schweiz ankam fühlte er sich wie im Himmel und konnte sein Glück gar nicht fassen. Alles war hier so schön und seine Bedürfnisse waren alle schnell erfüllt. In der Schule hatte er keine Probleme mit der Sprache, weil er ja in Indien gut Englisch gelernt hatte. So überlegte er: „Ich werde hart studieren und eine gute Ausbildung erlangen, damit ich dann in der Zukunft das tibetische Volk unterstützen kann."

Nach einigen Wochen sorgfältigen Studierens allerdings waren die Ablenkungen so groß, dass er seine ursprüngliche Absicht vergas und seine Konzentration verlor. Da Tenzin keinen besonders starken Charakter besaß, wurde er bald von anderen Ablenkungen in Anspruch genommen und verlor seine Entschlossenheit fürs Studium. Wenn Menschen mit Ablenkung und Gelegenheiten für Spaß konfrontiert sind, geschieht es oft, dass sie davon mehr möchten und ihre ursprünglichen Ziele aus den Augen verlieren, weil sie mit ihren gegenwärtig angenehmen Erfahrungen so vollkommen beschäftigt sind. Schließlich wurde Tenzin sehr deprimiert, als er nach Abschluss seines Studiums keine geeignete Arbeit fand. So begann er Alkohol zu trinken, um mit dieser Enttäuschung fertig zu werden. Sein Leben war nun viel schwieriger als in Dharamsala und lief in die völlig falsche Richtung.

Für Jigme war es undenkbar in ein westliches Land zu reisen, weil er kein Visum bekäme und auch zu wenig Geld hatte. Er setzte seine Ausbildung an der TCV Schule fort, aber nach dem Abschluss konnte er kein Studium beginnen, weil er an einer indischen Höheren Schule Studiengebühren zahlen müsste.

Also mietete Jigme eine kleine Wohnküche, wo er lebte und für sich selber und zum Verkauf auskochte. Jeden Morgen stand er um vier Uhr früh auf, und buk zwei Stunden lang Brot, das er dann an der Straße verkaufte. Dann ging er heim und begann sein Fernstudium in Englisch, Mathematik und Computerwissenschaften. Von vier bis sechs am Abend bereitete er Momos (tibetische Spezialität; gefüllte Teigtaschen) gefüllt mit Fleisch oder Gemüse zu. Die verkaufte er jeden Abend und setzte sich hinterher wieder zu seinen Büchern, um bis Mitternacht zu studieren. Er hatte nicht viele Ablenkungen und wenig Spaß in dieser Zeit. Manchmal fühlte er sich schon ein bisschen traurig und einsam, aber er hatte kaum Zeit sich damit länger zu beschäftigen. Fünf Jahre lang lebte er unter diesen Bedingungen und setzte seine harte Arbeit fort.

Eines Tages begegnete er einer grauhaarigen Europäerin namens Isobel, die ihm einige Fragen stellte, während er seine Momos verkaufte. Sie verstanden einander gut und so kam es zu einer Einladung zum Abendessen für Jigme. Es stellte sich heraus, dass Isobel Schweizerin war und regelmäßig nach Dharamsala kam, zur Unterstützung tibetischer Exilpolitiker. Als sie Jigme fragte, was seine Lebenspläne seien, antwortete er, dass er die Universität besuchen und Professor werden wollte.

Nach dem Abendessen lud Jigme Isobel ein, sich seine Wohnung anzusehen. Sie war schockiert von den armseligen Lebensumständen und gleichzeitig bewegt von seiner Entschlossenheit und so bot sie ihm ein Stipendium für ein Studium in der Schweiz an. Jigme war sprachlos.

Eine zeitlang dachte Jigme, dass wäre nur ein Traum und er fürchtete, dass Isobel ihre Meinung ändern könnte. Aber noch ehe er es richtig fassen konnte, war Isobel nach Delhi gefahren und hatte ein Visum für ihn beantragt. Er konnte es noch nicht fassen, dass er so ein Glückspilz war, dass er in die Schweiz reisen durfte!

Bevor Jigme abreiste traf er sich noch mit seinem Freund Konchok, einem jungen Mönch, der ihm gratulierte und ihn dann doch in ernstem Tonfall warnte: „An zwei Sachen musst du dich immer erinnern, wenn du in der Schweiz bist. Das Erste ist die menschliche Natur, wenn der Wohlstand zunimmt und das Leben leichter wird, verlieren wir oft unsere Ziele und unsere Disziplin. Wenn du deine Ziele nicht aus den Augen verlierst, kannst du viel erreichen und ein glückliches Leben führen, aber wenn du dich in Gier oder Faulheit verlierst, wirst du großem Leid begegnen. Zum Zweiten darfst du das Wohl der Tibeter (deines Volkes) nie vergessen, ganz gleich wie gut es dir dort in der Schweiz gehen mag."

Jigme versprach Konchok diese zwei Dinge nie zu vergessen.

Eine Woche später hatte Jigme sein Visum und reiste in die Schweiz. Als er ankam war er überwältig und fühlte sich wie im Himmel – ganz gleich wie Tenzin. Aber Jigme rief sich jeden Tag die Worte seines Freundes Konchok ins Gedächtnis und so blieb er bei seinem Psychologiestudium mit großer Ausdauer sieben Jahre lang, daneben arbeitete er als Graphic Designer mit seinen Computerkenntnissen. Nach einem Jahr verliebte er sich in Heidi, Isobel Tochter und nach einigen Jahren heirateten die beiden. Weitere zwei Jahre später wurde Jigme Professor für Psychologie und eröffnete seine eigene Praxis mit großem Erfolg.

Eines Tages hielt Jigme einen öffentlichen Vortrag an einer berühmten Universität in Zürich. Zu dieser Zeit war Tenzin immer noch arbeitslos, einsam und hatte auch begonnen Drogen zu nehmen. Er kam zu dieser Vorlesung, weil es um Psychologie ging und er dachte, es könnte ihm vielleicht helfen. Als er hereinkam glaubte er den Vortragenden irgendwoher zu kennen. Mitten im Vortrag erzählte Jigme die Geschichte von seinem Klassenkameraden Tenzin an der TCV Schule. Er erwähnte, dass dies nun schon vierzehn Jahre her sei und er nie erfahren habe, wie es ihm ergangen war. Tenzin war schockiert als er bemerkte, dass dort sein alter Schulkamerad Jigme den Vortrag hielt. Er konnte nicht glauben, dass sein alter

Gegner im Wettstreit um die besseren Noten so erfolgreich geworden war, während sein eigenes Leben so danebenging.

Denke darüber nach, wie zwei Jungen mit ähnlichen Voraussetzungen doch so verschiedene Lebensläufe haben können. Kannst du dich erinnern, welche zwei Dinge Jigme so wichtig waren, die ihn so sehr inspiriert haben, dass er erreichte, was er sich gewünscht hatte? Denke auch darüber nach, wie du dein Leben mit einem Ziel bereichern könntest, dass dir wirklich wichtig ist und welchen Unterschied das ausmachen würde.

DIE NOTWENDIGKEIT DES SELBSTVERTRAUENS

Als Teenager sind wir besonders sensibel für die Meinungen anderer. Das liegt wiederum daran, dass wir noch nicht genügend innere Sammlung aufgebaut haben, um uns selbst gut genug zu kennen, um die positiven und negativen Auswirkungen unserer Handlungen richtig würdigen zu können.

Jemand, der viel Erfahrung und Weisheit besitzt wird niemals befangen oder gehemmt sein. Das liegt daran, dass so jemand für sich selbst beurteilen kann, was gut und was schlecht ist, was lohnend ist und was nicht, worauf es sich auszahlt seine Energie zu investieren und was eine Zeitverschwendung ist.

Als Teenager jedenfalls zeigt unsere recht begrenzte Welterfahrung, dass es sehr unwahrscheinlich ist, dass wir eine solche unterscheidende Bewusstheit besitzen. Unsere Wahrnehmung ist noch sehr eng, wie ein Nadelöhr, und wir können sehr leicht darauf hereinfallen uns zu sehr auf die Meinungen anderer zu stützen.

Das gilt nicht nur für Teenager im Westen. Selbst in meinem kleinen Dorf in Tibet war ich sehr mit meinem Image beschäftigt und war sehr besorgt darum, was die anderen von mir denken. Zuhause und mit Verwandten benahm ich mich sehr ungezwungen, weil ich es nicht für nötig hielt, dass alles so perfekt ablief. Aber wenn

Freunde und andere Menschen aus der Gemeinde zu Besuch kamen, war ich komplett verärgert wie sich alle benahmen, meine Geschwister, Eltern, Verwandten, sogar ich selbst, obwohl alles perfekt verlief. Wenn ich heute zurückschaue, dann erkenne ich, dass ich meinen Freunden und Verwandten gegenüber falsch gehandelt habe, alles aus Sorge, dass sie eine gute Meinung von mir haben sollen.

Als Teenager ist unser Einflussbereich gewöhnlich eingeschränkt. Daraus folgt, dass unser Verständnis dafür, was möglich ist und was nicht, auch begrenzt ist. Wir wollen viele Freunde haben, wir wollen beliebt sein und begehrt, also neigen wir dazu, unsere Vorstellungen unserer Peergroup anzupassen. Wir versuchen witzig und unterhaltsam zu sein. Buben wollen im Besonderen unter ihresgleichen als „cool" gelten und dafür sind sie bereit mit Freundinnen zu prahlen oder sich über andere lustig zu machen. Mädchen wiederum sorgen sich sehr um ihr Aussehen und investieren viel Zeit und Geld in Make-up, Kleidung und Frisur, damit sie sich attraktiver fühlen. Ein gutes Image ist das Wichtigste und diese Einstellung wird von den Freunden und den Medien auch noch verstärkt.

Wenn wir das aber etwas genauer betrachten, stellt sich heraus, dass uns nur interessiert, wie Leute unserer eigenen Altersgruppe uns wahrnehmen, ohne uns darum zu kümmern, was der Rest der Welt über uns denkt. Auch machen wir uns keine Gedanken über die künftigen Auswirkungen unserer Fixierung auf eine gute Selbstdarstellung. Wenn das eine fixe Idee wird, können wir auch für die vielen anderen Dinge blind werden, die in dieser Welt wirklich wertvoll sind. Manchmal lassen wir unsere hübschen, jungen Körper mit Tattoos oder Piercings verzieren. Obwohl daran nichts falsch ist, schön aussehen zu wollen und stolz zu sein, auf unsere Einzigartigkeit, könnte es uns doch einmal unangenehm sein, all diese Zeichen am Körper zu tragen, mit denen wir uns im Namen unserer Selbstdarstellung geschmückt haben. Denkt daran, dass Moden sich rasch ändern!

Manchmal kann so eine Besessenheit von der Selbstdarstellung zu wahrhaft schädlichem Verhalten treiben. Wir sind uns alle der schädlichen Auswirkungen von Drogen, Zigaretten und Alkohol bewusst und doch sind wir immer wieder verleitet sie auszuprobieren, um in unserer Peergroup ‚cool' zu erscheinen, oder einen Mangel an Selbstvertrauen auf diese Weise zu überwinden. Sind wir uns dieser Gefahr endlich bewusst, benötigen wir Entschlossenheit, Selbstdisziplin und Weisheit, um unsere physische und geistige Gesundheit vor den Auswirkungen dieser gefährlichen Substanzen zu schützen.

Wenn wir älter und erfahrener werden, nimmt das Selbstvertrauen bei den meisten Menschen zu und sie kümmern sich weniger darum, was andere über sie denken und sind nicht mehr vom Wunsch getrieben beliebt zu sein. Wir erlangen auch die Weisheit, bessere Entscheidungen zu fällen, mehr auf unsere eigene Beobachtung, als auf die Meinung anderer gestützt. Bedauerlicherweise gibt es dafür keinen magischen Trick, der uns sofort zu innerer Sammlung und Selbsterkenntnis führt, weil wir diese selbst erringen müssen, während wir an unserer Lebenserfahrung wachsen und lernen.

Jedenfalls sollten wir uns, wenn wir versuchen jemanden zu beeindrucken, folgende Fragen stellen: Weshalb ist deren Meinung so wichtig für mich? Und wie denke ich selbst darüber? Während wir darüber ausdauernd reflektieren, werden wir innere Sammlung entwickeln und schrittweise unseren eigenen Geist verstehen.

SEX, DRUGS AND ROCK AND ROLL

Vorher habe ich einige von den selbstzerstörerischen Verhaltensweisen erwähnt, mit denen die Leute experimentieren, wenn sie Teenager sind, besonders Drogen und exzessiver Alkoholkonsum. Ich bin sehr gegen Drogen- und Alkoholkonsum, vermutlich, weil ich diesem während meines Heranwachsens nie ausgesetzt war und deshalb sehr leicht den Schaden sehen kann, den sie anrichten. Im Westen fühlen sich vor allem Männer oft gedrängt zum Alkoholkonsum, weil sie dadurch maskuliner oder „männlicher" zu erscheinen glauben und manche Frauen denken, dass sie das Trinken nach außen gewandt (extravertiert), selbstbewusster und interessanter für Männer macht. Diese Vorstellungen werden oft in Gesellschaften verbreitet, die einen begrenzten oder engen Blickwinkel einnehmen und denen ein kultureller Austausch fehlt. In der Golok Provinz in Tibet beispielsweise gibt es keine rauchenden oder Alkohol trinkenden Frauen und nur fünf Prozent der Männer tun das.

Viele Leute glauben, dass ein Leben ohne Alkohol und Drogen ein langweiliges Leben sein müsse, aber diese Vorstellung möchte ich hinterfragen. Glaubst Du, dass ein Mensch, der niemals Kopfweh hatte, ein langweiligerer Mensch ist, als einer, der Kopfweh hat und es mit entsprechender Medizin kuriert? Oder ist ein Mensch, den es gar nicht juckt langweiliger, als jemand, den es juckt und der sich dann kratzt, um es loszuwerden? Wir können Rauschmittel als Beispiel dafür betrachten, was die Buddhisten „abhängig von Verlangen" bezeichnen – eine Droge zu benutzen erzeugt uns ein angenehmes Gefühl und das führt uns dazu, nach mehr von dieser angenehmen Erfahrung zu verlangen. Schließlich kommen wir zu einem Punkt, wo das Verlangen in unserem Leben überhandnimmt und wir unsere ganze Zeit damit verbringen das Verlangen zu stillen, ohne es jemals wirklich befriedigen zu können.

Ich sage nicht, dass Drogen keinen Genuss bringen oder lustige Erfahrungen, wenn man sie zu sich nimmt. Es geht mehr darum, dass es sehr unangenehm werden kann, wenn die Wirkung nachlässt, oder dass Du unter ihrem Einfluss sehr unheilsame Dinge tun könntest, außerdem besteht die große Gefahr völlig die Kontrolle über das eigene Leben zu verlieren.

Selbst wenn wir nicht abhängig werden, können Drogen, die wir zu uns nehmen, Körper und Geist nachhaltig schädigen. Selbst der einmalige Gebrauch einer Droge kann schlimme geistige Krankheiten auslösen oder uns veranlassen in schädliches Verhalten zu verfallen. Ich habe oft von befreundeten Ärzten Geschichten über Jugendliche in der Intensivstation gehört, die unter dem Einfluss von Drogen sich selbst oder andere Menschen verletzt haben. Jegliche Droge kann uns soweit bringen. Sogar solche, von denen ihr glaubt sie seien harmlos, wie Marihuana, können schädliche Auswirkungen auf das Gehirn haben und zu ernsten psychischen Krankheiten führen, wie Schizophrenie.

Unglücklicherweise haben manche Jugendliche die Vorstellung, dass Drogen zu spiritueller Erfahrung führen und halten außergewöhnliche Gefühle oder Wahrnehmungen bereits für „spirituellen Fortschritt". Das ist eine völlig verdrehte Ansicht, denn spirituelle Verwirklichung sollte uns ja zu besserer Selbstkontrolle führen, uns mehr „erden" und mehr in Berührung mit der Realität bringen. Im Widerspruch dazu, verlieren wir unter der Einwirkung von Drogen eher unsere Selbstkontrolle, machen Erfahrungen, die völlig illusorisch sind und können den Kontakt mit der Realität auch ganz verlieren.

Ganz gleich wie das Verlangen nach Erfahrungen, die durch Drogen hervorgerufen werden, kann uns auch das Verlangen nach sexueller Freude/Lust überwältigen. Manche Menschen im Westen scheinen zu denken, dass das Verlangen nach Sex oder nach Verliebt Sein eine unaufhaltbare und überwältigende Naturgewalt sei und viele scheinen auch zu glauben, dass, im Unterschied zu Drogen oder Alkohol, Sex ein natürliches Bedürfnis oder gar eine Lebens-Notwendigkeit sei. Selbstverständlich ist es wahr, dass kein menschliches Wesen existierte ohne die sexuelle Vereinigung seiner Eltern und ich sage auch nicht, dass Sex etwas grundsätzlich Schlechtes oder Unheilsames ist. Jedenfalls sollten wir zwei wichtige Punkte bedenken.

Der erste ist, dass unsere Motivation für sexuelle Aktivität sehr wichtig ist. Denken wir mit reiner Motivation an Sex, dass wir unsere wahre Liebe und Zuwendung zeigen wollen, oder Kinder zeugen, um die

Weisheit an die nächste Generation weiterzugeben? Oder wollen wir Sex, um unrealistische Erwartungen und Fantasien, dank des Verlusts von Selbstkontrolle zu befriedigen, oder sogar um vor unseren Freunden gut dazustehen?

Es ist wirklich wichtig zu verstehen, dass die sexuelle Kraft zwischen Mann und Frau ein unglaubliches Potenzial hat sich zu etwas Tiefergreifendem und Mächtigerem zu entwickeln als die meisten Menschen zu begreifen fähig sind, eben eine außergewöhnliche innere Fähigkeit. Jedenfalls müssen für jene, die dies wirklich erforschen wollen, viele Bedingungen in den Personen zusammenkommen. Im Besondern müssen beide Partner eine reine Motivation haben und die Verbindung kann niemals erzwungen werden – sie muss immer natürlich entstehen.

Wenn Du Dich mit dieser Vorstellung nicht anfreunden kannst, ist es jedenfalls notwendig zu verstehen, dass eine sexuelle Verbindung bei weitem nicht so einfach ist wie wir gemeinhin denken. Tatsächlich können acht Ebenen unterschiedlicher Komplexität gefunden werden, jede tiefgreifender und bedeutsamer als die vorhergehende.

Die niedrigste ist die animalische Ebene, die sich einstellt, wenn wir uns nur auf die physische Befriedigung konzentrieren, wie beim Essen und Trinken.

Die zweite Ebene, die Transaktion, lässt schon etwas mehr Verständnis erkennen für das, was wir tun, aber die Motivation ist noch auf Gier gebaut, somit ist es wenig wahrscheinlich, dass wir eine wirkliche Verbindung herstellen. Lockere Beziehungen ereignen sich oft auf dieser Ebene.

Die zweite Ebene, die Transaktion, lässt schon etwas mehr Verständnis erkennen für das, was wir tun, aber die Motivation ist noch auf Gier gebaut, somit ist es wenig wahrscheinlich, dass wir eine wirkliche Verbindung herstellen. Lockere Beziehungen ereignen sich oft auf dieser Ebene.

Auf der vierten Ebene, der Gebildeten, werden die Bedürfnisse beider Partner schon viel besser verstanden und befriedigt, weil beide größeres Wissen besitzen. Sie haben eine größere Fähigkeit mit ihren Problemen fertig zu werden und ihre Beziehung zu verbessern. Allerdings bleibt die Tiefe ihrer Verbindung noch gering, weil das Wissen eher auf einem intellektuellen Niveau bleibt. Die Liebe zwischen den Partnern wirkt noch ein wenig „konstruiert", lange noch nicht so natürlich und spontan, wie sie sein könnte.

Auf der fünften Ebene, jener der günstigen Bedingungen, ist das Wohlgefühl und die emotionale Reife beider Partner bereits deutlich entwickelt und es gibt eine natürliche Ausstrahlung von Großzügigkeit und Wertschätzung. Das gibt wahrer Liebe deutlich mehr Möglichkeiten sich zu entfalten und zu erblühen. Der Grad sexueller Befriedigung ist auch deutlich höher.

Die sechste Ebene ist jene des Hervortretens der Spiritualität. Auf dieser Ebene sind die guten Qualitäten, von denen in diesem Buch die Rede war, bereits bei beiden Partnern deutlich entwickelt, besonders Großzügigkeit, Dankbarkeit und reine Wahrnehmung. Unsere Erfahrung von Glückseligkeit (bliss) ist viel tiefer gehend, nicht nur bezüglich der Empfindung, sondern auch über die Ebene der gewöhnlichen Wahrnehmung hinaus und diese Glückseligkeit enthält bereits eine Form eingeborener, natürlicher Weisheit.

Die siebente Ebene ist jene der spirituellen Meisterschaft. Alle vorherigen Qualitäten sind entwickelt und dazu noch die Fähigkeit den Energiefluss im sogenannten „subtilen Körper"[18], bestehend aus den Kanälen, dem inneren Wind und der subtilen Essenz, zu kontrollieren. Der subtile Körper ist nicht etwas, das objektiv existiert; er bezeichnet viel mehr die glückseligen Energieflüsse, die während der sexuellen Vereinigung erfahren werden. Die Vereinigung von Weisheit und glückseliger Bewusstheit werden größer und größer, mit oder ohne Partner, bis sie völlig unabhängig werden von äußeren Bedingungen.

Die achte Ebene schließlich ist jenseits aller Konzepte, wie Raum und Zeit und kann als die unauflösliche Vereinigung von Weisheit und unveränderlichem Segensgewahrsein, oder Erleuchtung selbst verstanden werden.

Selbst wenn das für uns zunächst keinen Sinn ergibt, wird schon allein etwas Neugier und das Streben nach mehr Einsicht über diese höheren Ebenen für uns von großem Vorteil sein. Entscheidend ist es, eine Geisteshaltung natürlicher Großzügigkeit und Anerkennung zu entwickeln. Eine bessere und reinere Wahrnehmung unseres Partners zu entwickeln ist viel wichtiger als nach Perfektion zu suchen, denn wie wir unsere Partner sehen hängt in der Hauptsache von unserem Denken ab – wie Shakespeare sagte: „Nothing is good or bad but thinking makes it so." (Nichts ist von sich aus gut oder schlecht, aber unser Denken macht es dazu.) Letztlich ist es wichtig danach zu streben, Sex als etwas Kostbares und Seltenes zu sehen; wenn wir denken es sei nur ein Grundbedürfnis dessen Befriedigung wir regelmäßig benötigen, wie Essen oder Trinken, werden wir uns nie über die unteren Ebenen erheben, das wird ein großer Nachteil für uns sein.

Einen zweiten Punkt, den ich klarstellen wollte ist, dass Sex nicht für jede/n in diesem Leben eine Notwendigkeit darstellt. Ein reiches erfülltes Leben mit vielen Verwirklichungen ist auch ohne Sex erreichbar – tatsächlich kann es manchmal viel leichter ohne Sex erreicht werden! Was ich damit meine ist, dass viele Schwierigkeiten in Verbindung mit Sex entstehen können, Situationen, die zu Eifersucht, Ärger, Bedauern oder Besessenheit für einen oder mehrere Menschen führen können. Diese lenken uns alle ab von der Konzentration auf das Wesentliche im Leben. Das heißt natürlich nicht, dass wir andere nicht lieben oder intime Beziehungen vermeiden sollen; stattdessen sollten wir uns darüber klarwerden, dass erfüllende Beziehungen auch ohne Sex aufgebaut werden können und dass diese oft weit weniger selbstbezogene Bedürfnisse beinhalten als Beziehungen, wo Sex vordringlich wichtig ist.

WIE WIR BESSERE BEZIEHUNGEN AUFBAUEN

Bevor Du jemanden kritisierst,
solltest Du einige Kilometer in seinen Schuhen gehen. (Sprichwort)

Teenager denken oft, dass Beziehung auf dem Konzept von männlich – weiblicher Freundschaft beruht. Jedenfalls ist die wichtigste Beziehung, die wir als Teenager haben, jene zu unseren Eltern und Freunden. Beziehungen sind von höchster Wichtigkeit unser ganzes Leben hindurch. Wenn sie stabil sind und alles gut geht, fühlen wir uns selbst auch gut, umgeben von denen, die uns lieben und sich um uns kümmern. Wenn sie allerdings nicht gut gehen, fühlen wir uns selber auch schrecklich. Viele Menschen glauben, dass es völlig außerhalb unserer Kontrolle liege, ob wir mit jemandem zusammen sind oder nicht, als wäre es eine Art Instinkt. Wie auch immer, die Wahrheit ist, dass wir alle eine Menge Einfluss auf die Qualität unserer Beziehungen haben. Es ist sehr hilfreich zu wissen, wie wir Beziehungen zu unserem Vorteil nutzen können, besonders, wenn Konflikte zu lösen sind.

In meiner Jugend war ich sehr unzufrieden mit der Situation zuhause und ich unternahm einiges, um die Erlaubnis meines Vaters zu erhalten, bei unseren Nachbarn bleiben zu dürfen. Ohne darauf zu achten, wie schön unser Zuhause war oder wie gut das Essen schmeckte, ging ich anderswo hin, in Häuser, die nicht schön waren, sogar schmutzig, mit Essen, das einfach und fad war.

Als Teenager finden viele von uns das Leben mit der Familie langweilig und öd und beginnen anderswo nach Freiheit und Unabhängigkeit zu suchen. Doch weil wir weder die Möglichkeit noch das Geld haben, um selbständig zu leben, können wir nicht von zuhause ausziehen und deshalb ist es schwierig wirklich unabhängig zu sein. So treten wir in einen Freundeskreis ein und wollen mehr Zeit mit unseren Freunden als zuhause verbringen – das kann zuhause Konflikte auslösen.

Freilich gibt es zwischen Teenagern und ihren Eltern noch viel mehr Gründe für Konflikte – oder in dem Fall zwischen Teenagern und allen anderen! Wir mögen denken, unsere Eltern seien langweilig und altbacken, oder wir denken, dass sie uns nicht genug vertrauen und uns in Gegenwart unserer Freunde dumm aussehen lassen. Jedenfalls sind die Methoden unsere Konflikte zu lösen immer die gleichen, egal worüber oder mit wem es gerade Streit gibt.

Jeder Mensch, ganz gleich wie verschieden von uns selbst, hat dasselbe grundlegende Bedürfnis glücklich zu sein. Wenn wir Konflikte mit anderen beilegen wollen, ist es wichtig sich daran zu erinnern, dass wir genauso wie sie sind und wir deshalb verstehen können, weshalb sie sich so und nicht anders verhalten. Versuche Dich selbst eine Weile in die Situation des anderen zu versetzen. Wenn Du mit Deiner Mutter ein Problem hast, stelle Dir vor, Du wärst an ihrer Stelle. Wenn Du das wirklich ausprobierst, wirst Du einen Eindruck davon bekommen, wie es ihr dabei geht und weshalb sie sich so verhält, wie sie es tut. Denke darüber nach, wie Du behandelt werden möchtest, wenn Du in ihrer Situation wärst und behandle sie so, selbst wenn Du denkst, dass sie sich irrt. Stelle dir vor, Du hättest Kinder, wie sie sich Dir gegenüber benehmen sollen und dann benimm Dich Deinen Eltern gegenüber ebenso.

Erinnere Dich, es geht gar nicht darum was richtig oder falsch ist, sondern darum, wie wir in einer bestimmten Situation die richtigen Mittel zur Lösung finden. Diese Techniken können wir dann in jeder Beziehung üben – beispielsweise mit unseren Lehrern, unseren Angehörigen oder unseren Freunden. Die Einsicht warum sich andere so verhalten wie sie es tun ist wirklich großartig, wenn es uns gelingt uns in ihre Position zu versetzen.

DANKBARKEIT

Anderen gegenüber Dankbarkeit zu empfinden verbessert auch unsere Beziehung zu ihnen; und, wie schon früher erwähnt, ist Dankbarkeit eine der Kernqualitäten, die zum Glücklichsein führen. Hier eine Übung, damit wir Dankbarkeit unseren Eltern gegenüber erzeugen können. Denke darüber nach, was deine Eltern Dir im Laufe des Lebens Gutes getan haben – sie haben für dein körperliches Wohlbefinden gesorgt und dich erzogen, damit du dich in der Welt zurechtfindest – und denke auch an all die Mühen und an die Opfer, die sie für dich gebracht haben. Selbst wenn du manchmal eine schwierige Beziehung zu ihnen hattest, es gibt niemanden, der mehr für dich getan hätte. Wenn Du darüber wirklich nachdenkst, kannst Du gar nicht anders als dankbar zu sein! Diese Dankbarkeit kann helfen uns direkt und indirekt glücklich zu fühlen. Es bringt uns sofort ein Gefühl der Wärme und Nähe und auch auf lange Sicht werden wir freundlicher zu ihnen sein und dadurch wird die Beziehung gestärkt.

Wenn wir es trotzdem schwierig finden unseren Eltern gegenüber dankbar zu sein, erinnere Dich, dass sie unter dem Einfluss negativer Emotionen gewesen sein könnten, wie es uns allen immer wieder passieren kann. Anstatt nun eine kritische und abwehrende Haltung einzunehmen, oder gar den Mut zu verlieren, können wir es als eine Gelegenheit wahrnehmen unser Mitgefühl ihnen gegenüber zu stärken und größere emotionale Kraft zu erlangen. Wenn wir hingegen ärgerlich oder nachtragend reagieren, verpassen wir eine kostbare Gelegenheit wo wir zeigen könnten, wie groß unsere Zuwendung zu den Eltern ist.

Immer wieder bin ich erstaunt, wenn ich mit Jugendlichen im Westen über Dankbarkeit den Eltern gegenüber spreche. Grundsätzlich versuchen alle Eltern ihren Kindern die besten Voraussetzungen zu bieten und doch ist es unter Jugendlichen üblich, sich über die Eltern zu beklagen und sich zu wenig geliebt zu fühlen. Das ist doch ziemlich verschieden von den Umständen unter denen ich aufwuchs. Von außen betrachtet erscheinen tibetische Eltern viel strenger als westliche Eltern, sie wenden sogar physische Strafen an, wenn die Kinder ungehorsam sind. Auf jeden Fall wird in der tibetischen Kultur, die weitgehend vom

Buddhismus beeinflusst ist, auf Respekt und Dankbarkeit gegenüber den Eltern großer Wert gelegt und es kommt sehr selten vor, dass jemand seinen Eltern in aller Öffentlichkeit Vorwürfe für Schwierigkeiten im eigenen Leben macht. Obwohl die Analyse der eigenen Familiensituation zu einigen Einsichten führen kann, nützt es gar nichts, wenn sie nur zu Verbitterung und Vorwürfen führt.

DIE BEDEUTUNG DES MITGEFÜHLS

Vielleicht denkst Du: „Also ich habe einen Konflikt mit meiner Schwester oder mit meiner Mutter, aber das ist nicht mein Fehler – es ist ihr Fehler!" Möglicherweise hast Du sogar richtig hart daran gearbeitet zu verstehen, weshalb sie sich so oder so verhalten hat, bist aber zu dem Schluss gekommen, dass sie allein daran schuld ist. Übrigens denke ich nicht, dass das häufig der Fall ist – wenn wir uns wirklich bemühen den Standpunkt des anderen wahrzunehmen kommt meistens heraus, dass wir unseren Anteil an dem Konflikt haben. Wie auch immer, wenn wir wirklich aufrichtig versucht haben die Position des anderen zu verstehen und alles unternommen haben, was möglich war, um den Konflikt zu bereinigen, dann denken wir vielleicht wir hätten ein Recht uns ärgerlich und durch die andere Person verletzt zu fühlen.

Jetzt frage ich aber, wen verletzt das wirklich, wenn Du Ärger und Unmut fühlst? Lass es mich erklären. Stell Dir vor Du hättest Streit mit einem Freund/einer Freundin, weil der/die einen neuen Freund gefunden hat und mit dem jetzt mehr Zeit verbringt als mit Dir. Dann bist Du eifersüchtig und verletzt und es sieht so aus, als hätte er/sie nur noch Zeit für den neuen Freund und Dich hätte er/sie völlig vergessen. Vielleicht denken die beiden auch gar nicht an Deine Gefühle dabei, weil sie so beschäftigt miteinander sind, und das verletzt Dich wirklich. Wir könnten nun darauf antworten, indem wir auf den Fehlern des Freundes/der Freundin herumreiten oder bejammern wie unglücklich wir sind. Auf diese Weise erlauben wir, dass Ärger und Eifersucht uns auffressen – das alles wird uns noch mehr Leiden bringen. Wir werden uns wahrscheinlich in dieser Haltung immer fester einrichten, wenn die kleine Flamme des Ärgers und der Eifersucht erst zu einem lodernden Brand geworden ist und unsere innere Ruhe völlig zerstört hat.

Als Alternative könnten wir uns denken: „Dieser Freund/diese Freundin hat mich also durch sein/ihr kurzsichtiges Verhalten, das ihm/ihr später noch leidtun wird, verletzt. Anstatt jetzt zornig zu werden werde ich Vergebung und Mitgefühl praktizieren. Versuche wirklich mit aller Kraft freundlich und liebevoll an diesen Freund/diese Freundin zu denken, am besten, indem Du Dir die schönsten Zeiten mit ihm/ihr wieder in Erinnerung rufst. Wenn Du das übst, wirst Du erleben, wie in Dir selbst wieder Freude entsteht, das kann ich Dir garantieren.

EINIGE BEMERKUNGEN ZUR FREIHEIT

Oben habe ich bereits erwähnt, dass wir als Teenager oft nach Unabhängigkeit und Freiheit streben. In dieser modernen Welt verwechseln die Menschen aber gerne die falsche Freiheit (von Zwängen und Regeln) mit der wahren, der inneren Freiheit. Die falsche Freiheit meint, dass wir tun können, was immer uns beliebt, und auch, dass wir unabhängig wären von anderen Menschen. Diese Art von Freiheit erzeugt einen Abstand zwischen uns und anderen. Letztlich mündet sie in Einsamkeit, weil wir Menschen nur noch nach Gefallen oder Brauchbarkeit an uns heranlassen oder zurückweisen, anstatt eine Beziehung des aufrichtigen miteinander Teilens zu pflegen. Das führt schließlich nur dazu, dass wir leiden. Falsche Freiheit bringt auch eine Menge Schwierigkeiten, wie Meinungsverschiedenheiten und Uneinigkeit in der Familie und bei den Freunden. Wenn wir hingegen großzügig sind und mit andern teilen, dann entsteht Harmonie und Nähe und wir werden spürbar glücklicher sein.

Wahre Freiheit kommt von völliger Unabhängigkeit. Das bedeutet nicht, dass wir alle und alles zurückweisen und einen großen Abstand zwischen uns und die anderen bringen, sondern vielmehr, dass wir unseren Geist völlig unter Kontrolle haben und dadurch nicht mehr so impulsiv oder automatisch auf äußere Erfahrungen reagieren. Hier muss ich hervorheben, dass das für angenehme und unangenehme äußere Erfahrungen gilt, denn wahre Freiheit bedeutet unseren Geist in jeder Situation unter Kontrolle zu haben, den ganzen Tag über, was immer auch geschieht. Das ist zunächst etwas schwierig zu begreifen, vor allem für junge Menschen, aber erinnert Euch, wie leicht wir von den äußeren Ereignissen mitgerissen werden und welche Emotionen das auslöst. So werden wir zu Gefangenen dieser Ereignisse und dann ist unsere Freiheit sehr begrenzt.

REFLEXION – ENTSCHEIDUNGEN TREFFEN

Denke an irgendeine größere Entscheidung, die Du in letzter Zeit getroffen hast. Wie hast Du sie getroffen? Hast du andere Leute, die bereits mehr Lebenserfahrung haben, um Rat gefragt? Hast Du alle Folgewirkungen Deiner Entscheidung mitbedacht?

Waren Deine Erwartungen realistisch oder unrealistisch? Hast Du Dir auch den „schlimmsten Fall" (worst case), das Scheitern überlegt? Hattest Du im Falle des Scheiterns eine zweite Möglichkeit mitbedacht? Warst Du ganz ehrlich mit Dir selbst, oder wolltest Du mit dieser Entscheidung jemandem imponieren? Hast Du alle Möglichkeiten ausreichend bedacht?

Nun denke an Entscheidungen, die Du treffen wirst. Frage Dich dieselben Fragen wie oben und vergewissere Dich, dass Du alle Möglichkeiten mitbedacht hast. Dann setze Dich aufrecht, mit aufgerichteter Wirbelsäule hin, entspanne Deinen Körper, nimm einige tiefe, große Atemzüge und mache deinen Geist klar. Wenn Du ganz ehrlich zu Dir bist: Was ist denn nun die beste Entscheidung?

Eine zweite Gelegenheit Weisheit zu entwickeln

Wollen wir sinnvoll und glücklich leben, dann ist es entscheidend, die Ursachen und Bedingungen für Freude zu begreifen und sich an diese auch zu erinnern. Glück und Unglück sind keine zufälligen Zustände – genauso wenig hängen sie von günstigem oder ungünstigem Schicksal ab. Obwohl äußere Ereignisse zu unserem Glück beitragen können, liegt es in unserer inneren Haltung begründet. Glück ist nur dann bei uns, wenn wir die richtige Einstellung haben und diese folgt aus dem Entwickeln heilsamer Geistesqualitäten.

Ein geringer Anteil der Menschen hat diese heilsamen Geistesqualitäten von Natur aus. Diese Menschen sind glücklicher und in schwierigen Situationen viel widerstandsfähiger als andere und sie neigen auch viel weniger zu negativen Emotionen oder Depressionen. Die Meisten von uns haben diese Geisteshaltung allerdings nicht von von Natur aus und deshalb ist es wichtig, sich bewusst daran zu machen, sie zu üben, vor allem indem wir Dankbarkeit und Mitgefühl entwickeln. Mit ausdauernder und engagierter Anstrengung können wir eine Geisteshaltung entwickeln, die friedvoll und ausgeglichen ist, unabhängig von unseren äußeren Umständen.

Als junge Erwachsene, die Unabhängigkeit anstreben und gerade erst draufkommen, wie man seine Spur auf der Welt hinterlässt, sind wir mit vielen wesentlichen Entscheidungen für unser Leben, für unsere Liebe und unsere Beziehungen konfrontiert. Deshalb werde ich sowohl einige dieser Aspekte besprechen, als auch über die geistigen Einstellungen, die in diesem Alter besonders wichtig sind.

VERANTWORTUNG UND ENTSCHEIDUNG

Zu diesem Zeitpunkt im Leben sind wir bereits vollkommen verantwortlich für unser zukünftiges Wohlbefinden, also haben wir, wenn wir mit Tatkraft und Entschlossenheit darangehen, auch das Potenzial einiges zu erreichen. Wenn wir uns entscheiden sollen, wohin wir am besten unseren Einsatz und unsere Tatkraft richten, werden wir uns manchmal überwältigt fühlen. Aus diesem Grund will ich hier ein paar Leitlinien vorschlagen und einige wesentliche äußere Bedingungen erwähnen, die wir erfüllen sollten, auf dem Weg zu einem friedlichen und glücklichen Leben. Dies sind zwar Buddhistische Ideen, aber sie können leicht auf jede Lebenssituation übertragen werden. Diese zu bedenken kann hilfreich sein, während wir uns entscheiden, welchen Lebensstil und welche berufliche Laufbahn wir einschlagen wollen, und auch die Ziele festlegen, an denen wir uns ausrichten wollen.

1. Ein ausreichendes Einkommen

So lange wir kein Leben in völliger Zurückgezogenheit führen, wo wir uns von allen weltlichen Zielen abwenden, müssen wir bis zu einem gewissen Grad Vermögen ansammeln, damit wir für uns selbst sorgen können. Wenn es uns gelingt etwas Geld zu ersparen und etwas Vermögen auf heilsame Art anzusammeln, werden wir diese Reserve später genießen können. Dabei ist allerdings wichtig, dass wir das ohne in illegale Geschäfte verwickelt zu sein und ebenso wenig durch Arbeit, die für uns und andere schädlich ist, erwirtschaften. Schädliche Berufe wären, einen Schlachthof oder kommerzielle Fischerei zu betreiben, oder in einem Labor mit vielen tödlichen Tierversuchen zu arbeiten, oder als General in einem Heer im Krieg zu dienen. Wenn wir keine Wahl haben, als solch eine Arbeit zu verrichten, oder wir eine völlig reine Motivation haben, werden die Auswirkungen gering sein, andernfalls wird diese Arbeit aber verheerende Langzeitfolgen für unser Lebensglück haben, auch wenn wir das anfangs gar nicht merken. Illegale Geschäfte wie Drogen- oder Waffenhandel, oder Hehlerei (Handel mit Diebesgut) stören auch unseren inneren Frieden und sind ein Hindernis für künftiges Glück.

2. Der weise Umgang mit Finanzen

Es ist wichtig, dass wir unser Geld gewinnbringend einsetzen, uns um unsere Familie kümmern und verdienstvolle Handlungen ausführen. Jene die geizig sind, haften sehr am Geld an und haben Schwierigkeiten es auszugeben. Selbst wenn sie dann etwas kaufen, denken sie nur daran, wieviel es sie gekostet hat und verpassen so die Gelegenheit sich am Gekauften auch zu erfreuen. Manche Menschen geben ihr Geld für unnötige Dinge aus, nur um sich gut zu fühlen, oder um kurzfristige Bedürfnisse zu stillen; diese Gewohnheit ist zumeist von Gier oder Leidenschaftlichkeit bestimmt und das kann diese Menschen ihres künftigen Glücks berauben. Stattdessen ist es wichtig beim Geldausgeben Prioritäten zu setzen, unsere Einkäufe wirklich wert zu schätzen und achtsam darauf zu sein, dass wir keine schädlichen Unternehmen unterstützen und Umweltzerstörung vermeiden. Zusätzlich sollten wir genau bedenken, wo und wie wir unser Erspartes anlegen und es ist gut das mit Leuten zu besprechen, die sich mit Geldanlage auskennen. Geld hat oft einen schlechten Ruf, aber es ist nichts falsch mit dem Geld selber, es kann sogar sehr hilfreich sein. Das Problem ist, wie wir es betrachten und benutzen.

3. Freiheit von Schulden

Wenn wir bei andern durch Geld oder anders verschuldet sind, finden wir keinen inneren Frieden bis diese Schuld getilgt ist. Leute verschulden sich oft für sehr kurzfristige Freuden, doch dann gerät die Schuld im Verhältnis zu ihren Einkünften völlig außer Kontrolle.

Das erzeugt viele Schwierigkeiten auf längere Sicht und die Zinsen, die wir zurückzahlen müssen, zwingen uns noch härter zu arbeiten. Sähen wir sie vor uns, wären die Schulden wie ein hoher Berg! Auch wenn wir großzügige und freundliche Menschen sind, die sich verschulden, weil sie anderen etwas Geld geben wollen, so ist das keine weise Großzügigkeit, denn die Zinsen, die wir zurückzahlen müssen könnten für einen heilsameren Zweck eingesetzt werden.

4. Ein makelloses Leben

Wenn wir jemanden getäuscht oder verletzt haben, dann können wir keinerlei Befriedigung empfinden, wenn wir an unsere Taten denken. Die Konsequenzen aus dem Verletzen anderer kehren irgendwann wie ein Bumerang zu uns zurück, sei es psychisch oder physisch. Manchmal kommen die Auswirkungen in einer vorhersehbaren Art, manchmal eher verborgen. Selbst an unserem Totenbett werden wir den Folgen unserer Handlungen nicht entkommen und wir werden inneren Frieden nur schwer finden, wenn wir kein makelloses Leben führen.

EIN SPIRITUELLES ODER EIN SÄKULARES (WELTLICHES) LEBEN

Wie ich früher bereits erwähnt habe, gibt es zahllose Möglichkeiten und Wege, denen wir in unserem Leben folgen können. Jedenfalls müssen wir zwischen zwei Hauptwegen entscheiden – dem spirituellen Leben und dem weltlichen Leben. Wenn wir das weltliche Leben wählen, müssen wir uns entscheiden, ob wir mit Partner/in oder alleine leben wollen.

An dieser Stelle werde ich nicht viel über ein spirituelles Leben sagen, weil es für die meisten jungen Menschen in dieser modernen Welt wahrscheinlich etwas bizarr oder unrealistisch erschiene. Im Grunde bedeutet ein spirituelles Leben die Hingabe an das Finden des inneren Friedens und die völlige Freiheit von allen unseren unkontrollierten Gedanken und Emotionen, ebenso wie die Bereitschaft alle weltlichen Anhaftungen aufzugeben, auch viele, die wir für selbstverständlich erachten, um uns ernsthaft, unter Anleitung eines qualifizierten Lehrers, auf eine spirituelle Praxis auszurichten. Wenn das der Weg ist, dem wir folgen wollen, dann müssen wir dabei mit allerhöchster Umsicht vorgehen. Wir dürfen dabei nicht unser Leben zubringen wie in einem (spirituellen) Supermarkt, von dieser Religion und jener Praxis hier und dort ein bisschen zu nehmen. Stattdessen ist es entscheidend eine authentische, bewährte spirituelle Tradition und eine/n anerkannte/n, authentische/n spirituelle/n Lehrer/in und eine Gemeinschaft zu finden.

Glücklicherweise bieten die großen Weisheitstraditionen der Welt eine große Auswahl von Wegen, die den unterschiedlichen Neigungen und Fähigkeiten der Menschen entsprechen – für jene mit intellektueller Veranlagung, jene mit natürlicher Hingabe und jene, für die es leicht ist zu meditieren. In unserer Kultur können manche Menschen durchaus ein sehr spirituelles Leben führen und dabei gleichzeitig zur Arbeit gehen und in einer Beziehung leben, dabei ihr Leben einfach gestalten und alles in den Pfad der Praxis einbeziehen. Für andere mag es passender sein sich einer spirituellen Gemeinschaft anzuschließen, und an Orten fern des geschäftigen Treibens alltäglicher Hektik, oder gar den Eintritt in ein Kloster zu erwägen. Im nächsten Kapitel werde ich mehr über das spirituelle Leben sagen, anhand meiner eigenen Erfahrungen in Tibet.

Wenn diese Art zu leben für uns zu ungewöhnlich erscheint, so gibt es genügend andere Möglichkeiten in einem säkularen Leben glücklich zu werden. Das bedeutet ja nicht, dass wir dabei nicht eine spirituelle Dimension in unserem Leben wahren können; jedenfalls können wir diese nicht so intensiv verfolgen wie jemand, der sein ganzes Leben darauf ausrichtet.

Wenn wir uns für ein säkulares Leben entscheiden, was die große Mehrheit der Menschen tut, wird die größte Entscheidung jene sein, ob wir mit einem Partner oder allein durch dieses Leben gehen wollen. Wenn wir mit einem Partner leben wollen, sollten wir uns sorgfältig mit der Art von Persönlichkeit auseinandersetzen, mit der wir unser Leben verbringen wollen. Wir sollten bereit sein, einen Menschen anzunehmen, wie er ist, da wir alle unsere Fehler haben. Erwarte nicht jemanden zu finden, der perfekt oder fehlerlos ist, oder jemanden, der genauso wie Du selbst ist und erwarte nicht jemanden verändern zu können, wenn Du bemerkst, dass er/sie nicht fehlerlos ist. Wir sollten ehrlich über unsere eigenen Erfahrungen und unsere eigene Persönlichkeit reflektieren (nachdenken) und jene um uns herum genau beobachten.

Wir könnten eine höchst unabhängige und ehrgeizige Person sein, die viel erreichen will. Vielleicht wollen wir ein einfaches und friedliches Leben führen, oder ein Leben, dass immer offen ist für neue Möglichkeiten. Wenn das der Fall ist, sind wir vermutlich mehr für ein Leben als Single geeignet. Mit deutlich weniger Bedarf an Kompromissen, haben wir mehr Raum in unserem Leben. Ohne die Verantwortung oder die Notwendigkeit Familienangelegenheiten viel Zeit zu widmen, werden wir mehr Möglichkeiten und Freiheiten haben unsere eigenen Interessen zu verfolgen.

Wenn wir von Natur aus eher fürsorglich und liebevoll sind und uns wünschen unser Leben einer anderen Person zu widmen und eine Familie großzuziehen, sind wir wahrscheinlich besser für das Leben mit einem Partner geeignet – wir werden dann mehr Gelegenheit haben diese Fähigkeiten zu entfalten und ein erfüllendes Familienleben zu führen. Die meisten Menschen wünschen sich mit jemandem nahe und intim beisammen zu sein und werden sich daher daranmachen einen anderen Menschen zu finden, dem sie völlig vertrauen und den sie völlig akzeptieren können, der eine Quelle der Liebe und Sicherheit für sie ist. Das kann eine viel größere Freude hervorbringen als durch Reichtum, Ansehen oder materiellen Besitz entsteht, weil Liebe und Si-

JUNGE ERWACHSENE (20 - 39 JAHRE)

cherheit immer da sein werden, auch wenn die materiellen Umstände ungünstig sind.

Worauf es bei der Partnersuche ankommt

Wenn wir uns für ein Leben in Partnerschaft entscheiden, ist es notwendig über die wichtigsten Eigenschaften Bescheid zu wissen, auf die wir bei unseren Partner/inne/n achten sollen. Wir müssen aufpassen, nicht einfach nur unseren flüchtigen Emotionen und der Attraktivität blind zu folgen[19], weil Gefühle dieser Art nur vorübergehend sind und es keine Garantie gibt, dass sie länger andauern werden. Wenn die Zeit der ersten Verliebtheit in unserer Beziehung vorüber ist, gibt es vielleicht nichts mehr, was sie weiter zusammenhält. Wenn wir unsere/n Partner/in aber nach seinen/ihren inneren Qualitäten auswählen, werden wir die Grundlagen für eine stärkere und dauerhaftere Liebe und ein glückliches Leben schaffen.

Das heißt nicht, dass die „Chemie" oder die „Schmetterlinge im Bauch" unwichtig wären. Eine gewisse Spannung zwischen männlicher und weiblicher sexueller Polarität kann sehr wohl wahrgenommen und dieses Wissen auch zu unserem Vorteil genutzt werden. Ganz allgemein wird ein Mann mit starker maskuliner Qualität, mit Führungskraft und Zielausrichtung, sich von einer eher mit weiblichen Qualitäten begabten Frau, die von ihrem Bedürfnis ihre Liebe und Kraft mit anderen zu teilen geleitet ist, angezogen fühlen. Diese natürliche Polarität zu verstehen, kann Kraft und Leidenschaft in eine intime Beziehung bringen. Es kann einem Paar auch dabei helfen, als Team besser zusammenzuarbeiten und viele der Konflikte, die sich ergeben, zu lösen.

Manche Menschen erfahren eine unmittelbare und langlebige Anziehung zueinander, die über rational erklärbare Umstände hinausgeht und tiefere Schichten des Gefühls und der Intuition berührt, wie wir es aus dem Konzept der „Seelenverwandtschaft" hier im Westen kennen. Jedenfalls ist diese unmittelbare, auf Gefühl und Intuition beruhende Anziehung normalerweise noch keine solide Grundlage für die Partnerwahl und es ist nötig auch die Vernunft miteinzubeziehen. So ist es unverzichtbar, sorgfältig über die inneren Qualitäten nachzudenken, die wir in einer Partnerschaft schätzen, um eine/n passende/n Partner/in zu finden.

Hier folgt eine Liste mit 16 Qualitäten, die bei der Partnerwahl sorgfältig einzubeziehen sind, angefangen bei den grundlegendsten:

A. Innere Qualitäten

Ein gutes Herz

Die wichtigste Eigenschaft, die es zu beachten gilt, ist ein gutes Herz. Wir sollen uns selbst fragen, ob sie oder er von sich aus eine liebevolle und mitfühlende Person ist. Wenn der/die Partner/in kein gutes Herz hat, wird es, ungeachtet seiner/ihrer anderen positiven Eigenschaften, schwierig mit dieser Person glücklich zu werden. Bedenke, dass zwischen Dir und dem/der Partner/in alles Mögliche passieren könnte, weil sich die Umstände jederzeit ändern können. Eine Partnerschaft, wo beide Partner ein gutes Herz haben, wird solche Veränderungen auf die beste Art und Weise durchstehen.

Treue

Die nächste wichtige Eigenschaft ist Treue. Wenn Du und Dein/e Partner/in einander nicht treu seid, werden vielerlei Probleme auftauchen. Wenn Ihr einander nicht bedingungslos vertrauen könnt, könnt ihr einander auch nicht bedingungslos lieben.

Empathie

Dies bezieht sich auf die Fähigkeit zu verstehen und sich einzufühlen, fähig zu sein, sich in die Lage des anderen hinein zu versetzen, „in seinen Schuhen zu gehen". Wenn das fehlt, werden viele Konflikte entstehen und es wird sehr schwierig sein, diese zu lösen.

Gute Kommunikation

Die Verständigung ist deshalb von Bedeutung, weil auch ein/e weniger verständnisvolle/r oder einfühlsame/r Partner/in, über eine gute Verständigung eher zu erreichen ist und viele Missverständnisse vermieden und Konflikte leichter gelöst werden können. Das gilt für verbale als auch nonverbale Verständigung. Auf diese Weise werdet ihr fähig sein, wirksam den völligen (Kommunikations-) „Stillstand" zu überwinden und den Dialog zu pflegen. Zudem hilft eine gute Verständigung auch als Team gut zusammen zu arbeiten.

Ehrlichkeit

Ohne Aufrichtigkeit wird es uns schwerfallen Vertrauen in eine/n Partner/in zu setzen. Auf lange Sicht ist es unmöglich vor den Partnern irgendetwas zu verheimlichen. Wenn sie dies herausfinden, riskieren wir ihr Vertrauen zu verlieren, egal wie aufrichtig wir normalerweise sind.

Ähnliche Glaubenseinstellungen und Interessen

Es ist durchaus wichtig ähnliche Glaubenshaltungen und Interessen zu haben. Wenn eure religiösen und politischen Anschauungen übereinstimmen und eure Vorstellungen vom Leben ähnlich sind, ist das Zusammenleben leichter und ihr werdet einander viel inniger kennenlernen. Wenn ihr gemeinsame Vorlieben und Abneigungen habt, ist es leichter miteinander mehr Zeit zu verbringen und Dinge zu tun, die ihr zu zweit genießen könnt, anstatt einander zu langweilen und zu nerven.

Gemeinsame Ziele

Wenn ihr gemeinsam etwas erreichen wollt, etwa ein Haus anzuschaffen oder eine Familie zu gründen, ist das ausschlaggebend. Ohne wenigstens „ähnliche" Ziele zu haben passiert es leicht, auf halbem Wege aufzugeben und mit den Aufgaben, die Ihr Euch vorgenommen habt, zu scheitern.

Intelligenz

Diese Qualität ist wichtig, wenn wir tatsächlich durch schwierige Perioden im Leben steuern müssen und wenn wir uns großen Entscheidungen gegenübersehen. Mit der Unterstützung durch intelligente Partner wird es uns leichter fallen weise Entscheidungen zu treffen.

(Lebens-) praktisches Denken

Es ist sehr hilfreich einen praktisch veranlagten Menschen um sich zu haben, wenn es um alltägliche Dinge geht, wie die Finanzen und andere Familienangelegenheiten. Manchmal sind wir unwillig den Tatsachen in die Augen zu schauen, wir sind von einer Situation überfordert oder wollen lieber von etwas Anderem träumen. Ein praktisch veranlagter Mensch wird uns helfen die Füße wieder auf den Boden zu bringen.

B. Andere wichtige Eigenschaften, die bei der Partnerwahl zu beachten sind

Gute Gesundheit

Wenn wir unsere Partner/innen aufgrund von physischen Merkmalen oder flüchtigen Gefühlen auswählen und ihren gesundheitlichen Zustand nicht berücksichtigen, könnten wir tief enttäuscht sein, wenn unsere Partner sich dauerhaft unwohl fühlen und es könnte für uns eine Belastung sein, dass wir uns um sie kümmern müssen. Aus einem anderen Blickwinkel heraus kann das natürlich eine vorzügliche Gelegenheit sein, Toleranz und Mitgefühl zu üben!

Gute Ausbildung und beruflicher Werdegang

Ein geschulter Geist, der auf das Erreichen von Zielen ausgerichtet ist, wird beim Lösen von Problemen, die sich im Leben zeigen eine Hilfe sein. Zumeist legen wir zu viel Wert auf Ausbildung und Karriere, weil wir das als Aushängeschilder für einen guten Status oder gesellschaftlichen Rang betrachten. Wir sollten jedenfalls bei uns selber sichergehen, Partner/innen mit hohem sozialem Status nicht nur zu wählen damit wir damit angeben können – das wird auf längere Sicht viel Unheil mit sich bringen.

Ähnlicher kultureller Hintergrund

Wenn zwei Menschen denselben kulturellen Hintergrund haben, werden sich ihre Verhaltensweisen ähneln, also werden sie vermutlich besser miteinander zurechtkommen. Der kulturelle Hintergrund ist natürlich keine Notwendigkeit, denn Verhaltensweisen können ja auch geändert werden. Viel wichtiger ist, dass beide gewillt sind voneinander zu lernen und sich aneinander anzupassen, anstatt stur auf der eigenen Linie zu bleiben.

Familie

Vielleicht denken wir, dass das Heiraten oder das Gründen einer Familie uns glücklich machen wird. Wenn wir eine Familie haben, die nahe vertraut und fürsorglich ist, in der Liebe ohne Bedingungen geteilt wird, werden wir einen großen Vorteil im Leben haben. Wenn es uns allerdings nicht gelingt Nähe und Vertraulichkeit in der Familiengemeinschaft zu entwickeln, oder es uns nicht gelingt unsere Kinder zu Selbstdisziplin anzuhalten, kann unser Familienleben von Konflikten durchsetzt sein.

Schönheit

Diese steht viel weiter unten auf der Liste, als die meisten Menschen vermuten, wenn sie darüber nachdenken, was an Partner/inne/n wichtig ist. Gleich wie wir darauf stolz sein könnten eine/n Partner/in mit hohem Ansehen zu haben, könnten wir glauben, dass die Schönheit unserer Partner uns ein gutes Gefühl verschaffen, oder andere Menschen beeindrucken wird. Unglücklicherweise ist ein/e attraktive/r Partner/in oft Auslöser für Eifersucht, (eigene) Unsicherheit und schließlich Elend, wenn sich die anfängliche Attraktivität erschöpft hat. Erinnert Euch also daran, dass Schönheit im Auge des Betrachters liegt! Wenn wir wirkliche Liebe für unsere Partner/innen entwickeln, werden wir sie immer als „schön" sehen, ganz egal wie sie aussehen mögen.

Reichtum

Partner/innen zu wählen, die finanziell gut aufgestellt sind, kann uns helfen ein angenehmes Leben zu führen, viele Freunde zu finden und uns die Bürde der Geldsorgen abzunehmen. Nur dies allein wird uns jedoch keinen Frieden und kein Glück bringen. Reichtum kann uns sogar noch mehr Schwierigkeiten bereiten und uns unsere Freiheit nehmen, besonders, wenn wir ihn nicht richtig einsetzen oder ihn gar für selbstverständlich nehmen. Die Menge des Reichtums ist also vergleichsweise unbedeutend gegenüber der Fähigkeit mit dem, was man hat weise und mitfühlend umgehen zu können.

Alter

Manche Menschen glauben, dass das Alter ein wichtiger zu berücksichtigender Umstand sei, aber es ist gar nicht so wichtig, wie sie meinen. Wenn Ihr zueinander aufrichtiges Vertrauen und Liebe entwickelt und einen ähnlichen Reifegrad (Weisheit) erlangt habt, dann ist auch ein größerer Altersabstand kein Problem. Ein sehr deutlicher Altersabstand (etwa, dass die neue Partnerin jünger als die Tochter aus erster Ehe wäre) bedeutet aber doch, dass ganz unterschiedliche Erwartungen und Interessen für dieses Leben vorliegen. Das kann wieder zu Konflikten führen und so ist es wohl besser so große Altersabstände zu vermeiden.

Wenn wir eine/n Partner/in suchen, sind all diese Qualitäten sorgfältig abzuwägen. Wir sollten uns um Partner/innen bemühen, die mehr von den guten Qualitäten am Anfang der Liste (die am wichtigsten sind) aufweisen und mit denen wir uns beim Gedanken als „Team" zusammenzuarbeiten wohlfühlen. Der entscheidende Faktor ist jedenfalls unsere Bereitschaft reinen Herzens zu lieben und uns um unsere Partner/

innen zu kümmern. Wenn wir die Qualitäten unserer Partner/innen nur im Hinblick auf unseren eigenen Vorteil betrachten, werden unsere Erwartungen vermutlich nicht erfüllt und große Probleme können daraus entstehen.

Ebenso wichtig ist, dass es uns auch in Gegenwart unserer Partner/innen damit gut geht „wir selbst" zu sein und nicht einem Bild oder einer Erwartung entsprechen zu wollen. Mit anderen Worten: Wir sind bereit ehrlich und offen für alles zu sein. Selbst wenn es einiger Übung bedarf, ist es möglich einen Raum zu schaffen an dem Ihr beide voreinander nichts zu verheimlichen braucht, wo Vertrautheit erblühen kann, ganz natürlich und spontan.

FREUDE IN DER PARTNERSCHAFT

Ein junger Mann, der erst seit wenigen Jahren verheiratet war, fragte seinen Großvater um Rat. Er war unglücklich in seiner Ehe und wollte sich scheiden lassen. Der Großvater gab den Rat noch zwei Monate zu warten und währenddessen seine Frau wie eine wirkliche Prinzessin zu behandeln. Obwohl der junge Mann nicht glücklich damit war, stimmte er zu. Zwei Monate später fragte der Großvater den jungen Mann wieder, ob er sich nun immer noch von seiner Frau trennen wolle? Scheidung? rief dieser und sah erstaunt aus. „Wieso sollte ich das tun wollen? Ich bin mit einer wirklichen Prinzessin verheiratet!"

Diese Geschichte zeigt uns, dass wir unsere Situation abhängig davon wahrnehmen, welche geistige Einstellung wir uns antrainieren. Wenn wir üben unsere Partner/innen als Prinzen und Prinzessinnen zu sehen, so kann das tatsächlich unsere Wirklichkeit werden. Ganz egal in welcher Situation wir uns selbst gerade befinden, die besten Umstände für eine glückliche und gesunde Beziehung schaffen wir, indem wir unsere Partner/innen als „kostbar" betrachten und uns nach Kräften bemühen für sie zu sorgen.

Das bedeutet allerdings nicht, dass jede Beziehung perfekt laufen wird, wenn wir nur hart genug daran arbeiten. Vielmehr sollte es unser Ziel sein, Umstände zu schaffen, unter denen die positiven Gedanken und Gefühle die negativen (die bei jedem Paar auftreten werden) bei weitem überwiegen. Das ist es, was einem Paar hilft einander besser zu verstehen, zu akzeptieren und zu respektieren und solch ein Paar könnten wir „emotional intelligent" nennen[20].

Wenn wir in einer Beziehung leben ist es notwendig flexibel und bereit zu sein manche Gewohnheiten abzulegen, die den Partner/innen nicht gefallen. Ebenso haben wir zu lernen die Verhaltensweisen unserer Partner/innen zu akzeptieren, auch wenn wir sie nervig finden und sie uns viel Geduld und Versöhnlichkeit abverlangen. Oftmals werden wir uns mehr auf Geduld und Versöhnlichkeit zurückziehen müssen, wenn sich die Partnerschaft vertieft, wenn die anfängliche Euphorie und der äußere Anschein abgenutzt sind und unweigerlich die Fehler/Makel des anderen zutage treten. Um Partner/inne/n helfen zu können ihre Schwächen zu überwinden werden Geduld und Versöhnlichkeit in manchen Fällen nicht ausreichen, wir brauchen auch geschickte Mittel.

Im tibetischen Buddhismus ist es üblich, dass ein spiritueller Lehrer auf die Schwächen der Schüler deutlich hinweist, sie sogar hervorhebt und übertreibt bis hin zur Demütigung: dies wird aber nur bei Schüler/inne/n mit den höchsten Fähigkeiten angewandt. Diese Technik verursacht gewöhnlich großes Unheil in einer Beziehung: Selbst wenn wir es in bester Absicht versuchen, sollten wir bedenken, dass direkte Konfrontation selten erfolgreich ist, außer wir sind sehr geschickt im Anwenden dieser Technik, oder unsere Beziehung hat eine wirklich starke Basis. Bevor wir uns aber um die Schwächen unserer Partner/innen kümmern, sollten wir uns über unsere eigenen Schwächen völlig im Klaren sein und wie schwierig sie zu überwinden sind.

Behalten wir im Bewusstsein wie leichtfertig wir das Verhalten anderer auf ihre Schwächen zurückführen, während es auch ganz andere

Gründe haben könnte. Das sollten wir unter allen Umständen vermeiden, weil wir in Wirklichkeit ja nur vermuten oder uns vorstellen, weshalb eine Person sich in einer bestimmten Weise verhält. Stattdessen ist es notwendig sich gut auszusprechen und klarzustellen, weshalb eine Person sich in dieser Art verhält, gleichsam eine Weile „in den Schuhen des anderen" zu gehen. Dabei werden wir oft nicht das hören, was wir erwarten – seid also bereit alles anzuhören und geduldig zu bleiben, mit der Entschlossenheit das Problem, ungeachtet der Schwierigkeiten und der benötigten Zeit, zu lösen. Wenn ein/e Partner/in unvernünftig und uneinsichtig erscheint, erinnert Euch, dass dies nicht die Wahrheit des Herzens ist! Lasst Euch durch Weisheit und mitfühlendes Gewahrsein zur richtigen Handlungsweise führen – dann gelingt es viel öfter eine Lösung oder einen Kompromiss zu finden und wenn es nicht gelingt, lernen wir anzunehmen, was nicht verändert werden kann.

Daher ist es wenig überraschend, dass diese Prinzipien nicht nur für Partnerschaft und Ehe gelten, sondern auch für alle anderen Beziehungen – zur Familie, zu Freunden, zu Geschäftspartnern oder zu Nachbarn. Die letztendliche Quelle aller Konflikte ist, dass wir uns vielmehr auf uns selbst beziehen und zu wenig Rücksicht auf andere nehmen. In den seltensten Fällen geschieht dies vorsätzlich. Wir sind uns alle bewusst, dass es unerwünscht ist selbstsüchtig zu sein und es im Gegensatz dazu „gut" ist, umsichtig und fürsorglich zu sein. Dennoch ist die Gewohnheit uns auf uns selbst zu beziehen tief verwurzelt, teilweise durch unsere Kultur und Erziehung bedingt. Der einzige Weg dieses Verhalten zu überwinden ist es, ununterbrochen das Licht der Bewusstheit auf unsere Handlungen zu richten, indem wir sorgfältig über das, was wir denken, reden und tun reflektieren. Können wir unsere Handlungsweise irgendwie verbessern? Können wir behaupten, dass wir in einer Weise, die „emotional reif" ist handeln? Dabei entdecken wir allmählich eine Person, die weniger selbstbezogen, dafür aber mitfühlender und liebenswerter ist.

VERLIEBTHEIT UND GEBROCHENE HERZEN

Ich habe ausgiebig die Qualitäten besprochen, die wichtig sind und die wir bei der Partnersuche abwägen sollen, anstatt einfach jemanden auszuwählen, in den wir uns verliebt haben. Obwohl das viele Menschen in unserer modernen Welt für eine seltsame Idee halten werden, glaube ich, dass wir uns eine Menge Schmerz und emotionales Leid ersparen können, wenn wir lernen das Thema Liebe von einem etwas reiferen und fundierten Standpunkt aus zu betrachten.

Es ist bestimmt richtig, dass romantische Liebe zu den berauschendsten und angenehmsten Gefühlen gehört, die jemand erfahren kann. Jeder Mensch kann teilhaben an diesem wunderbaren Zustand der Glückseligkeit, ungeachtet des sozialen Status, der Herkunft oder Kultur, ob arm oder reich. Allerdings gibt es auch eine dunkle Seite der romantischen Liebe. Wir denken vielleicht, dass sie ewig so bleiben wird, aber das ist selten der Fall. Die Glückseligkeit der romantischen Liebe kann nach einigen Monaten oder Jahren verblassen und die zwei Menschen, die es anfangs nicht ertragen konnten voneinander getrennt zu sein, verspüren plötzlich Eifersucht, Ärger oder Depression. Zudem können Gefühle der Zuneigung unerwidert bleiben und auch das kann zu untröstlichem Herzeleid führen. Wie, so könnten wir fragen, lernen wir solchen Situationen vorzubeugen, oder damit umzugehen?

Wenn das anfängliche Gefühl, das mit der Verliebtheit einhergeht ewig andauern könnte und immer zur glücklichen Erfüllung käme, wäre es tatsächlich vernünftig unsere Partner/innen fürs Leben auf der Basis romantischer Gefühle auszuwählen. Für viele Menschen dauert dieses Gefühl aber nur kurze Zeit an und endet in Elend und Verzweiflung. Oft empfindet die Person in die man sich verliebt hat, nicht in der gleichen Weise für einen selbst und dann fühlt man sich machtlos in Gegenwart dieses gewaltigen, unkontrollierbaren Verlangens nach der geliebten Person. Ich kann nicht ganz verstehen, weshalb die Menschen glauben sich zu verlieben sei außerhalb ihrer Kontrolle. Ich glaube gern, dass Verliebtheit ein sehr mächtiges Gefühl ist, aber alle Gefühle, egal welcher Art, entstehen doch in unserem eigenen Geist. Deshalb sollten wir in der Lage sein unseren Geist zu trainieren mit solchen Gefühlen in konstruktiver Art und Weise umzugehen.

Ich denke, dass viele unserer Glaubenssätze über die Liebe kulturell begründet sind und finde es verblüffend, dass es in der „westlichen" Literatur und Psychologie keinen Hinweis darauf gibt, wie wir das Gefühl der Verliebtheit im Zaum halten können. Westliche Literatur, Lieder und Gedichte zeigen sehr ausführlich die beseligenden und betörenden Seiten der romantischen Liebe und auch die Verzweiflung, die mit einem gebrochenen Herzen einhergeht, aber es gibt nur ganz wenige Hinweise darauf, wie ein gebrochenes Herz wieder heilen kann, oder wie wir davor verhindern könnten, dass es überhaupt soweit kommt. Vielmehr scheint mir die westliche Literatur und Dichtung die Ansicht zu bestärken, dass Verliebtheit völlig außerhalb unserer Kontrolle sei und dass es unserer menschlichen Natur entspräche, diesem Gefühl sklavisch ausgeliefert zu sein. Vermutlich wäre es nützlicher uns selbst zu fragen, wie wir diese Gefühle unter Kontrolle bringen, weil sich zu verlieben nicht jedes Mal zu einem glücklichen Ende führt und sogar negatives, besitzergreifendes Verhalten fördern kann. Bleiben diese Verhaltensweisen ungeprüft, können wir darin recht schnell stecken bleiben.

Haben wir nun auch die negative Seite der romantischen Liebe durchschaut, was können wir damit anfangen?

Als Erstes kann es bei der Partnersuche recht hilfreich sein die inneren Qualitäten, die sie besitzen mögen oder nicht, im Bewusstsein zu behalten. Selbst wenn die Partner/innen anfangs nicht so attraktiv aussehen mögen, werden sie, wenn sie tatsächlich innere Qualitäten besitzen, mit der Zeit immer attraktiver für Dich werden werden, je mehr die Liebe, die Ihr teilt sich vertieft. Wenn andererseits die physische Schönheit das einzige Kriterium der Auswahl war, kann das die inneren Eigenschaften Eurer Partner/innen verdecken und die „Schönheit" wird schnell schwinden, sobald Probleme und Hindernisse auftreten.

Zum Zweiten sollten wir bedenken, dass romantische Liebe beinahe immer mit Anhaftung verbunden ist, die unser Urteilsvermögen trüben und später zu gebrochenem Herzen führen kann. Dies zu bedenken ist entscheidend, wenn wir nach Partner/inne/n Ausschau halten. Es ist gerade so, als ob wir in einem Fluss trieben und uns am Schilfgras, das in der lockeren Erde wächst, festhalten wollten, um uns wieder ans Ufer hinaufziehen. Dann reißen die Schilfstängel aus und wir werden weiter mitgerissen vom Fluss. In der gleichen Weise könnten wir denken, dass uns eine Beziehung dauerhaftes Glück bringen wird, wenn jedoch keine bedingungslose Liebe als Grundlage da ist, wird es dazu wahrscheinlich nicht kommen. Das soll nicht heißen, dass jede Partnerschaft, die auf romantischer Liebe baut von vorneherein zum Scheitern verurteilt ist. Wenn die Beziehung auf echtem Respekt und bedingungsloser Liebe beruht, dann kann es durchaus zu dauerhaftem Glück führen sich zu verlieben.

Es kann passieren, dass wir in einer Partnerschaft plötzlich erkennen, dass wir mit unseren Partner/inne/n nur sehr wenig Gemeinsamkeiten haben. In so einem Fall wird es das Beste sein, praktisch zu denken, anzuerkennen, dass es diese Differenzen gibt und auseinander zu gehen, vor allem, wenn wir alles versucht haben und keinen Kompromiss finden konnten. Auch wenn das ein wenig verrückt klingt, wenn wir echte Liebe und echtes Mitgefühl für sie empfinden, werden wir froh sein die Partner/innen glücklich zu sehen, selbst, wenn sie nicht mit uns zusammen sein wollen. Wenn wir uns in ihre Lage versetzen und ihr Wohl über unseres stellen, werden wir bemerken, dass es sich richtig anfühlt.

Eine letzte Anmerkung zum Thema Verliebtheit ist noch zu machen. In den Märchen im Westen heißt es zum Schluss meist, dass das Paar sich die Liebe eingesteht und dann glücklich bis ans Ende der Zeit lebt. Nehmen wir einmal an, das sei wenigstens teilweise wahr und ein Paar verliebt sich und lebt dann glücklich. Irgendwann wird eine/r von den beiden einmal sterben. Natürlich wissen wir, dass das Leben so ist und diese Realität der Vergänglichkeit müssen wir annehmen und damit umzugehen lernen, wenn wir das Glück wirklich finden wollen. Darauf werde ich später noch zurückkommen, jetzt genügt es einzusehen, dass Verliebtheit wie alles in diesem Leben vergänglich ist – und noch vergänglicher sein kann als manch andere Dinge!

DIE VIELEN GESICHTER DER LIEBE

In der Tat gibt es viele unterschiedliche Formen der Liebe und romantische Liebe ist nur ein Beispiel daraus. Liebe ist etwas, das alle Menschen erfahren können, ungeachtet ihrer Sprache, Kultur oder Glaubensvorstellungen. Selbst wenn unsere Erfahrung mit Liebe begrenzt sein mag haben wir eine Vorstellung davon, was dieses Wort „Liebe" bedeutet, doch in jedem von uns bringt dieses Wort unterschiedliche Ansichten hervor, was Liebe sei oder wie sie sein sollte.

Wir können von fünf Haupttypen der Liebe sprechen, die in diesem Alter die meisten von uns bereits erfahren haben werden: elterliche Liebe, romantische Liebe, zärtliche Liebe, besitzergreifende Liebe und mitfühlende Liebe (compassionate love).

Jede hat eine etwas andere Gewichtung, aber alle teilen das Potential für mitfühlende Liebe. Das ist die letztendliche Form der Liebe, denn nur, wenn wir diese pflegen kann dauerhaftes Glück erlangt werden. Es kann sehr nützlich sein die Vorzüge und Unzulänglichkeiten der unterschiedlichen Formen der Liebe genauer zu untersuchen, weil es uns erlaubt herauszufinden wie wir unsere Liebe für andere noch ergiebiger und sinnvoller einsetzen können.

1. Elterliche Liebe

Diese wird oft als „Mutterliebe" beschrieben und beschreibt die Liebe einer Mutter für ihr Kind. In der modernen Welt können wir aber ebenso gut von „Vaterliebe" sprechen. Diese Art von Liebe ist durchtränkt von Geduld, Toleranz und Fürsorge. Meist wird sie als

„bedingungslos" betrachtet, in der Realität wird das nicht immer der Fall sein. Gewöhnlich ist sie stark und dauerhaft, oft hält sie ein Leben lang und stellt gewiss weniger Bedingungen, als andere Formen der Liebe. Sie bringt Freude und Aufmerksamkeit, manchmal auch einen Hauch Besitzgier, was zu viel Leid führen kann, da die Kinder nach Unabhängigkeit streben und wir erkennen müssen, dass wir wenig Kontrolle über ihre Entscheidung hinsichtlich ihres Verhaltens haben. Wenn wir elterliche Liebe in Prozent angeben wollten, haben wir vermutlich 50% Mitgefühl und Fürsorge, 20% Besitzanspruch und 30% Anhaftung.

2. Romantische Liebe

Diese kraftvolle und emotionale Form der Liebe manifestiert sich als Anziehung, Leidenschaft und Verehrung. Wie oben dargestellt, bringt sie anfangs große Freude, Stolz und innere Stärke. Manchmal zeigt sie sich auch als mitfühlende Liebe, aber zumeist ist sie durchdrungen von einer selbstbezogenen und besitzergreifenden Einstellung. Beispielsweise könnten wir, hingerissen von der Schönheit, dem Ansehen oder der Erscheinung einer Person, daran anhaften und Besitzgier, Eifersucht und Angst (sie zu verlieren) entwickeln: Deshalb gilt diese Form der Liebe als bedingt und daher kaum von langer Dauer, besonders, wenn sie nur auf den oberflächlichen Gefühlen aufgebaut ist.

Romantische Liebe enthält gewöhnlich 30% Stolz, 20% Besitzanspruch, 30% Anhaftung und nur 20% Fürsorglichkeit und Mitgefühl. Solange Eifersucht, Besitzanspruch und selbstbezogene Verhaltensweisen überwiegen, bleibt diese Art der Liebe immer bedingt und ungewiss. Mit einem größeren Anteil an Fürsorge und Mitgefühl werden die selbstsüchtigen Anteile verschwinden und eine tiefere Erfahrung von Glück wird erlebbar. Auf diese Weise kann auch romantische Liebe bedingungslos werden.

3. Zärtliche Liebe

Diese Art von Liebe ruft warmherzige Gefühle für andere Lebewesen wie Babys, Kleintiere und Haustiere hervor. Diese Liebe verspüren wir auch, während wir in der Natur draußen sind, uns mit Kunst, Musik oder anderem beschäftigen, das uns zu solchen Empfindungen inspiriert. Die Erfahrung von Herzenswärme, die gemeinsam mit zärtlicher Liebe entsteht, ist gewöhnlich begleitet von tiefempfundener Freude und diese ist an keine bestimmten Bedingungen gebunden. Vielmehr ist sie mit Beschützerinstinkt und Gefühlen der Sanftmut und Freundlichkeit verknüpft. Zärtliche Liebe enthält im Allgemeinen 10% Stolz und Besitzgier, 20% Anhaftung, 30% Mitgefühl und 40% Fürsorglichkeit.

4. Besitzergreifende Liebe

Diese Form der Liebe ist mit negativen oder destruktiven Geisteszuständen, wie Begierde, Neid, Stolz oder nur sehr oberflächlichen Gefühlen verbunden. Ein Beispiel dafür wäre die Liebe zu Objekten aus Langeweile oder dem Bedürfnis nach Selbstbefriedigung. Diese Form der Liebe enthält zu 50% Besitzanspruch und Stolz, 30% Anhaftung, 20% Fürsorge und praktisch keinerlei Mitgefühl.

5. Mitfühlende Liebe

Diese bezieht sich auf wirkliches Verständnis, Empathie, und Fürsorglichkeit, oder wenigstens sollte ein hoher Anteil davon vorhanden sein. Es ist ein Gefühl von Liebe und Fürsorge für alle Lebewesen, die man als gleichwertig mit sich selbst wahrnimmt, und dabei geht es weniger um Mitleid oder Anteilnahme für andere Lebewesen, die leiden. Vielmehr ist es aufrichtige, nichtbewertende, bedingungslose Fürsorglichkeit für alle Lebewesen, ungeachtet ihres Aussehens, ihres Status oder der Umstände.

Unser Vermögen mitfühlende Liebe auszudrücken unterscheidet sich gewaltig. Ich glaube, dass jedem Menschen die Aufgabe ganz natürlich angeboren ist, diese Qualität zu entwickeln, weil es im besten Interesse für uns selbst und alle anderen ist sich so zu verhalten. Insbesondere kann es zu einem hohen Maß an Glück und Widerstandsfähigkeit führen; es kann uns sogar helfen Erleuchtung zu erlangen. Das Kultivieren von mitfühlender Liebe erfordert ein hohes Maß an Reflexion und Schulung des Bewusstseins; außergewöhnliche Menschen haben sie allerdings von Natur aus in ihrem Herzen.

Am besten ist es, wenn das Mitgefühl mit Weisheit verbunden ist; unsere Fürsorge für andere wird dann echt, klar und unzerstörbar. Wenn wir uns nur auf Mitleid oder Anteilnahme stützen, ist es schwieriger eine Lösung zu finden, die den anderen wirklich hilft. Im Gegenteil könnte unser Mitgefühl eher schwinden, weil wir uns entmutigt fühlen und unseren Einsatz als unwirksam erleben.

Wie können wir dann mitfühlende Liebe entwickeln? Äußerst hilfreich wird es sein, erst einmal die Formen der Liebe zu ergründen, die in unseren Beziehungen vorherrschen, und uns dann anzustrengen, die Anteile von Mitgefühl, Respekt und Großzügigkeit zu erhöhen, während wir versuchen die Tendenz zum Anhaften, zur Selbstbezogenheit und zum Stolz zu reduzieren. Viele Aspekte unseres täglichen Lebens sind von einer Kultur beeinflusst, die dabei versagt die Bedeutung von mitfühlender Liebe hervorzuheben. Deshalb ist es so wichtig dies in in unserer Partnerschaft, Familie und mit jenen, die uns nahe sind ununterbrochen zu üben. Auf dieser Grundlage können wir die bedingungslose Liebe auf alle fühlenden Wesen ausdehnen, mit dem Vertrauen, dass dies zu einem stärkeren Geist und einem glücklicheren Leben führen wird.

Glücklicherweise gibt es viele wunderbare Vorbilder für die Praxis dieser Form der Liebe. In der buddhistischen Tradition sind sie als Bodhisattvas bekannt, Lebewesen, die grenzenlose und bedingungslose Liebe für alle fühlenden Wesen verkörpern. Deshalb ist, egal was sie tun, ihr Leben voller Freude. Bodhisattva-Mitgefühl nennen wir es, wenn echtes Mitgefühl mit Weisheit vermählt ist, es wird deshalb auch ‚Krieger-Mitgefühl' genannt, weil diese Qualität durch keine Umstände mehr zerstört oder vergessen werden könnte. Jede/r sollte danach streben diese Qualität hervorzubringen, weil wir ohne sie vom Leiden niemals ganz frei werden. Wir haben alle die Fähigkeit diese Qualität zu erlangen und sollten daher alles unternehmen um sie zu fördern, ungeachtet der Hindernisse auf unserem Weg.

ZIELE ERREICHEN UND CHARAKTERSTÄRKE

In welchem Stadium unseres Lebens wir uns auch befinden ist es wichtig, Ziele zu haben, vor allem solange wir noch jung sind und noch viel Potenzial besitzen, um diese auch zu erreichen, wenn wir uns darauf ausrichten. Ziele können beides sein, kurzfristig, wie beim Abschließen eines Studiums, oder längerfristig, wenn wir an einer wichtigen Entdeckung, oder unserer spirituellen Entwicklung arbeiten. Ziele müssen auch wertvoll sein. Das Anschaffen eines teuren Hauses oder Bootes beispielsweise wird uns nicht dabei helfen, künftig glücklich zu sein, aber ein Ziel, das auch die Unterstützung anderer einbezieht, wird letztlich beiden, uns selbst und anderen wohltun. Ohne realistische oder lohnenswerte Ziele werden wir in einem kindlichen oder traumgleichen Zustand leben und wir laufen Gefahr, nur so dahin zu treiben ohne zu wissen, in welche Richtung wir vorangehen, und dann werden wir die Gelegenheit verpassen, unser Potenzial die Welt zu verändern umzusetzen.

Wenn wir wenigstens einige Ziele in unserem Leben aufgestellt haben ist das wunderbar! Das ist der erste entscheidende Schritt, während der zweite wichtige Schritt im Versuch besteht, diese Ziele auch zu erreichen. Die geistigen Qualitäten, die wir dafür entwickeln müssen, sind Ehrgeiz und enthusiastischer Fleiß. Ohne sie bleibt jedes Ziel bloße Fantasie.

Genauso wichtig ist es fest daran zu glauben, dass wir die Fähigkeiten besitzen, die Ziele, die wir uns gesetzt haben, auch zu erreichen. Wenn wir nicht völlig von unserer Fähigkeit die Ziele zu erreichen überzeugt sind, ist es leicht möglich, dass wir aufgeben, sobald Umstände auftreten, die uns entmutigen. Wenn wir andererseits fest an uns glauben, werden wir, egal welche Hindernisse auftreten oder wie oft wir scheitern, es immer wieder versuchen und haben auch gute Aussichten schließlich erfolgreich zu sein.

Die Fähigkeit durchzuhalten egal welche Hindernisse uns begegnen wird sich schließlich als Charakterstärke festigen. Die Eckpfeiler eines guten, starken Charakters sind eine Kombination aus Selbstvertrauen, Disziplin und mentaler Stärke, gemeinsam mit einem hohen Maß an psychischer Zufriedenheit. Manche Menschen sind von Geburt an mit diesen Eigenschaften gesegnet, aber die meisten von uns müssen hart daran arbeiten und aufpassen, dass wir nicht das Eine auf Kosten des Anderen entwickeln! Damit meine ich, dass wir auch etwas Weisheit einsetzen müssen bei der Entwicklung unseres Charakters. Beispielsweise könnten wir, während wir Selbstvertrauen entwickeln, dem Stolz oder gar der Arroganz verfallen, oder während wir psychische Zufriedenheit üben, könnten wir in Selbstgefälligkeit steckenbleiben.

Es ist notwendig, sowohl unsere Gedanken als auch unsere Handlungen ununterbrochen zu beobachten und Weisheit einzusetzen bei der Ausrichtung, die wir im Inneren oder nach außen wählen. Während wir unsere geistigen Qualitäten entwickeln, ist es sehr hilfreich, von einem Mentor oder spirituellen Lehrer begleitet zu werden. Es ist nicht so wichtig, ob diese/r Mentor/in einen religiösen Hintergrund, oder eine Ausbildung auf höchstem Niveau hat; das Entscheidende ist, ob er/sie vertraut ist mit den guten Qualitäten, von denen wir hier sprechen.

SELBSTZUFRIEDENHEIT VERSUS ZUFRIEDENHEIT

An dieser Stelle möchte ich etwas mehr über Selbstgefälligkeit sprechen. Ich habe schon erwähnt, dass manche Menschen, wenn wir vom Entwickeln von Zufriedenheit sprechen, das mit Selbstgefälligkeit verwechseln. Was meine ich damit? Nehmen wir beispielsweise jemanden, der gehört hat, dass es zum glücklichsein notwendig ist, gute innere Qualitäten zu entwickeln und mit dem, was wir haben, zufrieden zu sein, anstatt immer mehr zu wollen. Sofern wir nicht tiefe Einsicht und Weisheit, oder einen guten Lehrer haben, könnten wir nun glauben, es genüge, eine positive Einstellung zu pflegen und sich darüber hinaus keine Sorgen zu machen. Unglücklicherweise führt das normalerweise nur dazu, dass wir unsere Mitte verlieren und durcheinandergeraten. Das meine ich mit Selbstzufriedenheit.

Eine selbstzufriedene Haltung wird uns nicht helfen, glücklich zu sein. Während es nützlich sein kann, eine entspannte und ruhige Auffassung zu wahren, können wir doch in das Extrem der Sorglosigkeit oder Unwilligkeit verfallen. Obwohl es wichtig ist, mit unseren Umständen zufrieden zu sein, ist es ebenso wichtig, das Potenzial für jene Veränderungen wahrzunehmen, die mit ein wenig Anstrengung in unserer Situation erreichbar sind. Es ist möglich zufrieden zu sein mit dem, was wir haben und wo wir sind und dennoch hart daran zu arbeiten, unsere Ziele zu verwirklichen. Um es anschaulich zu machen, werden wir uns, wenn wir nur kalt duschen können, weil der Boiler ausgefallen ist, uns zwar für den Augenblick mit der kalten Dusche „zufrieden" geben und durch diesen Umstand unsere innere Ruhe nicht durcheinanderbringen lassen – aber das heißt nicht, dass wir nicht alles daran setzen werden, den Boiler zu reparieren! Wenn wir zu selbstzufrieden sind, gehen uns manche Gelegenheiten verloren und unser Potenzial, uns zu verbessern, kann unerkannt bleiben.

Während also das Verfallen in Selbstzufriedenheit das eine Extrem ist, das uns von wirklicher Zufriedenheit fernhält, ist das andere Extrem die Unfähigkeit, mit unserer Situation zufrieden zu sein. Wenn wir, egal wie gut unsere äußeren Bedingungen sein mögen, ständig unzufrieden sind, werden wir immer mehr verlangen und daran scheitern, das wertzuschätzen, was wir bereits haben. Dieses Verhalten gründet oft in Konkurrenzdenken und Neid, besser als andere sein zu wollen, oder Stolz auf die eigenen Errungenschaften. Unglücklicherweise wird das oft von den Gesellschaften, in denen wir leben, gefördert.

Vor kurzem habe ich eine aufschlussreiche Studie gelesen, die eine Untersuchung beschrieb, bei der Leuten folgende Fragen gestellt wurden: Würden sie lieber eine Stelle annehmen, wo sie $ 100.000,- Dollar pro Jahr verdienen, während andere nur $ 80.000,- bekommen, oder würden sie lieber eine Stelle bevorzugen, wo sie $ 150.000,- erhalten, während andere an ihrem Arbeitsplatz $ 200.000,- verdienen? Die Antwort erschien mir völlig offensichtlich, dass die meisten Menschen die Stelle annehmen würden, wo sie mehr verdienen. Trotzdem entschied sich eine Mehrheit für den geringeren Verdienst, solange es „mehr" war, als die anderen Mitarbeiter verdienen!

Ich denke, das gibt uns einen wichtigen Einblick in die menschliche Natur – dass wir nämlich besser sein wollen als andere und unzufrieden sind, wenn es nicht so ist. Wenn wir denken, eine Million Dollar zu haben würde uns glücklich machen und dann auch die Möglichkeit dazu bekommen diese zu verdienen, werden wir aber, selbst wenn es uns gelingt, nicht notwendigerweise das Glück finden. Vielmehr werden wir dann denken, dass wir zwei, oder fünf oder gar zehn Millionen Dollar brauchen, um glücklich zu sein! Wirkliche Zufriedenheit finden wir sehr selten, wenn unser Geist auf das Ansammeln materieller Güter ausgerichtet ist.

Wenn wir die Zeit, die wir dem Geldverdienen widmen, dazu nutzen, Selbstdisziplin und Zufriedenheit in unserem Geist und unseren Herzen zu entwickeln, ist sie vermutlich besser eingesetzt. Indem wir den Reichtum der Zufriedenheit entdecken, finden wir eine echte Quelle des Reichtums. Außerdem wären wir auch gesünder, denn ein zufriedener

Geist bringt Frieden; wie es viele Studien mittlerweile belegen, ist ein friedvoller Geist notwendig, für einen gesunden Körper. Ein gesunder, stressfreier Geist kann beispielsweise zur Verringerung des Blutdrucks und der Herzfrequenz beitragen, zu einem gestärkten Immunsystem und wirkt günstig auf eine große Bandbreite von Umständen[21], auch bei Herzkrankheiten, Diabetes und Krebserkrankungen. Also ist Zufriedenheit nicht nur gut für den Geist, sondern auch für den Körper.

DAS WIE UND WARUM VON MITGEFÜHL

Jede/r ist vertraut mit dem Wort „Mitgefühl" und stimmt zu, dass das etwas Gutes ist. Warum mühen wir uns dann so ab, es zu erlangen? Obwohl die Menschen täglich auf Mitgefühl hinweisen oder hingewiesen werden, regt unsere Gesellschaft uns eher dazu an, uns auf uns selbst zu konzentrieren, und auch wenn wir von Empathie und Mitgefühl hören, sind wir gewöhnlich nicht geübt darin, diese Qualitäten zu entwickeln und haben keine Mittel, um sie dann aufrecht zu erhalten. Selbst wenn wir gelegentlich auf die Vorteile der Praxis von Mitgefühl hingewiesen werden, verstehen wir selten ihre wahre Bedeutung und wir können die kurz- und langfristigen Vorteile kaum ermessen.

Viele Leute denken, dass Mitgefühl nur zu Situationen passt, wo Menschen leiden, und dass es bedeutet, sich selbst traurig und erbärmlich zu fühlen für die leidende Person. Jemanden zu bedauern, der leidet, ist wichtig und ist ein guter Einstieg, aber das ist noch weit weg von richtigem Mitgefühl, wo wir bereit sind, völlig aus diesem Gefühl heraus zu handeln. Das heißt nicht, dass wir anstelle des anderen leiden sollen, sondern den Geist darauf vorbereiten, das Leiden anderer aufzulösen, ungeachtet der Schwierigkeiten, die damit verbunden sein können. Wir können dann aus dieser Motivation heraus anderen helfen, die physisch leiden, oder vielleicht jene, die geistig leiden, dazu ermuntern, ihr Denken in heilsamere Bahnen zu lenken. Wenn wir diese reine Absicht oder Qualität in unserem Geist pflegen, werden wir mit innerem Frieden und

Widerstandskraft gesegnet und viel weniger in unsere Probleme verstrickt sein.

Die meisten Menschen, ob sie religiös sind oder nicht, stimmen darin überein, dass Mitgefühl eine wichtige Tugend ist. Wenn wir aber genauer hinsehen, erkennen wir, dass Mitgefühl unterschiedliche Grade hat.

Der erste Grad des Mitgefühls ist erreicht, wenn wir davon berührt sind, dass andere Menschen um uns herum leiden. Wenn beispielsweise ein Freund von uns in einen Autounfall verwickelt war und nun nicht mehr in der Lage ist zu gehen, oder wir jemanden kennen, der gerade am Krebs stirbt, sind wir dann hoch motiviert unser Bestes zu tun, um ihnen die Situation zu erleichtern.

Der zweite Grad ist erreicht, wenn wir vom Leiden aller Menschen berührt sind, einschließlich aller Religionen und Gesellschaftsschichten. Wenn wir in den Nachrichten von einem Erdbeben erfahren, werden wir, obwohl wir die Opfer gar nicht kennen, von ihrem Leid berührt sein und tun was wir können, um ihnen zu helfen. Wenn wir von den Auswirkungen der globalen Erwärmung hören, können wir Mitgefühl für jene Menschen entwickeln, die davon besonders betroffen sind.

Der dritte Grad von Mitgefühls ist erreicht, wenn es uns gelingt, Mitgefühl für alle Wesen ohne Vorbehalt zu entwickeln. Wir erkennen, dass alle Wesen, auch unsere Feinde und jene, die Schaden anrichten, glücklich sein und Leid vermeiden wollen, genauso wie wir selbst. Und so empfinden wir Mitgefühl für sie genauso wie für jene, die uns nahe sind, weil wir erkennen, dass sie in ihren Fehlern gefangen sind. Aber nicht nur die Menschen, sondern auch alle Tiere, die Freude oder Leid genauso empfinden können, werden zu Objekten unseres Mitgefühls. Wenn wir also eine Spinne oder eine Gelse sehen, werden wir sie nicht einfach töten, weil sie uns ärgert. Stattdessen werden wir uns ihres Rechts zu leben deutlich gewahr.

Der vierte Grad fußt auf der grundlegenden Weisheit, die uns die tieferen Ursachen für Leiden erkennen lässt, nicht nur das reale Leiden, das wir rundherum sehen können. Obwohl alle Lebewesen glücklich sein wollen, erkennen wir, dass sie durch Unwissenheit und ungeschickte Taten unentwegt die Ursachen für ihr eigenes Leiden erzeugen. Warum betrinkt sich ein Alkoholiker und handelt dann unverantwortlich, oder tut ein Dieb, oder ein Mörder, was er tut? Auch wenn wir sagen könnten, sie seien „süchtig", suchen sie doch irgendeine Art von Befriedigung oder Erfüllung, erzeugen aber gleichzeitig für sich und andere durch diese ungeschickten Handlungen noch mehr Leid. Weil sie das selber nicht einsehen können, nennen wir die Wurzel ihres Leidens Unwissenheit.

Reiche und berühmte Leute sind genauso wenig immun gegen Leiden. Sie leiden, wenn sich die günstigen Bedingungen, die ihren Reichtum herbeigeführt haben, auflösen. Nicht nur das, sondern sie haben jeden Augenblick etwas, worüber sie sich aufregen können; vielleicht sind sie unzufrieden mit ihrer eigenen Erscheinung, oder sind eifersüchtig auf einen beliebten neuen Star. Sie können sich auch Sorgen um ihre Familie machen, ihre betagten Eltern oder ihre Kinder. Egal wie gut oder ungünstig die Lebenssituation eines Menschen auch aussehen mag, niemand ist frei von Leiden. Wenn wir das etwas genauer betrachten, werden wir sehen, dass praktisch jede/r von uns, andauernd, mit irgendeiner Art von Leiden beschäftigt ist, oder gerade die Ursachen für künftiges Leiden erschafft. Wenn wir das so verstehen, wird unser Mitgefühl immer tiefer.

Der höchste Grad von Mitgefühl schließlich gründet im Verständnis von Selbstlosigkeit[22], das bedeutet, dass wir einsehen, dass alles gegenseitig abhängig und ohne Substanz ist, dass nichts aus sich selbst heraus existiert. Das ist ein gewaltiges und grundlegendes Konzept, das den Kern der buddhistischen Philosophie darstellt. Um uns einen Geschmack dieser Einsicht zu verschaffen, stellen wir uns vor, wir könnten die Gedanken eines anderen Menschen, der gerade träumt, wie er in einem Höllenbereich schrecklich leidet, lesen. Wir wissen nun, dass es nur ein Traum ist, den er in seinem

Geist erschaffen hat; aber die Menschen wissen das nicht und wir wünschen uns so sehr, die Menschen aufwecken zu können, weil wir ihr unglaubliches Potenzial glücklich zu sein sehen, wenn sie endlich erkennen könnten, dass der Traum nicht wirklich ist. Mit dieser Erkenntnis wird ganz spontan ein grundlegender Grad von Mitgefühl entstehen.

Aus einem anderen Winkel besehen bedeutet Selbstlosigkeit zu verstehen, dass es von Haus aus kein „Ich" und „andere" gibt. Wenn die Grenze zwischen uns und anderen langsam verschwindet, ist unser Glück nicht wichtiger als das Glück der anderen. Mitgefühl für alle Lebewesen ergibt sich dann ganz natürlich. Das ist nicht für jede/n so leicht zu verstehen, aber von Zeit zu Zeit können uns kurze Augenblicke der Einsicht durch unsere direkte Erfahrung eröffnet werden.

Wie ist ein tieferes Verständnis von Mitgefühl in unserem Alltag konkret erfahrbar? Stellt Euch vor, wir hätten plötzlich Streit mit jemandem. Wir könnten denken, er sei ein schlechter Mensch; er liege falsch und wir hätten recht; in dem Augenblick könnten wir den Eindruck gewinnen, dass es schon ein getrenntes „Ich" und „andere" gäbe. Wenn wir die Situation dann genauer analysieren und uns in die Situation des anderen versetzen, werden wir herausfinden, dass wir viele Gründe und Umstände nicht einbezogen haben, als wir zum Schluss kamen unser Gegenüber liege „falsch". Wir werden viele Faktoren finden, die schließlich zu dem Ereignis beigetragen haben, das zum Streit führte. Wir werden herausfinden, dass der andere vielleicht einen schlechten Tag hatte, oder wir auch Fehler gemacht haben, oder dass dem ganzen Konflikt ein riesiges Missverständnis zugrunde lag.

Wenn wir berücksichtigen, dass immer ein ganzes Netzwerk von gegenseitig abhängigen Faktoren im Spiel ist, sehen wir die Wirklichkeit bedeutend klarer und kommen der Erkenntnis der Wahrheit von „Selbstlosigkeit" näher. Dann gibt es für Ärger keine Grundlage mehr; stattdessen sind wir ganz natürlich einfühlsam und geduldig, weil wir einsehen, dass wir beide glücklich sein wollen und daher jeglicher Konflikt gegenstandslos ist.

Wenn wir wirklich verstehen, dass jedes fühlende Lebewesen nach Glück strebt und Leid vermeiden will, genauso wie wir selbst, dann wird unser Mitgefühl tragfähig und grenzenlos werden. Das ist allerdings schwierig zu erreichen und in der Praxis wird unser Mitgefühl immer wieder begrenzt sein. Auf alle Fälle ist das Praktizieren jeden Grades von Mitgefühl heilsam. Erinnern wir uns daran, dass es viele Jahre dauern kann, bis wir echtes, vorbehaltloses und stabiles Mitgefühl entwickelt haben. Behalten wir auch in Erinnerung, dass Mitgefühl keinesfalls darauf beschränkt bleibt, sich schlecht zu fühlen, wenn jemand anderer leidet, sondern die Empfindsamkeit, die es uns erlaubt, andere auch zu verstehen, benötigt. Mitgefühl und Empfindsamkeit bringen also Offenheit und Nähe zu den anderen hervor.

GROSSZÜGIGKEIT, GEDULD UND DANKBARKEIT

Eine natürliche Art sein Mitgefühl auszudrücken ist es großzügig und geduldig zu sein und ein Gefühl von Dankbarkeit für alles, was wir haben, zu zeigen. Gerade während des frühen Erwachsenenalters werden uns diese Taten kraftvoll zu einem glücklichen, erfüllten und sinnvollen Leben führen.

Großzügig zu sein bedeutet keineswegs, dass wir all unseren Besitz an andere verschenken sollen. Es bedeutet vielmehr, dass wir Gier und Faulheit aufzugeben üben und uns geistig darauf einstellen und vorbereiten, anderen im Bedarfsfall auch mit materiellen Gütern, Zeit und anderen Formen der Unterstützung beizustehen. Großzügig zu sein bedeutet auch geduldig zu sein, fähig zu sein zu verzeihen, Zorn und Ärger einfach loszulassen.

Geduld bedeutet, dass wir, egal wie ungehalten oder ungerecht uns jemand behandelt, nicht ablehnend antworten, sondern ruhig, vernünftig und mitfühlend reagieren. Geduld schließt auch die Beharrlichkeit im Erreichen unserer Ziele ein, ganz gleich welchen

Schwierigkeiten wir gegenüberstehen. Geduld heißt nicht untätig abzuwarten, bis etwas geschieht, ohne alternative Lösungen zu erkunden, oder einfach ungünstige Umstände zu akzeptieren, ohne den Versuch unsere Situation zu verändern. Das wäre dann Selbstgefälligkeit.

Athleten trainieren ihre Körper mit großer Geduld und sind im Allgemeinen glücklicher als jene, die untätig bleiben. Der Nutzen und Wert unseres Geistestrainings in Geduld und Großzügigkeit wird um Vieles größer sein, als jener, den die Athleten erringen. Besonders heilsam ist es, Geduld und Großzügigkeit in Worten und Taten in unserem alltäglichen Leben zu üben. So entwickeln wir ein natürliches Gefühl dafür, dass diese Qualitäten immer bei uns sind. Nach einiger Zeit wird diese Lebensart zu einer Quelle unglaublicher Freude. Erinnern wir uns daran, dass wir nicht voraussagen können, wie groß der Nutzen unserer Handlungen für andere sein wird, auch wenn wir üben „zum Wohle anderer" geduldig und großzügig zu sein. „Wir" selber werden aber immer davon profitieren!

Das Meiste, was wir an Unzufriedenheit und Elend in unserem Leben erfahren, geht auf einen Mangel an Wertschätzung für das, was wir bereits haben, zurück. Wenn wir beispielsweise sehr gesund sind, vergessen wir, unsere geistigen Fähigkeiten, unsere (intakte) Sinneswahrnehmung oder unsere körperlichen Möglichkeiten zu würdigen. Solange alles gut geht, vergessen wir, einfach dankbar für unsere kostbare menschliche Geburt zu sein. Sobald wir aber erfahren, dass wir Krebs oder eine andere gefährliche Krankheit haben, kommt uns plötzlich in den Sinn, wieviel Glück wir bisher hatten. Jede/r der/die ein Trauma oder eine schwere Krankheit erleidet, erkennt die Kostbarkeit seiner/ihrer vorhergehenden guten Gesundheit. Es ist daher günstiger zu lernen, jeden Tag die eigene Gesundheit wertzuschätzen und diese Glückserfahrung jetzt zu machen anstatt auf irgendein künftiges Unglück zu warten, um diese Lektion zu lernen.

Wenn wir sorgfältig nachdenken, werden wir bemerken, dass es viele Dinge gibt, für die wir dankbar sein können. Aber mehr als alles andere verdienen die Menschen, die uns nahestehen, unsere Dankbarkeit. Es gibt eine Geschichte aus dem Leben des Buddha, die das illustriert:

Buddha traf einst auf einen Händler namens Sigala,[23] dem er dabei zusah, wie er sich nach allen Seiten verbeugte, nach Osten, Süden, Westen, Norden, nach unten und oben. Buddha fragte Sigala, weshalb er dieses Ritual ausführte. Sigala antwortete ihm, dass sein Vater ihn gelehrt hat, sich jeden Morgen nach den sechs Richtungen zu verbeugen, dass er aber den Grund dafür nicht kenne. Buddha antwortete, dass das Verbeugen eine Übung sei, die sowohl in der Gegenwart als auch in Zukunft Glück bringen kann. Er erklärte Sigala, dass er während der Verbeugungen Dankbarkeit kontemplieren könne, nach Osten zu den Eltern, nach Süden zu den Lehrer/inne/n. Nach Westen könne er dankbar seiner Familie, nach Norden der Freunde gedenken. Nach unten könnte er dankbar seiner Untergebenen gedenken und nach oben könnte er Dankbarkeit allen weisen und tugendhaften Menschen gegenüber kontemplieren.

GEISTESTRAINING IST NOTWENDIG, UM INNERE QUALITÄTEN ZU ENTWICKELN

An dieser Stelle möchte ich wiederholen, wie wichtig es ist, sich gewissenhaft anzustrengen, jene Eigenschaften zu entwickeln, die zum Glücklichsein führen, anstatt sich auf äußere Faktoren zu stützen, die sich unserer Kontrolle entziehen. Jede/r wünscht sich immerwährend Glück zu erfahren, aber das hängt sehr stark davon ab, bis zu welchem Ausmaß wir bereit sind, die Primär-Ursachen für Glück zu pflegen.

Es spricht nichts dagegen auch die sekundären Ursachen zu pflegen, wie eine gute Bildung, Karriere, Beziehungen oder Ferien. Aber das Wichtigste ist es, die primären Ursachen von Glück, die wir in unseren geistigen Qualitäten finden, ernsthaft zu üben. Warum das? Zunächst ist es sehr schwer, all unsere Umstände perfekt zu gestalten, aber selbst, wenn wir die perfekten Bedingungen jetzt vorfänden, könnten wir sehr bald mit dem, was wir haben, unzufrieden werden, wenn wir nicht vorher unsere inneren Qualitäten entwickelt hätten.

Wenn wir keine Dankbarkeit entwickeln, könnten wir blind bleiben für das Glück, das wir bisher bereits haben, und würden sogar unter den günstigsten Umständen sehr wenig Glückhaftes finden. Wenn es uns an Disziplin mangelt, können wir schnell gelangweilt sein und die Ausrichtung verlieren, wenn uns die Umstände gerade nicht gefallen. Wenn wir keine Geduld entwickelt haben, werden wir unsere innere Ruhe und unseren inneren Frieden verlieren, wenn wir einer schwierigen Situation gegenüberstehen. Deshalb werden wir immer empfindlicher für das kleinste Hindernis, je mehr wir unser Glück von äußeren Bedingungen abhängig machen, anstatt diese inneren Qualitäten zu stärken. Wir verfallen dann in die Gewohnheit, in ungünstigen Situationen zu Hause zu sein, und finden es sehr schwierig, das Glück auch zu würdigen und zu genießen, wenn es vorbeikommt.

Im Allgemeinen umfasst das Geistestraining, um neue mentale Qualitäten einzuführen, drei Schritte. Zuerst machen wir uns mit den Vorteilen der neuen Gewohnheit, die wir uns aneignen wollen, vertraut und machen uns die Nachteile des alten Musters, das wir loslassen wollen, bewusst. Dann unterziehen wir uns einem Ritual der Selbstbeobachtung, indem wir täglich kurze Zeit damit verbringen, uns an das neue Verhalten zu gewöhnen. Schließlich verinnerlichen wir das neue Verhalten in unserem Bewusstsein, indem wir es zu einem Teil von uns machen, der immer gegenwärtig ist. Wenn wir beispielsweise unser Mitgefühl verbessern wollen, dann beginnen wir damit darüber zu reflektieren, wie wir innere Stärke und Zufriedenheit entwickeln und unsere Beziehung zu anderen verbessern können, wenn wir unseren Geist in dieser Richtung trainieren. Dann versprechen wir uns selbst täglich Mitgefühl zu üben und hinterher darüber zu reflektieren, wann immer sich die Gelegenheit dazu ergibt. Durch diese tägliche Übung über Monate und Jahre hinweg, werden wir bemerken, wie sich unser Herz weitet und Mitgefühl ein unerschütterlicher Bestandteil unseres Lebens wird.

Wenn etwas offensichtlich erscheint, oder für uns gleich Sinn macht, neigen wir leicht dazu zu denken, wir hätten es bereits verstanden. Unser Geist ist wie die Blätter, die vom Wind in alle Richtungen auseinandergetragen werden, und einmaliges Hören oder Lesen wird nicht ausreichen, um unser Verhalten nachhaltig zu verändern. Deshalb ist es notwendig, immer wieder über jene Lehren nachzudenken, die wir in unserem Leben anwenden wollen, egal wie offensichtlich sie zunächst erscheinen. Zu berücksichtigen ist auch, dass Glück schrittweise erlangt wird, Augenblick für Augenblick und Erfahrung für Erfahrung. Es wird sich nicht einfach nach einem lebensverändernden Ereignis oder Einblick einstellen.

Wenn wir uns aber dauerhaft auf die Entwicklung innerer Qualitäten konzentrieren, kann Glück ein grundlegender, fester und bleibender Zustand in unserem Leben werden. Wir werden diesen Zustand dann solange wir leben nicht mehr verlieren und niemand kann ihn uns wegnehmen.

ÜBUNG – ÜBER DEN EIGENEN TAG NACHDENKEN

Halte Dir fünfzehn Minuten jeden Morgen und Abend frei. Während der Morgensitzung überprüfe deine Einstellung, bevor Du in den Tag startest. Konntest Du würdigen, dass Du heute am Leben bist, in einem Land, wo es soviel einfacher ist zu leben als in manchem Land der „dritten Welt"? Bist Du entschlossen, diesen Tag weise zu nutzen und Mitgefühl wo immer Du kannst zu üben, immer aufrichtig, Deinen inneren Werten gegenüber? Bist Du bereit, in der Arbeit und Deiner Partnerschaft geduldig zu sein, auch wenn nicht alles wie erwartet läuft?

Am Abend betrachte, was an diesem Tag passiert ist. Denk an die Menschen mit denen Du gesprochen hast, die Orte, die Du aufgesucht hast, und an gute wie auch schlechte Erfahrungen, die Du heute gemacht hast. Wofür kannst Du dankbar sein? Vielleicht magst Du eine Liste von fünf bis zehn Dingen anfertigen, in einer Art „Dankbarkeitstagebuch".

Setz Dich mit aufrechtem Oberkörper hin, entspanne alle deine Muskeln und nimm einige tiefe Atemzüge. Versuche in einem natürlichen Gefühl der Zufriedenheit und Freude zu verweilen und denke daran, wie Du den kommenden Tag wirklich sinnvoll und wertvoll gestalten kannst.

Die Zeit der Lebens-erfahrung

Die Menschen im Westen sind weitgehend negativ gegenüber dem Altern eingestellt und viele sehen dieses Lebensalter wie den Beginn eines Abstiegs in Richtung Krankheit und Tod. Auf vielerlei Art sind die Menschen dieser Altersgruppe aber in einer günstigeren Position als junge Menschen, Glück zu erfahren. Das kommt daher, dass wir in diesem Alter bereits eine Menge Lebenserfahrung gesammelt haben und es den meisten Menschen bereits gelungen ist, etwas Weisheit angesammelt zu haben, oder wenigstens haben wir Vieles erlebt, worüber wir nun nachdenken können. Viele Leute haben in ihrem Leben Rückschläge erlitten, besonders finanziell, emotional oder physisch und so bemerken sie, dass die äußeren Ursachen für Glück unzuverlässig sind und sie daher eher in einem selbst zu finden sind. Mit diesem Wissen werden wir viel leichter die notwendigen inneren Qualitäten entwickeln, die zum Glück führen.

Egal, ob wir in einer Beziehung leben oder nicht, werden wir, wenn wir dieses Alter erreicht haben, immer noch nach Glück streben und Leid vermeiden wollen. Ich habe versucht herauszufinden, welchen gemeinsamen Problemen Menschen dieser Altersgruppe gegenüberstehen und werde mich bemühen, ein wenig Anleitung zu geben, wie mit ihnen fertig zu werden ist.

DAS LEBEN ALS SINGLE

Wenn wir in diesem Lebensabschnitt nicht verheiratet sind oder in einer Langzeitbeziehung leben, kann es viele Gründe dafür geben. Wir könnten es mit einem oder verschiedenen Partner/innen versucht haben zusammen zu leben und aus bestimmten Gründen ist das nicht gelungen, vielleicht ist unser/e Partner/in bereits verstorben. Vielleicht haben wir den richtigen Menschen nicht gefunden, oder wir wollten von vorne herein gar nie in Beziehung leben. Ungeachtet der Gründe fühlen sich viele Menschen dieser Altersgruppe einsam und fehl am Platz, in einer Welt, in der es vielleicht als Versagen betrachtet werden kann, keine Partner zu haben.

Wenn wir nun von einem völlig anderen Standpunkt auf diese Situation blicken, kann das Alleinsein in diesem Alter als eine wunderbare Möglichkeit betrachtet werden. Wir haben viel erfahren und könnten aus unserer persönlichen Erfahrung gelernt haben, dass Vieles, wonach wir streben und dem wir unser Leben widmen, völlig unsinnig oder bedeutungslos ist. Ein bestimmtes Ziel zu erreichen mag uns in der Vergangenheit vielleicht viel bedeutet haben, doch jetzt bemerken wir manchmal, dass dies nun erledigt ist, oder wir haben aus dieser Erfahrung gelernt, was zu lernen war, und wenn wir uns nun etwas mehr Raum geben, kann etwas Neues und Bedeutungsvolleres entstehen. Ähnlich wie beim Schälen einer Zwiebel, entfernen wir Schicht für Schicht und so können wir schrittweise einen tieferen Zweck erkennen.

Mit dieser Weisheit als Führer an unserer Seite und ohne Partner/in können sich uns viele neue Möglichkeiten eröffnen. Wir könnten uns an der Universität einschreiben und ein neues Studium beginnen. Wir könnten um die Welt reisen, eine neue Sprache lernen, ein Buch schreiben, oder eine neue Firma gründen, die unserer lokalen Gemeinschaft nützt. Auch wenn das recht unkonventionell klingt, könnten wir auch in ein Kloster eintreten, oder unser Leben von nun an dem spirituellen Wachstum widmen, ein einfaches Leben führen, das es uns erlaubt, wirklich innere Ruhe zu finden.

DAS LEBEN IN EINEM KLOSTER

In der modernen Welt mag die Wahl eines Lebens im Kloster vielen Menschen eigenartig erscheinen. Alles in allem mag es uns als eine langweilige sterile Existenz erscheinen, mit Mönchen und Nonnen, von der übrigen Welt ausgesperrt, die strengen Regeln folgen müssen und keinen Spaß mehr haben dürfen. Ich werde jetzt ein wenig über das Leben in einem buddhistischen Kloster sprechen, das doch etwas anders sein dürfte, als die meisten Menschen erwarten. Ich werde sicherlich nicht den Buddhismus als die „beste" aller Religionen oder die „beste" Lebensweise anpreisen, ich möchte vielmehr meine persönliche Erfahrung teilen, in der Hoffnung, die Leser werden es nützlich finden. Ich habe viele Jahre als buddhistischer Mönch gelebt und kann daher mit einigem Selbstvertrauen über dieses Leben sprechen.

Das wahre Ziel eines buddhistischen Mönchs ist es weniger, ein glückliches oder angenehmes Leben zu haben, als vielmehr die Erleuchtung zu erlangen. Wenn wir jedoch unser Leben damit zubringen, hart daran zu arbeiten einen Zustand der Erleuchtung zu erlangen, dann wird unser Leben glücklich und voller Frieden sein. Hier im Westen begegnen mir oft unglückliche Männer und Frauen und ich denke mir, welch wunderbare Möglichkeit für diese Menschen ein Leben im Kloster wäre.

Warum sage ich das? Die Grundlage eines Lebens als Ordinierte/r ist Entsagung. Als ich ordiniert wurde, war ich 18 Jahre alt. Ich hatte noch keinen Liebeskummer, keine finanziellen Schwierigkeiten und keine Enttäuschungen erlebt. Ich hatte nur angenehme Zeiten mit Familie und Freunden erlebt und war sogar verliebt gewesen – und ich wollte mehr davon! Deshalb hätte ich das Leben im Kloster zunächst als schwierig empfinden müssen; ich war aber durch die Kraft der buddhistischen Praxis imstande, Entsagung zu üben. Wenn wir andererseits bereits die Erfahrung von Liebeskummer und anderen Enttäuschungen gemacht haben, können wir dies zu unserem Vorteil wenden, indem wir uns durch diese Erfahrungen zu echter Entsagung inspirieren lassen.

Was bedeutet es, unser Leben dem Erlangen der Erleuchtung zu widmen? Grundsätzlich beruht diese Idee auf den Lehren des Buddha, genannt Die *vier edlen Wahrheiten.* Buddha lehrte diese Wahrheiten nicht, um andere Menschen zum Buddhismus zu bekehren, sondern vielmehr, um jedem Lebewesen den Weg zur Befreiung vom Leiden zu zeigen. Diese Wahrheiten gelten also für jede/n:

1. Die Natur dieses Lebens ist Leiden oder Unbefriedigtsein.

2. Leiden ist nicht zufällig entstanden, sondern hat eine Ursache – unsere negativen Emotionen, oder frühere negative Handlungen und unseren Hang, an der übertriebenen Vorstellung von uns „selbst" und „anderen" festzuhalten.

3. Völlige Befreiung vom Leiden, oder Erleuchtung, ist möglich.

4. Der Pfad zur Erleuchtung beinhaltet das Beseitigen der Ursachen des Leidens, indem wir Disziplin, Konzentration und Weisheit praktizieren (auch als der Edle Achtfache Pfad bekannt).[24]

Diese Wahrheiten sind keine bloß intellektuellen Theorien oder philosophische Spekulationen, sondern wurden durch die direkte Erfahrung des Buddha in der Meditation entdeckt. Viele andere Meditierende und kontemplativ Übende seit Buddhas Zeiten haben diese Erfahrung ebenfalls gemacht, haben diese Entdeckung ebenfalls bestätigt, ganz ähnlich, wie Wissenschaftler ein Experiment viele Male wiederholen, um eine wissenschaftliche Entdeckung zu bestätigen. Zudem werden Neulinge ermutigt, diese Ideen nicht bloß aus blindem Vertrauen zu glauben, sondern sie vielmehr durch eingehende Analyse in ihrem eigenen „Experiment" zu überprüfen, genauso wie wir Gold auf seine Reinheit überprüfen.

Der Zweck des buddhistischen Klosterlebens ist es daher, diesem wohlerprobten Pfad in einer Umgebung folgen zu können, wo es möglichst wenige Ablenkungen gibt. Das erlaubt uns ein einfaches Leben zu führen und den Geist aufmerksam auf das Auslöschen der Grundursachen des Leidens auszurichten, wie der Buddha und seine vielen Schüler es taten. Weit entfernt davon, ein selbstbezogenes Streben zu sein, ist das Ziel dieses Lebenswandels, unseren Geist zu stärken, damit wir eine viel größere Fähigkeit entwickeln, anderen zu helfen. Nur wenn wir selbst verstanden haben, wie wir das Leiden überwinden können, sind wir in der Lage, anderen dabei behilflich zu sein, es ebenfalls zu lernen.

Deshalb sprechen wir oft von der „Erleuchtung zum Wohle der anderen"; aus dieser Perspektive streben wir bei weitem mehr an, als bloß unsere eigene Befreiung. In diesem Sinne haben viele der großen tibetischen Lehrer, wie auch mein eigener, Lama Lobsang Trinley und der große 16. Karmapa[25], viele Jahre ihres Lebens dem Pflegen des Erleuchtungsgeistes gewidmet. Dies bedeutete, sich selbst für viele Jahre aus der Alltagswelt zurückzuziehen, um sich intensiv auf die Retreat-Praxis einzulassen, und als sie dann wahre Verwirklichung erfahren hatten, war ihre Fähigkeit zum Wohle der anderen wirken zu können noch außergewöhnlicher. Das mag genauso für große Persönlichkeiten anderer Traditionen, wie etwa Jesus Christus gelten.

Buddhistisches Klosterleben ist wahrscheinlich in allen Ländern der Welt sehr ähnlich. Da ich nur das Klosterleben in Tibet kennengelernt habe, kann ich nur von dieser Erfahrung erzählen. Das Erste, was wir wissen sollten ist, dass wir in jedem Kloster zum Bleiben eingeladen werden, wenn unsere Motivation rein ist, und dann können wir dort auch solange bleiben, wie wir es wünschen. Das Zweite ist, dass wir, wenn wir keinen Unterhalt für uns selbst aufbringen können, auch nicht dazu verpflichtet sind für Nahrung, Wohnung oder anderes aufzukommen. Keinesfalls will ich hiermit empfehlen, dass wir in ein Kloster eintreten, um vor weltlichen Sorgen und Verantwortungen zu fliehen – es ist entscheidend, dass unsere Motivation echt ist. Da die Menschen aus dem Westen, gemessen an tibetischen Verhältnissen ziemlich reich sind, ist es nur natürlich, großzügig zu sein, wann immer es uns möglich ist.

Es wäre ziemlich verkehrt, von der Großzügigkeit eines Klosters zu profitieren, und würde nur zu negativen Konsequenzen führen.

Ich kenne viele Menschen, die glauben, sie hätten nicht die richtige Ausbildung oder das Wissen, um ein Kloster aufzusuchen, das ist aber eine falsche Annahme. So wie an allen Orten des Lernens, haben jene, die ein Kloster aufsuchen, einen unterschiedlichen Entwicklungsstand, der von Mönchen oder Nonnen, die leicht von ihrer Praxis abgelenkt werden, bis zu jenen, die hervorragende Eigenschaften aufweisen, reicht. In einem buddhistischen Kloster zu leben heißt nicht notwendigerweise, dass wir unsere ganze Zeit dem Studium oder der Praxis des Buddhismus widmen. Obwohl wir gewöhnlich verpflichtet sind einem strengen Tagesablauf zu folgen und ein vorbildhaftes Verhalten zu pflegen, bleibt uns auch eine Menge Zeit, um uns in geeigneter Weise unseren Interessen und Talenten zu widmen. Vielleicht liegt es uns mehr, die Computersysteme des Klosters warten zu helfen, als die ganze Zeit zu studieren.

Ungeachtet der Aufgabe, die wir übernehmen, gibt es dabei kaum Gelegenheit, Einsamkeit oder Isolation zu erfahren. Im Tibetischen gibt es ein Wort, das mit „einsam" übersetzt werden kann, aber die meisten Menschen verstehen die Bedeutung gar nicht, weil für sie diese Erfahrung unbekannt ist. Ganz ehrlich habe ich selbst die Bedeutung von Einsamkeit oder Depression nicht verstanden, bis ich in den Westen kam.

Wenn wir ein Leben im Kloster in Betracht ziehen, sollten wir uns mit den vielen unterschiedlichen monastischen Traditionen, die es heute auf der Welt gibt, vertraut machen und uns fragen, welcher Lebensstil am besten zu unserer spirituellen Entwicklung passt. Wenn wir beispielsweise als Christ erzogen wurden und ein starkes Vertrauen in diese Tradition haben, mag es vielleicht am besten passen, einem christlichen Orden beizutreten. Wenn wir uns intensiver mit der Meditationspraxis beschäftigen wollen, sind wahrscheinlich die Waldklöster der Thaitradition des Theravada-Buddhismus oder die Zen-Tradition geeignete Optionen. Andere Traditionen legen unterdessen mehr Wert auf Gelehrsamkeit oder gemeinschaftsbasierte Projekte. Es kann sein, dass wir uns von einer Klostergemeinschaft in einem fremden Land angezogen fühlen, aber das Erlernen einer neuen Sprache ein erhebliches Hindernis darstellt. Doch das Lernen geschieht ganz natürlich, wenn wir in einer neuen sprachlichen Umgebung eingebettet sind, und nach einigen Jahren ist die Kommunikation kein Problem mehr.

Bedauerlicherweise ist sich die westliche Kultur des Wertes der spirituellen Entwicklung und der Vorzüge, diese zu unterstützen, meist nicht bewusst, also kann es schwierig sein, einen authentischen Lehrpfad zu finden, der auch finanziell unterstützt wird. Eine andere Option ist es daher, sich einer Praxisgruppe oder Laiengemeinde anzuschließen. Mittlerweile gewähren zahlreiche Organisationen Unterstützung für Menschen, die diesem Pfad folgen wollen. Anstatt Roben zu tragen und die Gelübde der ordinierten Mönche und Nonnen zu halten, leben sie ein „weltliches" Leben, das ganz gleich wie das anderer aussieht und der Arbeit und dem Familienleben gewidmet, aber ihr „Innenleben" ist doch recht verschieden davon. Sie versuchen ihr Leben so einfach als möglich zu gestalten und mehr Platz für die spirituelle Praxis, das Studium der spirituellen Lehren und das Versprechen zu schaffen, dies auch in allen Lebensbereichen zum Ausdruck zu bringen. Sie können auch beschließen, einen Teil ihrer Zeit für regelmäßige Zeiten des Rückzugs (Retreat) frei zu halten.

Wir müssen jedoch in Erinnerung behalten, dass die Suche nach einem „authentischen Pfad" nicht leichtfertig unternommen werden darf; es gibt viele „spirituelle Lehrer", die Großes versprechen, aber bei genauerer Analyse finden wir möglicherweise heraus, dass ihren Lehren die „Authentizität" fehlt, dass sie in Streitigkeiten verwickelt sind, oder Ansätze eines Personenkults erkennen lassen. Die Aufgabe, einen geeigneten und wirksamen Pfad zu finden, erfordert viel Geschick und Unterscheidungsvermögen[26], sorgsame Überprüfung unserer eigenen Motivation und unbeugsame Ehrlichkeit. Wir müssen uns auch unserer

Neigung bewusst sein, an spirituellen Konzepten oder gewissen Erwartungen festzuhalten, die uns davon ablenken, uns ganz auf das spirituelle Leben einzulassen oder einen authentischen Pfad zu finden.

Es gibt keine Garantie dafür, dass wir nicht auf Schwierigkeiten und Missverständnisse stoßen werden, selbst, wenn wir uns einmal auf einen bestimmten Pfad eingelassen haben. Wir könnten beispielsweise auf Menschen treffen, die uns wenig hilfreiche oder verwirrende Anweisungen geben, oder wir könnten dadurch entmutigt werden, dass die Menschen um uns herum nicht das praktizieren, was sie „predigen". Unter diesen Umständen ist es umso wichtiger, zu überprüfen, ob unsere Motivation wirklich echt ist, und uns eher auf unseren eigenen Verstand und unsere Urteilskraft zu verlassen, als auf blindes Vertrauen. Wenn ein bestimmter Pfad offensichtlich nicht gut tut oder nicht zu uns passt, dann sollten wir den Mut haben, von dort wegzugehen, taktvoll und dankbar. Wir sollten es vermeiden, betont kritisch zu sein oder irgendeine Form der Vergeltung zu üben, weil wir uns dadurch letztlich nur selber schaden. Wenn unsere Motivation rein und aufrichtig ist, und wir alles unternommen haben, um die authentischen Lehren zu studieren, ist es nur eine Frage der Zeit, bis wir auch eine/n authentische/n Lehrer/in kennen lernen.

DAS LEBEN ALS LAIE

Viele Menschen denken daran oder träumen davon, der Welt zu entsagen und in ein Kloster zu gehen, allerdings fühlen sie sich oft durch Verantwortlichkeiten, die sie nicht einfach aufgeben können, wie etwa den alternden Eltern oder Kindern gegenüber, gebunden. Nichtsdestotrotz kann eine Person, deren Entsagung stark und rein ist, Besitz, Karriere und Familie aufgeben, um stärker in ein spirituelleres Leben einzutreten. Das war oft der Fall bei außergewöhnlichen buddhistischen Mönchen und auch bei Buddha selbst, der sein

Leben in Luxus, seinen Rang als Thronerbe, seine Frau und seinen gerade erst geborenen Sohn zurückließ, um Erleuchtung zu erlangen. Wenn sich also jemand ganz stark vom Klosterleben angezogen fühlt, dann ist mein Rat, es tatsächlich zu versuchen.

Das heißt aber nicht, dass wir unser Leben völlig dem spirituellen Fortschritt widmen müssen, um glücklich zu werden. Wenn wir uns mit dieser Idee nicht anfreunden können, haben wir immer noch die Wahl, uns nach einer neuen Partnerin umzusehen oder Single zu bleiben. Wie ich bereits früher erwähnte, bietet das Leben als Single viele Vorteile, viele Gelegenheiten zu studieren, zu reisen, Menschen zu begegnen und unterschiedliche Interessen zu verfolgen. Viele Türen sind für uns offen und es gibt sicher keinen Grund für Einsamkeit. Wenn wir uns in lokalen Gruppen und Organisationen engagieren, können wir uns als Teil der Gemeinschaft erleben und wir werden dort Kameradschaft und Freundschaft finden. Wenn wir ohnedies zufrieden damit sind, ein einfaches und friedliches Leben zu führen, brauchen wir auch keine Ziele und Tätigkeiten, die uns in Beschäftigung halten. Obwohl wir dann allein sind, werden wir nie einsam sein, solange wir uns selbst genügen.

Und wenn wir uns immer gewünscht hätten zu heiraten und nie die richtige Person gefunden haben, was dann? Von einem traditionellen „östlichen" Standpunkt aus hätten wir in diesem Alter unsere Chance wohl bereits verpasst, aber heute heiraten die Menschen in jedem Lebensabschnitt und das Alter spielt dabei keine so große Rolle mehr. Da wir bereits eine weisere und reifere Sichtweise haben, mit einer Menge Lebenserfahrung im Gepäck, werden wir wahrscheinlich auch weisere Entscheidungen hinsichtlich unserer Beziehungen treffen. Sicherlich wird es auch Nachteile geben. Ein älterer Mann, der eine jüngere Frau heiratet beispielsweise, könnte jüngeren Männern gegenüber Unsicherheit oder gar Eifersucht empfinden. Die grundlegendste Einsicht dazu ist in jedem Fall, ob wir jung oder alt heiraten, oder gar nicht, dass wir niemals sagen können, was das bessere Schicksal für uns ist und welcher Pfad uns das meiste Glück bringen wird. Die Bedingungen, die zum Glück führen, werden in uns genährt und herangezogen und sollten nicht davon abhängen, ob wir eine/n Partner/in haben oder nicht.

EINE NEUE PARTNERSCHAFT EINGEHEN

Wenn wir uns in diesem Alter entschließen, eine/n Partner/in zu finden, so bringen wir unsere ganze Lebenserfahrung mit in die Partnerschaft. Wir mögen vielleicht eine oder mehrere Beziehungen, die, aus welchen Gründen auch immer, zu Ende kamen, gehabt haben. Ungeachtet der Gründe, die zur Trennung geführt haben (außer dem Tod eines Partners), wird der Grund immer in einem Mangel an bedingungsloser Liebe und Mitgefühl zu finden sein. Ehrliche Liebe und Mitgefühl können über die Zeit nicht abnehmen, sondern werden sich mit den Jahren eher noch vertiefen. Andere Formen der Liebe sind mehr auf Anziehung und flüchtige Empfindungen gegründet – diese werden mit der Zeit unweigerlich abnehmen, da ihnen Weisheit und Mitgefühl fehlen.

Daher sollten wir über unsere bisherigen Beziehungen nachdenken und uns selber fragen, auf welcher Basis sie gegründet waren. Waren sie auf Fürsorge aufgebaut, auf Verständnis, Mitgefühl und Respekt, oder waren sie auf selbstbezogenen Bedürfnissen und blinder Anziehung gegründet? Wir können diese Einsichten nutzen, um einer neuen Beziehung ein starkes Fundament zu geben. In erster Linie müssen wir bei uns selbst untersuchen, ob wir die Fähigkeit besitzen, großzügig, geduldig, umsichtig und mitfühlend zu sein, oder wenigstens die Bedeutung dieser Eigenschaften anerkennen wollen. Diese inneren Eigenschaften bereiten uns gut auf eine glückliche neue Beziehung vor. Andernfalls könnten wir in alte Muster zurückfallen und die Fehler unserer Vergangenheit wiederholen.

DIE BEZIEHUNG PFLEGEN

Obwohl dies hier kein religiöses Buch ist, möchte ich einen besonderen buddhistischen Text erwähnen, bekannt als Sigalovada Sutra[27], der uns einige einfache und praktische Weisheiten anbietet, wie Frau und Mann einander begegnen sollen. Hauptsächlich empfiehlt er Ehemännern höflich, treu und respektvoll zu ihren Frauen zu sein und sie mit allem Nötigen zu versorgen, während die Frau treu zu ihrem Mann sein und dessen Vermögen gut verwalten soll.

Dieser Text geht freilich auf sehr alte Zeiten zurück und setzt voraus, dass hauptsächlich die Ehemänner für das Einkommen sorgen. Die Situation ist heute etwas schwieriger, weil oft beide Eheleute einer Arbeit nachgehen. Obwohl heute erst verhandelt wird, wer mehr Haushaltstätigkeiten übernehmen soll und wer mehr für das Einkommen zuständig ist, bleiben die grundlegenden Punkte, dass die Partner einander mit Respekt begegnen, treu zueinander sind und für einander sorgen, bis auf den heutigen Tag gültig.

Ich halte es auch für wichtig, dass Frauen und Männer die grundlegenden Unterschiede zwischen den Geschlechtern erforschen. Heute ist es allgemeingültiges Wissen der westlichen Psychologie, dass Männer und Frauen die Welt auf subtil unterschiedliche Weise wahrnehmen[28]. Männer haben beispielsweise mehr Sinn für Richtung und Absicht, während Frauen mehr von ihrem Bedürfnis bewegt werden, ihre Zuwendung und Energie mit anderen zu teilen. Wenn sie einem Problem begegnen, werden Männer sich eher zurückzuziehen, oder versuchen ein „Timeout" zu erwirken, bis sie eine Lösung gefunden haben, während Frauen lieber über die Angelegenheit sprechen werden, selbst, wenn dadurch das Problem nicht gelöst wird. Meine eigenen Erfahrungen haben mich gelehrt, dass die meisten Frauen viel geschickter in Multitasking sind. Sich dieser Unterschiede bewusst zu werden, kann den Partner/inne/n helfen die Stärken und Begrenzungen des anderen zu erkennen und die Haushaltsaufgaben entsprechend aufzuteilen.

Aber ganz egal, wie sehr wir die allgemeinen Unterschiede zwischen Männern und Frauen kennen, müssen wir jedenfalls die spezifische Persönlichkeit und Wesensart unserer Partner/innen kennenlernen und das erfordert eine gute, offene Kommunikation. Es geschieht nur allzu leicht, dass wir das Verhalten unserer Partner/innen missverstehen und damit wir in diese Falle nicht hineintappen ist es wichtig, offen und mit reiner Absicht darüber zu sprechen, weshalb er/sie sich in einer bestimmten Art verhalten hat. Jeder Konflikt wird leichter aufzulösen sein, wenn eine starke, wohlwollende Basis mit unseren Partner/inne/n besteht und ganz besonders, wenn beide den Konflikt als Möglichkeit zum Lernen und gemeinsamen Wachsen sehen.

Das führt uns wieder zur Einsicht, wie wichtig bedingungslose Liebe in jeder Ehe und Partnerschaft ist. Für jemanden reine Liebe zu empfinden bedeutet, dessen Wohl über das eigene zu stellen. Viele Menschen sagen, dass sie jemanden von ganzem Herzen lieben und sind dann völlig aufgelöst, wenn der Partner beschließt die Beziehung zu beenden. Vielleicht sagen sie dann, dass sie ihren früheren Partner hassen, während sie selbst von Eifersucht und Verbitterung verzehrt sind. Das wäre eher ein Beispiel für besitzergreifende Liebe, als für reine Liebe. Wenn unsere Liebe rein ist, sollten wir andererseits darüber glücklich sein können, dass es dem Partner, der uns verlassen hat nun besser geht in einer neuen Beziehung. Wenn ich diesen Punkt bei öffentlichen Vorträgen anspreche, sind die Leute meistens schockiert und verweigern mir ihre Zustimmung. Aber reine Liebe zu einem anderen Menschen heißt ja, dass wir dem anderen das Allerbeste wünschen, egal welche Konsequenzen das für uns haben mag. Wir denken vielleicht, dass diese Einstellung ja selbstzerstörerisch wäre und uns keinen Nutzen brächte, aber jemanden mit wirklich reiner Motivation zu lieben wird unsere Beziehung in jedem Falle stärken und während wir diese Qualität in uns entwickeln, wird sich unserem Bewusstsein das wahre Glück eröffnen.

KINDER ZU BESSEREN MENSCHEN (ALS WIR SELBST) ERZIEHEN

Alle lieben ihre Kinder (bis auf wenige Ausnahmen), aber den Eltern fehlt oft das Know-how diese richtig zu erziehen. Traurigerweise gibt es Eltern, die die grundlegendsten physischen und emotionalen Bedürfnisse ihrer Kinder vernachlässigen. Das andere Extrem stellen Eltern dar, die ihren Kindern jeden Wunsch zu erfüllen versuchen. Ich habe oft Leute sagen hören, wie sehr sie ihre Kinder lieben, so sehr, dass sie nicht nein sagen können und ihnen alles geben, was sie wollen.

Obwohl diese Eltern versuchen nett zu sein, schaden sie in Wirklichkeit ihren Kindern. Ein Kind, dem alles geschenkt wurde, wächst möglicherweise mit der Ansicht auf, dass das Leben ganz leicht sei und alles, was sie wünschen, sofort zu haben wäre. Wenn sie dann dem Ernst des Lebens begegnen, besonders, wenn sie Enttäuschungen und Misserfolge erleben, dann haben sie Schwierigkeiten damit fertig zu werden, weil sie nie gelernt haben geduldig und ausdauernd zu sein. Eltern sollten darüber nicht allzu verwundert sein; schließlich braucht man sich auch nicht zu wundern, dass eine Pflanze, die im warmen Gewächshaus groß geworden nicht überlebt, wenn man sie im kalten Winter hinaus ins Freie stellt. Daher ist es entscheidend klare Grenzen zu setzen und die Kinder zu lehren, wie sie schwierige Zeiten meistern können, während man ihnen zugleich auch ehrliche Liebe und Mitgefühl zeigt.

Konsequent Grenzen zu setzen, wie etwa das Fernsehen oder Übernachtungen bei Freunden einzuschränken und sie zur Mithilfe bei der Hausarbeit anzuhalten, lehrt unsere Kinder nicht nur, dass das Leben nicht immer so einfach ist, sondern gibt ihnen auch eine Struktur und einen Rhythmus im Leben, die ihnen helfen sich sicher zu fühlen. Wenn sich unsere Kinder nicht ständig mit veränderten Bedingungen und Ungewissheit beschäftigen müssen, sind sie fähig gutes ethisches Verhalten zu erlernen – nicht, weil sie dazu gezwungen werden, sondern weil sie den Vorteil eines guten, disziplinierten Tagesablaufes erkennen. Das wird auch zur Grundlage für Kreativität, Vertrauen und Freundlichkeit in Gegenwart anderer.

Solide Disziplin und Grenzen setzen sind auch nötig, um unsere Kinder auf dem ,mittleren Weg' zu halten – sie sollten sich weder alles erlauben dürfen, noch sollten sie durch zu hohe Erwartungen unter Druck gesetzt werden. Wollen wir unsere Kinder für die Zukunft vorbereiten, dürfen wir nicht nur davon sprechen, wieviel Geld wir für sie auf die Seite gelegt haben oder, dass wir ihnen ein Haus kaufen wollen. Sicherlich ist diese materielle Unterstützung nützlich, doch viel wichtiger ist es, in die geistige und emotionale Entwicklung unserer Kinder zu investieren.

Wir sollten uns daher an die Grundbedingungen für Glück erinnern und sie unseren Kindern beibringen – besonders Selbstwert, Mitgefühl, Selbstbeherrschung und Charakterstärke. Indem wir sie Weisheit und Mitgefühl lehren, durch das Erzählen entsprechender Geschichten, durch Gespräche und das Beispiel unserer eigenen Handlungen, werden wir sie auf die bestmögliche Weise für künftiges Glück und Erfolg vorbereiten.

Es ist wichtig, sie diese Eigenschaften in allen Entwicklungsstufen der Kindheit zu lehren[29], während wir uns daran erinnern, dass es am besten ist, wenn wir diese Eigenschaften selbst vorleben. In den ersten vier Lebensjahren sind die Kinder für das emotionale Umfeld, in dem sie aufwachsen, besonders empfindlich, also ist es gerade dann besonders wichtig, unseren Kindern bedingungslose Liebe zu zeigen. Wir sollten ihnen das Gefühl geben wirklich etwas Besonders zu sein und sie mit einem tiefen Sinn für Selbstwert erfüllen. Während der Grundschulzeit sollten wir die Kreativität unserer Kinder, die Bereitschaft hart zu arbeiten und anderen zu helfen loben und fördern und das Erblühen dieser Eigenschaften ermutigen. Dann, als Teenager, können wir ihnen helfen, sich als wertvolles und unterstützendes Mitglied der menschlichen Gesellschaft zu fühlen und gewiss zu sein, dass ihr Leben einen Sinn hat, egal was geschieht. Einen Teenager großzuziehen ist niemals einfach, weil wir hin- und hergerissen sind, zwischen dem Wunsch, sie bestmöglich zu umsorgen, und der Notwendigkeit, darauf zu vertrauen, dass sie ihren eigenen Weg finden werden. Unsere Kinder bedingungslos lieben zu lernen, ungeachtet der Entscheidungen, die sie für ihre Leben treffen, kann gewiss eine große Herausforderung sein.

Eine der wichtigsten Lektionen schließlich, die wir unseren Kindern beibringen müssen, ist es, die schädlichen Konsequenzen des Tabak-, Alkohol- und Drogenkonsums zu erkennen. Manche Eltern denken, dass sie, weil sie selbst Erfahrungen mit Drogen und Alkohol in ihrer Jugend gemacht haben, kein Recht hätten, ihren Kindern beizubringen, dass sie dergleichen nicht tun dürfen. Aber das ist nicht wahr – mit Eurer Erfahrung werdet Ihr in der Lage sein, es Euren Kindern viel deutlicher klar zu machen und so dazu beitragen, dass sie „besser" werden als Ihr selbst. Erinnert Euch daran, dass Ihr, falls Ihr Schwierigkeiten habt, mit dem Verhalten Eurer Kinder klar zu kommen, nicht allein seid und dass Hilfe immer zu finden ist.

ELTERN UND DIE GELEGENHEIT DANKBARKEIT ZU ÜBEN

In diesem Lebensalter ist es sehr wahrscheinlich, dass wir erleben, wie unsere Eltern zunehmend gesundheitliche Probleme bekommen, oder bereits verstorben sind. Wenn es ihnen gesundheitlich nicht so gut geht, ist es sehr wahrscheinlich, dass sie mehr Zeit und Unterstützung von uns beanspruchen. Vermutlich werden sie öfter anrufen, damit wir sie zum Arzt bringen oder Haushaltstätigkeiten erledigen, die sie selber nicht mehr zuwege bringen. Möglicherweise wünschen sie sich, dass sie bei uns wohnen, damit wir uns besser um sie kümmern können.

In Tibet wird von den Kindern erwartet, dass sie sich um ihre Eltern kümmern und sie zu sich nachhause nehmen, wenn sie alt und pflegebedürftig werden. Auch wenn die Kultur hier im Westen anders sein mag, ist es genauso wichtig unsere Eltern auf die beste Art zu behandeln, die uns möglich ist. Mit seltenen Ausnahmen waren die Eltern außerordentlich freundlich zu uns und es ist nur natürlich, dass wir uns wünschen, ihnen diese Güte zu vergelten. Erinnern wir uns auch daran, dass unsere Kinder an unserem Beispiel lernen werden, wie sie ihre Eltern behandeln sollen – wenn wir ein gutes Beispiel geben, indem wir uns freundlich und geduldig um unsere Eltern kümmern, so werden unsere Kinder dasselbe höchstwahrscheinlich auch für uns tun.

Wenn die Eltern älter werden und unsere Hilfe brauchen, kann das für jene zur Qual werden, die kein gutes Verhältnis zu ihren Eltern aufgebaut haben. Vielleicht hatten wir das Gefühl, dass sich unsere Eltern nie wirklich um uns gekümmert haben, oder vielleicht waren sie abhängig von Alkohol oder Drogen. Vielleicht haben sie uns nicht genug Aufmerksamkeit geschenkt, oder sie haben dabei versagt, uns eine gute Bildung zu ermöglichen, oder uns finanziell zu unterstützen. Ob sie nun Fehler in unserer Erziehung gemacht haben oder nicht, jedenfalls ist es ganz natürlich, dass Eltern ihren Kindern ein glückliches Leben wünschen. Wir können das leicht verstehen, wenn wir über die Gefühle nachdenken, die wir unseren Kindern gegenüber haben.

Seit ich im Westen lebe, habe ich viele Menschen getroffen, die mit ihrem Leben ganz und gar nicht zufrieden sind und ihre Eltern dafür verantwortlich machen. Sie schreiben ihr eigenes Versagen ein erfolgreiches Leben zu führen der mangelnden Fürsorge ihrer Eltern zu. Diese Ansicht mag aus manchen Zweigen der Psychologie hervorgehen, die uns sagen, dass manche Charakterzüge einer Persönlichkeit stark von ihrer Herkunft beeinflusst und daher sehr schwer zu verändern sind. Aus buddhistischer Sichtweise ist das ganz sicher nicht richtig. Der Ausgang unseres Lebens ist keineswegs nur eine Folge unserer Kindheitserfahrungen. Vielmehr tragen wir die Samen unseres eigenen Glücks in uns. Mögen wir uns auch in manchen Gewohnheiten, die wir auf gewisse Kindheitserfahrungen zurückführen, festgefahren fühlen, so können wir doch lernen diese Situation anzunehmen und jenen zu verzeihen, denen wir dafür die Schuld geben.

Nehmen wir an, unsere Eltern wären tatsächlich verantwortlich für alles, was in unserem Leben falsch läuft. Selbst wenn das der Fall wäre, wäre es für uns kein Vorteil, Ärger, Hass, oder Enttäuschung ihnen gegenüber zu empfinden, weil diese negativen Emotionen nur uns selber schaden. Wenn wir einmal begriffen haben, dass es überhaupt nichts bringt am Ärger festzuhalten, können wir genausogut lernen, mitfühlend den eingeschlagenen Weg anzunehmen und voran zu gehen auf unsere Ziele und Träume zu. Anstatt Euch mit Ärger abzugeben, erinnert Euch daran, dass Dankbarkeit eine der grundlegendsten Bedingungen für Glück ist. Wir empfinden ganz natürlich Dankbarkeit in dem Augenblick, wo wir den Ärger überwunden haben, weil es die Wahrheit ist, dass sich Eltern liebevoll um ihre Kinder kümmern und für sie sorgen, trotz aller Unzulänglichkeiten. Indem wir unseren Eltern gegenüber dafür Dank empfinden, dass sie uns großgezogen haben, pflegen wir in uns selbst Glück und innere Freiheit.

UNBEFRIEDIGENDE ARBEIT UND DIE FALLE DES MATERIALISMUS

Viele Menschen, mit denen ich gesprochen habe, scheinen aufgrund ihrer Arbeitsverhältnisse unglücklich zu sein. Sie erzählten mir, dass sie andauernd gehetzt und gestresst sind, dass sie die Menschen, mit denen sie arbeiten, nicht mögen und dass sie sich wünschten mit der Arbeit aufzuhören. Obwohl es darauf keine einfachen Antworten gibt, glaube ich, dass es hilfreich sein wird ganz genau auf unsere Motivation zu achten, mit der wir uns auf ein bestimmtes Arbeitsgebiet einlassen. Sind wir angetrieben von dem Wunsch anderen Menschen zu helfen, oder etwas zu tun, das wir wirklich mögen oder sinnvoll finden? Oder strengen wir uns nur an, um weiterzukommen und viel Geld zu verdienen, oder hohes Ansehen zu erlangen? Ist die Arbeit eher eine lästige Pflicht als eine Leidenschaft, kaum mehr als bloß zum Bezahlen der Rechnungen und dem Ernähren der Familie, oder andere Interessen zu befriedigen?

Wenn wir unseren Beruf als „Berufung", oder einen Weg, um unsere einzigartigen Talente mit der Welt zu teilen, erfahren, werden wir vermutlich große Befriedigung aus unserer Tätigkeit erlangen. Wenn wir allerdings von dem Wunsch getrieben sind, ein noch größeres Haus zu bauen, oder eine Beförderung mit deutlich besserer Bezahlung zu erreichen, kann unsere Arbeit wirklich zu Besessenheit führen, angestachelt durch das Verlangen höher und weiter zu kommen. Selbst wenn wir mögen, was wir tun, ist unser übriges Leben dann wahrscheinlich eher leidvoll. Stress und sogar Burn-out sind oft das Ergebnis, weil was hochfliegt, tief fallen muss. Andersherum, wenn unsere Arbeit nur eine Routine oder eine Pflicht ist, werden wir vermutlich auch keine wirkliche Erfüllung in der Arbeit finden. Dann bedarf es einer ausgiebigen Selbstanalyse, um etwas Anderes zu finden, das unserer wirklichen Bestimmung besser entspricht.

Wir sollten uns auch bewusst sein, dass Arbeitszufriedenheit sehr wenig mit der Art der Arbeit zu tun hat, die wir ausführen[30]. Die Arbeit als Reinigungskraft könnte für uns beispielsweise größte Bedeutung gewinnen, vor allem, wenn wir uns vorstellen, dass sich alle Menschen über Sauberkeit freuen und wir auf diese Weise einen Beitrag zum Leben anderer Menschen leisten. Im Gegensatz dazu könnten wir uns sogar als Arzt sehr frustriert und angeödet fühlen, weil unsere Patienten niemals aufhören sich zu beklagen und wir zu wenig Geld verdienen.

Wenn wir unsere Arbeit wirklich nicht mögen, müssen wir uns ernsthaft überlegen, weshalb wir das überhaupt machen. Wenn es nur darum geht, dass wir Geld verdienen, um uns einen gehobenen Lebensstil leisten zu können, dann macht es wirklich Sinn unser Leben zu vereinfachen, unser Verlangen nach materiellem Besitz zu reduzieren und eine Arbeit mit weniger Zeitaufwand zu wählen. Wir haben alle die Tendenz zu glauben, dass es uns glücklicher macht, mehr Besitz anzusammeln, aber leider sehen wir ungern ein, dass das gleichbedeutend ist mit dem

Versuch, den Durst mit salzigem Wasser zu löschen. So, wie wir nur durstiger werden, wenn wir salziges Wasser trinken, werden wir unzufriedener, je mehr wir unser Glück außerhalb von uns selbst suchen. Ein Freund von mir, der als Ingenieur arbeitet, erzählte mir einmal, dass er nicht glücklich sei, weil alle seine Freunde mehr verdienten als er selbst. Ich sagte ihm darauf, dass egal wieviel er verdiente, es immer jemanden geben werde, der mehr verdient. Es ist nicht einfach mit dem zufrieden zu sein, was wir in unserem Leben bekommen, und ich kann mir nur wünschen, dass mehr Menschen die innere Freiheit und den Seelenfrieden kosten könnten, die mit dieser Einstellung einhergehen.

Das Fehlen einer natürlichen oder guten Motivation ist gewiss eine Ursache dafür, mit der eigenen Arbeit unglücklich zu sein, eine andere Ursache ist allerdings, dass wir vielleicht nicht genug Fleiß und Zielstrebigkeit mitbringen. Asiatische Menschen können manchmal über vierzehn Stunden täglich arbeiten, beispielsweise mit dem Ziel, eine Hypothek für ein neues Haus rasch abzuzahlen. Ihre Motivation mag nicht wirklich „gut" sein und ihr Leben mag auch nicht ausgeglichen sein, so sind sie aber im Grunde glücklich, weil sie ihren Geist darauf auszurichten gelernt haben, hochgradig zielorientiert und engagiert zu arbeiten. Sie sind damit zufrieden anzupacken und einfach ihre Arbeit zu machen, anstatt sich über ihren Urlaubsanspruch, oder die Arbeitsbedingungen, oder andere Erwartungen zu sorgen: Sie sind einfach zu beschäftigt um traurig oder deprimiert zu sein.

Diese Art von Arbeitsethos mag aus westlicher Sicht unausgewogen erscheinen. Bis zu einem gewissen Grad ist das auch wahr, aber wir müssen uns daran erinnern, dass Ehrgeiz, Entschlossenheit und Zielstrebigkeit indirekte Ursachen für einen gewissen Grad von Glückserfahrung sind und deshalb haben sie ihren Wert. Auf jeden Fall brauchen wir eine ausgeglichene Sichtweise, um höhere Ebenen des Glücks zu erlangen.

FREIHEIT, LEIDEN UND UNBESTÄNDIGKEIT

Im Buddhismus sprechen wir oft vom Freisein von Leiden, diese Vorstellung wird oft missverstanden, vor allem in der modernen Welt. Es gibt unterschiedliche Arten von Freiheit. Die erste ist äußere Freiheit, wie die Redefreiheit und die Freiheit zu leben, ohne Angst vor Verfolgung. Diese Freiheit fehlt an vielen Orten dieser Welt. Beinahe alle westlichen Staaten dürfen sich glücklich schätzen, diese Art von Freiheit zu haben, doch wird sie viel zu selten wertgeschätzt.

Die zweite Art von Freiheit ist die individuelle Freiheit, die von vielen Menschen in der postmodernen Welt sehr geschätzt wird. Bei dieser Freiheit denken wir, dass wir das Recht haben dies und jenes zu tun, oder zu besitzen. Deshalb sind wir stolz auf diese Idee von Autonomie, oder der völligen Freiheit individuellen Verhaltens.

Obwohl es wichtig ist unsere Entscheidungen zu treffen, wie wir leben und was wir tun wollen, ist das noch nicht wirkliche Freiheit. Diese Einstellung verleitet uns dazu, hauptsächlich auf unser eigenes Wohlergehen zu achten und daraus folgt, dass wir uns von den anderen entfremden, beispielsweise unseren Freunden oder Nachbarn. Weil wir so damit beschäftigt sind, ihre „Freiheit zu respektieren", kann es passieren, dass wir die Begegnung mit anderen vermeiden oder es verabsäumen auf sie einzugehen. Wenn beispielsweise ein junger Mann zu rauchen anfängt oder in einer Weise handelt, die ihn gefährdet, könnten wir denken, „das ist in Ordnung, er ist frei so zu handeln, wenn er will". Das ist keine wirkliche Freiheit, sondern eher eine unheilsame Haltung, die eher zu Einsamkeit führt. Das ist ein verbreitetes Problem in der modernen Welt und wir sollten wirklich darüber nachdenken.

Was wir leicht übersehen ist, dass falsche Freiheit im Westen sehr schwer zu erkennen ist, weil sie von jahrhundertelanger kultureller Gewöhnung geprägt ist. In asiatischen Ländern etwa streiten die Menschen miteinander, aber gewöhnlich sind sie in der Lage Konflikte zu lösen und als Ergebnis einander sogar noch näher zu kommen. Indem wir unter dem Vorwand, die Rechte des anderen zu respektieren, Konflikte vermeiden, ist es jedenfalls recht einfach, uns von den anderen zu entfremden und auf ihr Wohlbefinden kaum mehr zu achten.

Wirkliche Freiheit ist andererseits für das Glückichsein unabdingbar. Das bedeutet eben nicht, tun zu können, was wir wollen und wann es uns gefällt, sondern vielmehr fähig zu sein unsere Emotionen und Wünsche unter Kotrolle zu haben, damit wir in jeder Situation angemessen reagieren und unsere Lebensentscheidungen, ohne von emotionalen Konflikten getrieben zu sein, treffen können. Aus buddhistischer Perspektive bedeutet das, frei zu sein von Karma, oder frei von der Kraft unserer vergangenen Gewohnheiten und Handlungen. Sind wir frei von Karma, dann sind wir, egal welcher Situation wir begegnen, frei von der Kontrolle durch unsere Emotionen und Gewohnheiten. Dann sind wir wirklich frei.

Selbst wenn wir keine Buddhisten sind, schenkt uns die Fähigkeit zur Kontrolle unserer Gedanken und Emotionen große Freiheit. Wie ich bereits früher ausgeführt habe, sind es weniger die äußeren Ereignisse, die vorgeben, wie glücklich wir sind, sondern eher, wie wir damit umgehen. Deshalb ist es, da die Gedanken und Emotionen eine derart wichtige Rolle für die Qualität unseres Glücks spielen, sehr wertvoll, zumindest ein wenig Kontrolle darüber zu erlangen.

Wenn wir älter werden, haben wir mehr Lebenserfahrung, gute wie schlechte. Bis wir dieses Stadium erreicht haben, sind uns wahrscheinlich Leiden unterschiedlicher Art begegnet, vielleicht durch den Tod eines geliebten Menschen, oder das Ende einer Beziehung. Deshalb wissen wir, dass wir auch bei bester Gesundheitsversorgung, bester Versicherung und aller Anstrengung dieser Welt, Tod, Krankheit und Alter und viele andere Dinge, die unvermeidlich Leiden bringen, nicht vermeiden können. Die Natur dieses Lebens ist Unbeständigkeit – es ändert sich unaufhörlich auf gute und üble Weise.

Wenn wir an unseren Gefühlen und an den Menschen rund um uns festhalten, schaffen wir uns eine Welt, die auf unserem Leiden und dem der Menschen in unserer Umgebung beruht. Das hat der Buddha vor vielen Jahrhunderten herausgefunden. Manche Menschen werden sehr deprimiert, wenn sie das erkennen und denken: „Was hat das alles für einen Sinn?" Wenn das Leben aus Leiden besteht, kann ich genausogut aufgeben.

Der Buddha zeigte uns jedenfalls einen Weg, der vom Kreislauf des Leidens befreit, und der besteht darin, unsere Anhaftungen loszulassen. Das bezieht sich sowohl auf die negativen Umstände und Emotionen, wie Zorn und Hass, als auch auf die positiven Umstände und Emotionen, die uns Freude bringen, wie etwa romantische Liebe. Wir müssen erkennen, dass diese kommen und gehen und dass wir, obwohl wir einfach die angenehmen Empfindungen genießen könnten, sobald wir daran zu sehr festhalten, leiden werden, sobald sich die Umstände ändern. Stattdessen sollten wir uns darauf ausrichten, Freiheit zu erlangen, die aus einem friedlichen, glücklichen und mitfühlenden Gemüt kommt, damit wir nicht von den Launen unserer Emotionen und Begierden hierhin und dorthin gezogen und gestoßen werden.

ÜBUNG – VON DER ERFAHRUNG IM LEBEN LERNEN

Im Laufe unseres Lebens haben wir viel Erfahrung angesammelt und wir können viele wertvolle Lehren daraus ziehen, falls wir bereit sind gründlich darüber nachzudenken, was uns das Leben gelehrt hat. Das kann sogar dazu führen, dass wir einige unserer Prioritäten noch einmal überprüfen.

Vergegenwärtige Dir zunächst einen Menschen, zu dem Du in der Vergangenheit eine Verbindung hattest. Das muss nicht unbedingt ein/e Partner/in sein – es kann auch eine Freund/in, ein Elternteil oder auch ein/e Mitarbeiter/in sein. Hat es so geklappt, wie Du es Dir vorgestellt hast? Wie gut ist es gelungen Schwierigkeiten zu bewältigen? Wie offen konntet Ihr miteinander reden? Wenn es vielleicht eine Zeit großer Schwierigkeiten gab, kannst Du auch aufschreiben, woran Du Dich erinnerst – das kann Dir dabei helfen, die Vergangenheit anzunehmen und weiterzugehen.

*Danach vergegenwärtige Dir eine Arbeitssituation aus Deiner Vergangen-
heit und frage Dich in der gleichen Weise wie oben. Was war Deine Motivation, diese Art von Arbeit anzunehmen? Was hast Du noch alles aus
dieser Erfahrung gelernt?*

*Jetzt schau auf Deine gegenwärtige Situation. Frage Dich selbst: ‚Wie
kann ich das, was ich gelernt habe darauf anwenden? Wie kann ich
mein Leben auf die sinnvollste Art leben?'*

*Setze Dich aufrecht hin, mit geradem Rücken und den Händen im Schoß,
spanne Deinen Körper zuerst an und fühle danach die Entspannung überall. Frage Dich selbst aufrichtig, ob es etwas gibt, das Du in Deinem gegenwärtigen Leben ändern möchtest, und denke darüber nach, wie Du das
zustande bringen kannst.*

Die Zeit der Weisheit

In dieser Periode, dem fünften Lebensabschnitt, sind die Bedingungen, mit denen die Menschen konfrontiert sind, sehr unterschiedlich. Ob wir diesen Lebensabschnitt als freudvoll erleben oder nicht hängt davon ab, welche Vorstellungen wir vom Leben haben und wie weit oder begrenzt unsere Sichtweise ist. Es ist eine Zeit, in der wir viele Verpflichtungen erfüllt und viele der Herausforderungen, denen wir in unserem Leben begegnet sind, bewältigt haben. Für einige Menschen werden die äußeren Umstände einen Neuanfang ermöglichen. Sie werden schließlich in Pension gehen können und sich vielleicht auf den Weg machen die Welt zu bereisen, oder mehr Zeit mit geliebten Menschen zu verbringen. Für andere kann dieser Lebensabschnitt durch Verluste bestimmt sein – den Verlust der Ehepartner/innen, den Verlust ihrer gesellschaftlichen Rolle nach der Pensionierung, oder den Verlust ihrer Gesundheit. Ungeachtet unserer Umstände, treten wir in diesem Alter in einen Lebensabschnitt ein, wo Selbstreflexion und ein Gefühl für Sinn und Bedeutung des Lebens wichtig werden. Wenn wir das tun, werden wir lernen, dass jeder Verlust tatsächlich auch eine Gelegenheit für spirituelle Lernerfahrungen und inneres Wachstum sein kann.

Die menschliche Natur legt großen Wert auf Erfolg, Wettbewerb und das Erwerben von Besitz und wir haben uns wahrscheinlich unser Leben lang dafür angestrengt. Wir haben vermutlich hart gearbeitet, um Geld zu verdienen, damit wir ein Haus oder andere Besitztümer anschaffen konnten, um unsere Kinder großzuziehen und eine erfolgreiche berufliche Laufbahn zu verfolgen und um Anerkennung von anderen zu erlangen. Sogar in diesem Lebensalter eifern manche Menschen immer noch nach diesen Dingen. Denkt sorgfältig nach über die Lebensweise, die Ihr Euch aufgebaut habt. Sind die Dinge, für die wir so hart gearbeitet haben, wirklich sinnvoll? Halten wir unser eigenes Leben für sinnvoll? Haben wir innere Geborgenheit entwickelt? Denke darüber auch im Kontext des Alterns nach. Während wir hart gearbeitet und viele Dinge angeschafft haben mögen, ist unser Körper die ganze Zeit über langsam aber unaufhörlich verfallen. In diesem Alter wird uns bewusst, dass wir die Unausweichlichkeit des Todes nicht mehr leugnen können – was immer wir auch tun mögen, es gibt keinen Ausweg. Macht es dann noch Sinn, unser Leben in der gewohnten Weise weiterzuführen? Oder ist es vielleicht Zeit für Veränderung und das Setzen neuer Prioritäten?

Ich glaube, die meisten Menschen sind bereit zu erkennen, dass viele Dinge, mit denen sie ihre Leben ausgefüllt haben, nun, da sie älter werden an Bedeutung verlieren. Das muss aber keine deprimierende Erkenntnis sein und wir sollten nicht allzu viele Stunden in das Bedauern darüber investieren, wie wir unsere Zeit und unsere Energie verbraucht haben. Vielmehr könnten wir angesichts dieser Erkenntnis die Gelegenheit ergreifen unsere Anhaftung an Dinge, die uns heute nicht mehr so wichtig sind zu durchtrennen und den Reichtum innerer Zufriedenheit zu pflegen. Das kann eine ganz neue Welt für uns eröffnen und es bietet uns die Gelegenheit mehr Aufmerksamkeit auf unseren Geist zu richten.

Es ist niemals zu spät seinen Geist zu entwickeln und wir müssen nicht einmal Mönche oder Nonnen werden und jeden Tag viel Zeit in Meditation verbringen, um das zu erreichen. In diesem Lebensabschnitt, wie in jedem anderen, ist das Wichtigste, dass wir über unsere Gewohnheiten und unser Verhalten im täglichen Leben nachdenken. Wir werden herausfinden, dass es viele einfache Übungen gibt, die wir anwenden können, um unsere inneren Qualitäten zu entwickeln und unser eigenes Lebensglück zu fördern, egal wie gut oder schlecht unsere Lebensbedingungen auch sein mögen.

VERLUST UND UNBESTÄNDIGKEIT

Wie bereits früher erwähnt, sehen viele Menschen diesen Lebensabschnitt als den Beginn des Verfalls und des Verlustes von Dingen, die ihnen etwas bedeuteten. Es ist leicht uns selbst zu täuschen, indem wir denken, wir könnten die Welt um uns herum kontrollieren, aber das ist einfach nicht wahr. Obwohl wir uns, seit wir geboren sind, auf den Tod zu bewegen, wird uns das oft erst bewusst, wenn wir unserer eigenen Sterblichkeit ins Angesicht blicken und manchmal kann das ein richtiger Schock sein. Wir werden uns ebenfalls bewusst, dass der Zeitpunkt des Todes nicht vorhersehbar ist, dass wir, egal ob Teenager oder 90-Jähriger, niemals sicher sein können ein weiteres Jahr zu erleben.

Psychisches Leid kann von jeglicher Art Verlust ausgelöst werden, wie dem Verlust geliebter Menschen, Verlust der Arbeit, Verlust der gesellschaftlichen Stellung, oder Verlust der Gesundheit. Jede dieser Arten des Verlustes kann uns großes Leid bringen, wenn wir sie nicht in realistischer Weise betrachten, damit uns noch eine Wahl bleibt. Wir können entweder völlig unkontrollierbar unter den veränderten Bedingungen und dem Verlust geliebter Menschen leiden, oder wir anerkennen, dass alles unbeständig ist, dass Alter, Krankheit und Tod völlig normale Bedingungen dieses Lebens[31] sind und keine Verschwörung gegen uns. Dann erkennen wir auch, dass jegliches Festhalten am Ende nur zu weiterem Leiden führen wird. Indem wir die Unbeständigkeit anerkennen, können wir einen völlig neuen Blick auf dieses Leben entwickeln, uns auf den Verlust vorbereiten und zugleich einen glücklichen und friedlichen Geisteszustand wahren, ganz gleich wie die äußeren Umstände sind.

WENN EHEPARTNER/INNEN STERBEN

Für viele Menschen ist der Tod des Ehemannes, der Ehefrau das Aller-schrecklichste, was in ihrem Leben passieren kann. Obwohl ich nie verheira-tet war denke ich, dass ich ein gewisses Verständnis für einen Verlust dieses Ausmaßes habe. In meiner Jugend habe ich sowohl meinen Vater als auch meinen Bruder verloren und in der tibetischen Kultur ist die Verbindung von Vater und Sohn oder Bruder und Bruder beinahe ebenso stark wie jene zwischen Ehepartnern. Deshalb möchte ich kurz darüber sprechen, wie wir mit einem Verlust dieser Größenordnung umgehen können.

Wenn ein geliebter Mensch stirbt, müssen wir versuchen einen weite-ren als unseren begrenzten Blickwinkel einzunehmen. Obwohl der Tod eines Nahestehenden und das Leiden, das er in uns verursacht, gewalti-ge Ereignisse sind, ist das Sterben jeglichen Lebewesens ein unvermeid-barer Teil unseres größeren Lebensplans. Wenn es heute unsere Frau war, die gestorben ist, wird es morgen vielleicht die Frau eines Freundes treffen, oder das Kind des Nachbarn. Obwohl wir von Unglauben und Schock überwältigt sind, wenn ein geliebter Mensch stirbt, werden wir bei genauerer Betrachtung begreifen, dass jede/r irgendwann im Leben vom Tod eines Nahestehenden betroffen sein wird.

Gewöhnlich leiden wir gewaltig, weil wir unsere Situation mit der von anderen Menschen vergleichen, die, wie wir glauben, viel mehr Glück haben als wir selber. Der einzige Unterschied aber ist der Zeit-punkt, wann das Unglück uns trifft, nichts sonst. Wenn wir sorgfältig darüber nachdenken wird sich unsere Trauer auflösen, sobald es uns gelingt unseren natürlichen Instinkt, die eigene Misere mit jener von anderen zu vergleichen, zu überwinden. Ein noch viel wirksamerer Zu-gang ist allerdings jener, Mitgefühl zu entwickeln. Wenn wir wirklich begriffen haben, dass wir alle die gleichen Schwierigkeiten haben, weil wir alle zu bestimmten Zeiten unseres Lebens Kummer und Verlust er-leiden, dann wird sich unser Schmerz auflösen, weil wir nun das Ganze von einem viel größeren Blickwinkel aus betrachten können.

Freilich wird der Tod von jemandem, der uns nahestand, uns mehr berühren als der Tod eines Fremden und es ist doch völlig normal, dass wir für unsere eigene Familie so starke Gefühle haben. Aber letztendlich ist es notwendig sich zu vergegenwärtigen, dass der Tod jedes Lebewesen befallen wird und wenn wir uns das wirklich zu Herzen nehmen, dann sollte es uns nicht mehr verwundern. Eine Geschichte aus dem Leben des Buddha mag das verdeutlichen[32]:

> Zu Zeiten des Buddha gab es eine Frau, deren erstgeborenes Kind sehr krank wurde und noch im ersten Lebensjahr starb. Untröstlich bettelte sie jeden Menschen, dem sie begegnete, um eine Medizin an, damit ihr Kind wieder lebendig würde. Darauf hin wurde ihr geraten, dass die einzige Person, die dieses Wunder vollbringen könne, der Buddha sei. Als sie schließlich dem Buddha begegnete und ihre Geschichte vorbrachte, trug er ihr auf Senfsamen aus einem Haus zu bringen, wo noch niemand gestorben war. Es dauerte nicht lang, da erkannte die Frau, dass die Aufgabe, die ihr der Buddha gegeben hatte, nicht erfüllt werden konnte. In jedem Haushalt gab es die Erfahrung des Todes; bei manchen nicht nur einmal, sondern bereits unzählige Male. Daraufhin konnte die junge Frau sich von ihrem toten Kind verabschieden und es schließlich begraben. Dann kehrte sie zum Buddha zurück ohne die Senfkörner, sie hatte nun ihre Lektion gelernt. Nicht nur sie litt unter der Macht des Todes, vielmehr betrifft der Tod uns alle – er ist ein natürlicher Teil des Lebens.

Die buddhistische Sichtweise der Wiedergeburt kann auch im Fall von Verlust und Trauer hilfreich sein, weil sie uns versichert, dass es so etwas wie einen vollständigen Tod nicht gibt. Damit meine ich nicht, dass unsere Liebsten immer um uns sind und über uns wachen, wie man anhand einiger Hellseher im Fernsehen den Eindruck gewinnen könnte. Dieses Konzept ist zu eng, weil das hieße, wir wären immer nur mit der gleichen Familie oder den eigenen Vorfahren verbunden, anstatt den großen immer in Veränderung begriffenen Kreislauf anzuerkennen, in den wir eingebettet sind.

Wenn ich sage, es gäbe keinen endgültigen Tod, so beziehe ich mich auf die Vorstellung, dass jedes Lebewesen eine endlose Reihe von Lebenszyklen durchläuft. So wie das physikalische Kontinuum, das wir Universum nennen, über die Zeit fortbesteht, so besteht auch der Geistesstrom aller Lebewesen fort. Wie etwa eine Pflanze viele ‚Lebenszyklen‘ durchläuft, indem sie immer stirbt, wenn sie Samen erzeugt und dadurch wieder die Geburt einer neuen Pflanze ermöglicht, gleichermaßen können wir auch von unserem eigenen geistigen Kontinuum sprechen. Wenn wir sterben, hören unser grobstofflicher Körper und die grobstofflichen geistigen Funktionen auf zu existieren. Aber der feinstoffliche Geist einer Person, der alle Eindrücke der guten und schlechten Handlungen speichert, bleibt bestehen. Ich werde das im nächsten Kapitel näher besprechen.

Das heisst aber, dass die Zeit, die wir mit unseren Partner/inne/n verbracht haben, nicht mehr als ein paar Augenblicke in unserer endlosen Reise bedeuten. Wir waren wie Fremde, die sich in einer Bar oder einem Restaurant getroffen haben; wir haben etwas Zeit miteinander verbracht und wir haben voneinander gelernt, aber dann mussten wir gehen, das ist völlig natürlich. Das Bewusstsein unserer Lieben muss weiterziehen zu ihren nächsten Lebenszyklen, genauso, wie wir mit unserem Leben fortfahren müssen.

Manchmal begegne ich Menschen, die vor längerer Zeit einen geliebten Menschen verloren haben und die seither nicht aufhören konnten an diese Person zu denken, darin versunken, wie sehr sie diese Person geliebt haben und wie verzweifelt sie diese nun vermissen. Manchmal stellen sich diese Menschen vor, dass sie die geliebte Person dadurch ehren, dass sie so sehr an dieser Erinnerung festhalten und dadurch beweisen, wie sehr sie die Person geliebt haben. Das ist aber nicht richtig, weil sie sich durch das Festhalten an dieser

Erinnerung selber verletzen und das ist nicht nützlich.

Damit will ich nicht sagen, dass wir unsere Geliebten vergessen sollen, sondern dass wir vielmehr die schönen Zeiten, die wir miteinander erlebt haben, in Erinnerung behalten und wertschätzen sollen, anstatt an den Erinnerungen derart festzuhalten, dass wir uns dadurch selbst verletzen. Wenn eine wunderschöne Blume stirbt, weil der Winter kommt, so halten wir das für völlig normal. Es käme uns eher seltsam vor, wenn jemand deswegen weinen und darunter leiden müsste, weil er/sie das nicht akzeptieren kann. Wenn wir etwas tiefergehend darüber nachdenken, ist der Tod einer Person auch nur ein natürlicher Teil dieses Lebens. Jedes Leben geht irgendwann zu Ende und eines Tages wohl auch unser eigenes.

Als ich in Neuseeland war, begegnete ich einer Frau, deren Mann gerade verstorben war. Diese Frau, die bereits 81 Jahre alt war, war mit ihrem Mann viele Jahre lang verheiratet und hat ihn innig geliebt. Nun konnte sie auch nach seinem Tod weiterhin ein glückliches Leben führen. Sie konnte mit Freude und Dankbarkeit über die Zeit sprechen, die sie miteinander verbracht hatten, aber ihr war auch klar, dass er jetzt in ein nächstes Leben weitergehen durfte, während sie noch in diesem weiterzuleben hatte. Interessanterweise erwähnte sie, dass ihr Mann eine ziemlich schwierige Phase durchmachte, bevor er starb, aber schließlich war er in der Lage ein tiefes Gefühl von Frieden und Wohlbefinden zu erlangen. Vielleicht half ihm die mutige und anerkennende Art seiner Frau dorthin zu gelangen.

NACHLASSENDE GESUNDHEIT

Ein anderer Verlust, den viele Menschen in diesem Lebensalter erfahren, ist der Verlust der guten Gesundheit. Für manche Menschen ist es sehr schwer zuerleben, wie ihre Gesundheit nachlässt, vor allem für jene, die in der Vergangenheit viel Wert auf ihre Jugendlichkeit und Vitalität gelegt haben. Aber der Niedergang der Gesundheit ist ein unvermeidbarer

Vorgang in diesem Leben. Von unserer Geburt an verliert unser Körper unentwegt seine Gesundheit und Vitalität; und von einem buddhistischen Standpunkt aus machen wir uns schrittweise bereit dafür, dass unsere Körper wieder ersetzt werden. Denk an ein altes Auto oder Fernsehgerät oder irgendein anderes materielles Objekt: wenn es kaputt wird versuchen wir es zunächst einmal zu reparieren. Wenn es allerdings so kaputt ist, dass es nicht mehr repariert werden kann, dann müssen wir es durch ein Neues ersetzen. Ganz gleich ergeht es dem Körper, wenn er so beschädigt ist, dass er nicht mehr geheilt werden kann, brauchen wir einen neuen.

Die nachlassende Gesundheit erinnert uns auch daran Dankbarkeit zu üben. Wir können dankbar dafür sein, in einem reichen Land leben zu dürfen, mit einem guten Gesundheitssystem und Menschen, die dafür ausgebildet wurden uns zu pflegen. Erinnert euch, dass es in vielen Ländern auf der Erde Menschen gibt, die an ganz einfachen Krankheiten oder bereits in jungen Jahren sterben, weil keine Ärzte da sind und kein Spital, wo ihnen geholfen werden könnte. Mein eigener Vater verstarb mit 49 Jahren an einem Darmverschluss. Es gab nur einen Arzt in unserem Dorf und der hat den Zustand meines Vaters falsch diagnostiziert und gab ihm nur etwas Medizin, wo er doch sofort eine Operation gebraucht hätte. Erst viele Jahre später habe ich erfahren, dass zu seiner Rettung nur ein kleiner operativer Eingriff nötig gewesen wäre. Danach war ich einige Zeit richtig empört und sehr sehr enttäuscht, da ich nun wusste, dass mein Vater ganz leicht ein reichhaltiges und sinnvolles Leben als praktizierender Buddhist hätte führen können.

Wie bin ich dann mit meinen Gefühlen umgegangen? Ich hatte wirklich keine Wahl. Ich erkannte, dass es völlig egal war, wie sehr ich mich ärgerte oder wie enttäuscht ich über den Tod meines Vaters war, das würde ihn nicht mehr zurück ins Leben bringen. Meine negativen Emotionen würden ihm nicht helfen und letztlich würden sie nur mir schaden. Als Buddhist glaubte ich auch daran, dass es eben mein Karma wäre, meinen Vater in jungen Jahren zu verlieren, genauso, wie es das Karma meines Vaters war, früh zu sterben – dies ist ein anderer Ausdruck dafür, dass wir das akzeptieren sollten, was wir nicht ändern können. Dann habe ich beschlossen alles zu tun, was ich konnte, um das Andenken meines Vaters zu ehren und da er sich immer gewünscht hatte, dass ich ein Mönch werden sollte, wurde ich einer. Mönch zu werden hat mich vorher überhaupt nicht interessiert, aber es war sein Tod, der mich dazu inspiriert hat meine Lebensrichtung zu ändern.

VERLUST DES ARBEITSPLATZES

Das Ende unserer Erwerbsarbeit können wir selbst bestimmen, indem wir in Pension gehen, oder durch den Willen eines anderen, wenn wir arbeitslos, oder unsere Fähigkeiten nicht mehr gebraucht werden. Die meisten Menschen denken, dass die erste Variante wunderbar wäre, während die zweite als weniger angenehm empfunden wird. Aber sie sind beide völlig gleichwertig, weil sie den Menschen dieselben Probleme bescheren.

Viele Menschen träumen schon jahrelang von der Pension und wenn es dann wirklich soweit ist empfinden sie ein tiefes Gefühl von Verlust und Trauer. Plötlich fühlen sie sich gelangweilt, wenn sie nichts mehr zu tun haben. Vor allem in der modernen Welt, denke ich, liegt es daran, dass wir einen Großteil unserer Selbstdefinition und unseres Selbstbewusstseins über die Arbeit erhalten und für viele geht es auch um den gesellschaftlichen Status.

Nun frage Dich selbst, ob das wirklich so wichtig ist? Denk ein wenig darüber nach. Vielleicht fühlt es sich für uns einfach gut an der ‚big boss' zu sein, große Mengen Geldes anzusammeln und eine Menge Menschen unter sich zu haben. Das heißt aber noch nicht, dass wir auch ein guter Mensch sind; vielmehr ist es wahrscheinlich, dass unsere Anhaftung an das angenehme Gefühl mächtig und wichtig zu sein der Grund dafür ist! Indem wir diese Gefühle empfinden, binden wir uns immer fester daran, was wiederum nur zu weiterem Leiden führt, falls sich die Bedingungen ändern, was unvermeidbar ist. Wenn wir weniger an diesen Emotionen festhalten, werden wir sicher auch weniger Kummer haben.

Viele Leute meinen, sie hätten zu viel freie Zeit, wenn sie mit der Arbeit aufhörten. Was diese Menschen nicht zu verstehen scheinen ist, dass wir dadurch eine Menge kostbarer Zeit geschenkt bekommen, um uns selbst weiter zu entwickeln und unsere innere Natur zu entdecken und, wenn wir uns ein wenig anstrengen, all die vorher erwähnten guten Eigenschaften zu entwickeln. Viel Menschen sterben in jungen Jahren, während sie noch damit beschäftigt sind vieles zu gleicher Zeit, etwa eine Karriere aufzubauen und Kinder aufzuziehen, unter einen Hut zu bringen. Nun sind wir aber in der glücklichen Lage genügend Zeit und Gelegenheit zu haben, ohne all die äußeren Dinge, die ablenken oder stören könnten, uns mehr auf unser inneres Leben zu konzentrieren. Wir werden immer genug zu tun haben, wenn wir uns täglich auf unseren Geist und unsere innere Entwicklung konzentrieren.[33] Am Anfang müssen wir vielleicht einige Anstrengung und Zeit in diese Aufgabe investieren, aber bald wird das viel interessanter und lustiger sein, als Fernzusehen oder Bingo zu spielen.

Wie können wir also diese inneren Qualitäten entfalten? Da gibt es viele Wege, etwa indem wir anderen helfen, beispielsweise Flüchtlingen Sprachunterricht geben, oder in einer Sozialküche mithelfen, oder bei der telefonischen Beratung aushelfen. Sich auf diese Tätigkeiten einzulassen wird sehr schnell das Gefühl ablösen, zuviel freie Zeit zu haben und indem wir anderen helfen werden wir zunehmend mehr Glück in unserem Leben erfahren.

Ein sozial-aktives Leben kann auch gut unterstützt werden durch das Versprechen, seinen eigenen Geist in Weisheit zu trainieren, denn dies stärkt unsere Fähigkeit, anderen noch besser und wirkungsvoller zu helfen. Wir könnten Bücher zu Psychologie, Religion oder Philosophie lesen und über den Inhalt nachdenken und dieses Wissen auch in unser

Leben integrieren, oder mit anderen darüber reden. Dann werden wir zu den Freuden eines altruistischen Lebens auch noch die Freuden eines scharfen und weisen Verstandes entdecken. Schließlich können auch ältere Menschen, wie die Wissenschaftler heute annehmen, noch neue Gehirnzellen aufbauen,[34] indem sie den Geist trainieren. Die Selbstverpflichtung zu regelmäßigem Studium und Kontemplation kann also ein wirksamer Weg sein die altersbedingte Gedächtnisschwäche zu verlangsamen, die heute soviele ältere Menschen plagt.

Wenn wir uns sorgen, dass wir vielleicht nicht klug genug sind uns stundenlang mit Büchern zu beschäftigen, um unsere Weisheit zu vermehren, dann ist es hilfreich zu wissen, dass es einen gewaltigen Unterschied zwischen Klugheit und Weisheit gibt. Ein weiser Mensch muß nicht notwendig eine gute Bildung oder einen wichtigen Job haben; aber solche Menschen werden ein angeborenes praktisches Verständnis dafür haben, was im Leben wirklich wichtig ist, und sie werden sehr wahrscheinlich von Natur aus freundliche Menschen sein. Es gibt viele Geschichten über Menschen aus Tibet, die ein extrem einfaches Leben führten, keine formale Ausbildung irgendeiner Art genossen haben, die aber weithin bekannt waren für ihr liebevolles Wesen und ihre Weisheit.

Wie können wir so werden wie diese Menschen? Das Wichtigste ist ununterbrochen daran zu denken und zu wünschen, dass alle anderen fühlenden Wesen glücklich sein mögen und vom Leiden befreit, genauso, wie eine Mutter ihrem Kind nur das Allerbeste wünscht. Wenn wir diese Herzenswärme jederzeit ausstrahlen können, indem wir jederzeit an die fühlenden Wesen als unsere allergeliebtesten Kinder denken, beim Gehen, Reden, Schlafen, Essen, oder während wir irgendetwas anderes tun, dann werden wir mit der Zeit unseren Eigennutz vergessen und wir werden uns ganz natürlich glücklicher und weiser fühlen. Auch wenn wir zu müde sind oder uns zu unwohl fühlen, um anderen wirklich helfen zu können, ist das Wichtigste, unseren Geist in dieser mitfühlenden und freundlichen Haltung zu trainieren. Und ich zweifle nicht daran, dass wir dann tatsächlich freundlichere, glücklichere und weisere Menschen werden.

FINANZEN

In diesem Alter hat sich das Hauptaugenmerk der Menschen bereits ganz natürlich vom Geldverdienen abgewandt. Das ist gut für unser Wohlbefinden! Ich erwähne dieses Thema hier deshalb noch einmal, weil der Umgang mit Besitz und Geld auch in diesem Alter noch wichtig ist und es immer noch genügend Fallen gibt, in die wir tappen können. Eine dieser Fallen ist der Geiz. Manche Menschen mögen ihr Geld für niemanden außer sich selbst ausgeben, andere sind so geizig, dass sie es nicht einmal für sich selbst ausgeben. Wie unsinnig, am Ende eines Lebens voller harter Arbeit nichts auszugeben!

Wenn wir einen ausreichenden Betrag Geldes angespart haben, wie sollen wir es dann verwenden? In diesem Lebensabschnitt werden wir bereits aus Erfahrung gelernt haben, dass Geld kein Glück kaufen kann, dass es aber sehr nützlich sein kann, wenn wir es klug verwenden. Sagen wir einmal, wir hätten $ 5.000 auszugeben. Damit könnten wir einen Urlaub irgendwo auf einer fernen Insel finanzieren, oder das Geld einer armen Familie geben, oder das Leben eines Menschen retten, der dringend eine Operation braucht. Wir geben oft Geld für einen teuren Urlaub oder ein neues Auto aus, weil wir Anbwechslung brauchen, weil wir mit unserer gegenwärtigen Situation unzufrieden oder davon angeödet sind. Anfangs mag das ja sehr ansprechend sein, aber es bringt uns kein dauerhaftes Glück. Anderen Lebewesen durch unsere Großzügigkeit zu helfen wird in uns sofort Wohlbefinden erzeugen und das wird in unserem Geist auch den Samen für künftiges Glück einpflanzen.

Das heißt natürlich nicht, dass wir unser ganzes Geld verschenken, fast nichts für uns behalten und dann Schulden machen sollen, um Geschenke für andere zu kaufen. Einer meiner Freunde klärte mich darüber auf, dass viele Menschen in Australien große Summen in Geschenke für Familie und Freunde zu Weihnachten investieren, manchmal sogar viel mehr, als sie sich eigentlich leisten können. Ihre Motivation mag ja gut sein, aber diese Art von Freundlichkeit ist recht lächerlich und vor allem sehr unweise, wenn diese Menschen dann mit ihren Einkünften kaum über die Runden kommen. Schulden zu machen kann unsere Freiheit erheblich einschränken, aber diese Art des Leidens kann gewöhnlich dadurch abgewendet werden, dass wir unser Geld weise einsetzen.

Obwohl es wichtig ist großzügig zu sein und anderen zu helfen, ist es genauso wichtig mit unserer eigenen Lebenssituation ehrlich umzugehen und uns wirklich anzuschauen, wieviel wir uns leisten können. Am besten fragen wir uns selbst, wie wir unser Geld am effektivsten einsetzen können, wenn wir alle Umstände in Betracht ziehen. Das meine ich mit Weisheit. Auch bedeutet Großzügigkeit nicht unbedingt materielle Gaben zu verschenken. Denn das Geschenk unserer Liebe, Fürsorge und Zeit, beispielsweise indem wir zu Weihnachten in der Küche oder im Haushalt helfen, ist genauso wichtig und wird von jenen, die uns umgeben, genauso hochgeschätzt.

EINSAMKEIT UND INTOLERANZ

Viele Menschen sind beunruhigt oder fürchten sich sogar davor einsam zu sein, wenn sie älter werden. Es gibt aber viele praktische Dinge, die wir tun können, um Einsamkeit zu vermeiden. Wenn wir dazu in der Lage sind, können wir uns mit Menschen in unserer Umgebung beschäftigen, die Hilfe brauchen. Wir könnten ja einen Sprachkurs für Migranten halten, uns freiwillig in der Schule engagieren, oder uns erkundigen, wie wir unsere Fähigkeiten im Rahmen der Hilfsorganisationen, wie etwa dem Roten Kreuz, oder der lokalen Kirche oder Meditationsgruppe einbringen können.

Wenn es uns gesundheitlich nicht so gut geht, unser Geist aber noch kräftig ist, dann wird das Studieren und Praktizieren eine sehr einträgliche Form sein unsere Zeit zu verbringen. Wenn wir über Mitgefühl meditieren, können wir uns den Anderen unglaublich nahe fühlen, das werden jene Einsiedler bestätigen, die sich für lange Retreats zurückziehen, und wir entwickeln auch ein hohes Maß an innerer Konzentriertheit. Obwohl wir dabei ganz allein sind, heißt das nicht, dass wir uns einsam fühlen.

Sich in der Gemeinde oder in religiösen Gruppen einzubringen ist ein guter Weg, neue Menschen kennenzulernen und Bekanntschaften zu schließen. Manche mögen wohl auch unsere wunden Punkte treffen. Ich erwähne das vor allem wegen der Tendenz zur Intoleranz, die, wie mir scheint, vor allem im Westen zur Einsamkeit der Menschen beiträgt. Im Westen bewerten die Menschen ihren „privaten Raum", oder ihre „persönliche Freiheit" sehr hoch und wollen nur mit „entsprechenden" Persönlichkeiten zusammensein, die ähnliche Ansichten teilen; das erzeugt unvermeidlich Hindernisse.

Als erstes möchte ich hervorheben, dass keine bestimmte Gewohnheit oder Persönlichkeit besser als irgendeine andere ist. Das ist nur gewohnheitsmäßiges Denken unsererseits, wir müssen lernen Toleranz allen gegenüber wirklich zu praktizieren, ob wir eine/n gleich mögen oder eine/n andere/n lästig finden. Es ist ganz normal, dass wir jemanden kennenlernen und anfangs große Abneigung empfinden, wenn wir diesen Menschen aber näher kennenlernen, beginnen wir, ihn zu mögen und wertzuschätzen. Das bedeutet eben nicht, dass dieser Mensch sein Wesen geändert hätte, sondern vielmehr, dass unser eigener Geist die Sichtweise auf diesen Menschen verändert hat.

Intoleranz bringt uns üblicherweise auch auf anderem Wege Schwierigkeiten, indem wir beispielsweise tatsächliche oder emotionelle Schranken um uns errichten. Damit meine ich, dass wir versehentlich (oder aus Unachtsamkeit) Hindernisse aufrichten, die durch das Festhalten an der Vorstellung eines Ortes oder einer Zeit, die nur „uns" gehört, entstehen. Wir könnten der Ansicht sein, dass jemand, der unsere

Haustür öffnet, oder uns ohne Ankündigung besuchen kommt, ein unerlaubtes Eindringen in unsere Privatsphäre, eine Besitzstörung begeht. Das ist in Tibet ganz anders! Als ich in Tibet im Kloster lebte, war es ganz selbstverständlich, dass andere Mönche es sich in meinem Zimmer gemütlich machten und meine Sachen durchstöberten, ganz gleich, ob ich beim Studieren, Anziehen oder gar beim Waschen war. Ich habe mich dadurch nicht gestört oder verärgert gefühlt, weil das ja Teil unserer Kultur war. Da ich nun schon einige Zeit im Westen lebe, empfinde ich es nicht mehr als angemessen, wenn heute jemand ohne anzuklopfen in mein Zimmer kommt oder mich ohne Ankündigung besucht.

Unglücklicherweise erzeugt unser Konzept einer Privatspähre oft eine große Distanz zwischen den Menschen und wenn wir distanziert sind, kann es leichter passieren, dass wir auch einsam sind. Wenn wir in einer völlig offenen Umgebung ohne persönliche Grenzen lebten, gingen wir einander wohl schnell auf die Nerven. Andererseits führt das Loslassen von der Vorstellung, dass wir eine Privatsphäre ,brauchen', vermutlich zu mehr Nähe und Toleranz untereinander. Ich gebe zu, dass ich nicht wußte, was Einsamkeit bedeutet, bevor ich in den Westen kam – ich dachte Einsamkeit sei dasselbe wie Langeweile! Nun, da ich mir bewusst bin, wie groß dieses Problem ist, glaube ich, dass es nötig ist den Menschen zu helfen die Nachteile des Anhaftens an einer Privatsphäre zu erkennen.

An dieser Stelle möchte ich ein persönliches Beispiel zur Illustration von Toleranz verwenden. In einem der Klöster, wo ich lebte, war ein sehr unbeherrschter Mönch, der schnell zornig werden konnte, wenn andere Mönche ihn unterbrachen oder ihre Scherze mit ihm trieben. Die anderen Mönche reizten ihn dann absichtlich immer weiter, weil es so leicht war ihn zu ärgern. Das klingt wohl grausam, aber mit der Zeit gelang es ihm sein Temperament zu zügeln und mehr Selbstkontrolle zu gewinnen, weil er erkannt hatte, dass ihm der Ärger nichts nützte und dass er glücklicher war, wenn er sich den anderen gegenüber tolerant verhielt.

Toleranz erstreckt sich nicht nur auf andere Menschen. Wir haben sehr wenig Kontrolle über das, was in unserem Leben geschieht und wir begegnen zweifellos vielen Erfahrungen, denen wir lieber nicht begegnet wären. Wenn wir intolerant sind, werden wir es schwer haben Frieden zu finden, weil diese Erfahrungen zu Ärger und Leid führen, die unser Wohlwollen aufzehren.

Alternativ könnten wir doch jede Situation, die uns frustriert, und jede Person, die wir lästig finden, als eine Gelegenheit betrachten Toleranz zu üben. Wir können das jeden Tag üben, bis es zu einer (guten) Gewohnheit wird. Erst machen wir uns vertraut mit den Vorteilen dieser Übung und den Nachteilen, die daraus entstehen, wenn wir nicht tolerant sind und schließlich, als ein Ritual, können wir darauf achten, jederzeit Toleranz zu üben. Wir werden mit mehr liebevollen Beziehungen und einem Geist belohnt werden, der so friedlich ist wie der tiefblaue, wolkenlose Himmel.

DANKBARKEIT

Dankbarkeit ist eine weitere positive geistige Qualität, die wir jeden Tag üben können. Es gibt einen guten Grund das zu tun, denn das Gefühl der Dankbarkeit anderen gegenüber macht uns selber glücklicher. Das glauben nicht nur Buddhisten – auch psychologische Studien haben herausgefunden, dass Dankbarkeit ein unterstützender Faktor für die Glückserfahrung des Menschen ist.[35]

Wenn ich das zu Leuten sage, behaupten manche Menschen sie seien zu unglücklich, um Dankbarkeit empfinden zu können. Sie erzählen mir, dass sie einsam seien, dass sie wenig Geld, oder kein gutes Verhältnis zu ihren Kindern hätten und dass sie also nichts hätten, wofür sie dankbar sein könnten. Das ist aber gar nicht wahr, denn es gibt immer etwas, wofür wir dankbar sein können, wenn wir fähig sind es zu erkennen. Beispielsweise hatte ich, als ich nach Australien kam, erstmals ein Telefon im Haus. Was für eine wunderbare Erfindung! Plötzlich war ich in der Lage von zuhause aus mit Menschen auf der anderen Seite der Welt zu sprechen. Wie dankbar war ich da jenem Erfinder dieses Apparates! Heute empfinde ich dasselbe für das Internet, für das Fliegen in einem Flugzeug und sogar für das Klebeband, wenn ich etwas an die Wand kleben will. Wieviel mehr noch bin ich jenen Menschen dankbar, die mir jeden Tag das Essen auf den Tisch bringen, und jenen, die mir ihre Freundschaft schenken.

Manche Menschen werden diesem Gedankengang nicht folgen wollen und immer noch denken: „Ich zahle ja für all diese Dinge, warum soll ich also dafür dankbar sein?" Aber irgendwer musste das Flugzeug ja konstruieren, andere mussten es bauen, ebenso das Telefon, das Klebeband, damit ich es benutzen kann. Wenn ich auch der reichste Mensch der Welt wäre, könnte ich nicht mit Menschen auf verschiedenen Kontinenten sprechen, wenn niemand das Telefon erfunden hätte! Außerdem sollten wir uns daran erinnern, dass es viele Dinge gibt, für die wir dankbar sein können, obwohl sie nicht mit Geld zu bezahlen sind, wie etwa die Freundlichkeit unserer Familie oder Freunde, oder die natürliche Schönheit der Welt rund um uns.

Indem wir Dankbarkeit für die Dinge unseres täglichen Lebens empfinden, werden wir auch fähig in uns selbst Freude zu entwickeln. Das macht uns mental stärker und hilft uns mit vielen Problemen in unserem Leben besser zurande zu kommen, einschließlich des Alterns, des Verlustes und vielleicht auch des Todes. Es ist jedenfalls notwendig zu bedenken, dass es zwei Seiten der Dankbarkeit gibt. Es ist wunderbar, wenn wir Dankbarkeit für alle und alles rund um uns empfinden können; aber wir müssen wirklich aufpassen an alledem nicht anzuhaften. Wenn das geschieht, werden wir versuchen daran festzuhalten und unvermeidlich Leiden erfahren, wenn uns diese Dinge dann wieder genommen werden. Es ist einigermaßen schwierig zu verstehen, wie wir die Dinge wertschätzen können ohne daran anzuhaften, aber das ist genau die Fähigkeit, die es zu erlernen gilt, wenn wir ein glückliches und sinnvolles Leben führen wollen.

Erinnert Euch daran, dass alles seine guten und schlechten Seiten hat, auch das Telefon, das Flugzeug und das Klebeband. Unsere Telefonrechnung mag hoch sein, unser Flug mag abgesagt werden und vielleicht können wir den Anfang vom Klebeband nicht finden. Aber wenn wir nicht üben dankbar für das alles zu sein, dann trainieren wir unseren Geist an der negativen Seite hängen zu bleiben und das endet ganz sicher unbefriedigend! Wir können dann nicht wirklich glücklich sein, weil es nicht möglich ist alles, was wir uns wünschen, für immer zu haben. Kurz, obwohl die Welt mit Leiden angefüllt ist, gibt es genauso viel Wunderbares. Dankbarkeit zu entwickeln bedeutet keinesfalls die Welt durch eine rosrote Brille zu sehen, sondern vielmehr zu lernen, diese vielen Wunder als das, was sie sind, wertzuschätzen.

ÜBUNG – ÜBER VERGÄNGLICHKEIT MEDITIEREN

Vergegenwärtige Dir einige der Verluste und Veränderungen, deren Zeuge Du im Laufe Deines Lebens warst, und denke über Folgendes nach:

- *Alles, was geboren wurde, wird alt und stirbt.*
- *Alles, was zusammengesetzt ist, wird wieder auseinanderfallen.*
- *Alles, was angesammelt wurde, wird wieder aufgebraucht.*
- *Alles, was aufgebaut wurde, wird auch wieder zusammenbrechen.*

In der gleichen Weise ergeht es uns mit Freundschaft und Feindschaft, mit Glück und Leid, mit allen Gedanken, die durch unseren Geist wandern – alles ist immer in Veränderung.

(Variante: Freundschaft und Feindschaft, Glück und Leid, alle Gedanken, die uns durch den Geist gehen – alles verändert sich immer.)

Erinnere Dich immer daran, dass Unbeständigkeit die einfache Wahrheit über dieses Leben ist, und alles, was wir wirklich haben, ist „jetzt", die Gegenwart.

Wie kann Dir diese Einsicht dabei helfen mit dem Verlust eines lieben Menschen umzugehen?

Wie könnte sie Deine Wahrnehmung bezüglich der unterschiedlichen Verluste, die wir erleben, verändern – des Verlustes lieber Menschen, des Verlustes unserer Arbeit, oder des Verlustes von irgendetwas, dem wir große Bedeutung beimessen?

Vielleicht hilft es sich daran zu erinnern, dass Veränderungen nicht notwendigerweise auch Unglück bedeuten – manchmal wirst Du auch großen Nutzen daraus ziehen, auch wenn das zunächst gar nicht so aussieht.

Während Du über diese Fragen nachdenkst, sitze mit aufrechter Wirbelsäule, lasse Deinen Körper entspannt und nimm einige tiefe und sanfte Atemzüge. Welche Lehren hält die Wahrheit der Unbeständigkeit für Dich bereit?

Den Abschied von diesem Leben vorbereiten

Der sechste Lebensabschnitt ist die letzte und wesentlichste Gelegenheit zur Selbstverwirklichung. In diesem Kapitel werde ich direkter über Spiritualität sprechen, weil die spirituelle Praxis in diesem Alter für die Menschen wichtiger ist als früher. Es ist nicht so wichtig, was in unserer Vergangenheit passiert ist. Es gibt keinen Grund zu bedauern, wie wir unser bisheriges Leben bis zu diesem Punkt geführt haben – wir müssen uns viel mehr daran erinnern, dass wir immer noch die Möglichkeit haben mit unserem Geist zu arbeiten und höchstes Glück zu erlangen. Am allerwichtigsten ist in diesem Lebensabschnitt, dass ausnahmslos jede/r die Möglichkeit hat sich auf einen friedvollen Tod vorzubereiten und diese entscheidende Zeit als eine Gelegenheit zur Selbstverwirklichung zu nutzen.

Da ich im Buddhismus geschult wurde, werde ich zumeist aus der buddhistischen Sichtweise sprechen. In der westlichen Kultur gibt es auch zwei andere Standpunkte, die in vielen Bereichen gleichwertig sind – den theistischen Standpunkt, der hauptsächlich aus der christlich, jüdisch, muslimischen Tradition stammt, und den säkularen Standpunkt, der sich auf die Wissenschaft stützt und gewöhnlich atheistisch oder agnostisch auftritt.

Vom theistischen Standpunkt aus können wir uns auf den Tod vorbereiten, indem wir Liebe und Mitgefühl entwickeln, damit wir „nahe bei Gott" sind. Wir werden auch ermutigt eine ehrliche und tiefempfundene Beichte all unserer negativen Taten abzulegen, in der Gewissheit, dass es nie zu spät ist um Vergebung zu bitten und wahren Frieden zu finden, wenn wir aufrichtig sind. Wir können Mühsal und Leiden annehmen als den „Willen Gottes", und dies erlaubt uns auch einen Zustand inneren Friedens, der Ruhe und der Zuversicht zu finden. Das wird auch so verstanden, dass ein guter Mensch auf grund des Glaubens und seiner guten Taten in den Himmel kommen wird.

Viele Menschen, die einen säkularen Standpunkt vertreten, haben keine besonderen Erwartungen an ein Leben nach dem Tod. Das kann eine sehr sinnvolle Einstellung sein, hindert sie uns doch daran, an alten Vorstellungen und Konzepten festzuhalten, die vielleicht gar nicht so hilfreich waren, und dadurch weniger Furcht und mehr inneren Frieden zu finden. Was auch immer wir glauben mögen, werden wir wohl im Laufe unserer Erfahrungen in diesem Leben entdeckt haben, dass Freundlichkeit, Mitgefühl und Herzensgüte essenzielle Qualitäten sind, die unser Leben in jedem Aspekt stärken. Negative Einstellungen andererseits werden nur Leiden für uns und andere erzeugen. Deshalb ist es sinnvoll sich nur auf die positiven Qualitäten zu stützen, wenn der Tod näher rückt, und alles daran zu setzen unsere Negativität loszulassen. Für jene, die überzeugt sind, dass wir nach dem Tod nicht weiter existieren, kann das ebenfalls eine sinnvolle Einstellung sein, weil sie uns zu erkennen hilft, wie unglaublich kostbar dieses Leben ist, und uns anregt, das Beste daraus zu machen.

Nun werde ich von einigen buddhistischen Vorstellungen sprechen, die, wie ich meine, für alle nützlich sein können, ungeachtet ihres religiösen oder kulturellen Hintergrundes. Meine Hoffnung ist, dass Sie verstehen, wie sich diese Prinzipien zu Ihrem eigenen Glauben in Beziehung setzen lassen, und sie dann in Ihrem Leben anwenden werden.

KARMA

Wie Du in den Wald rufst, so tönt es heraus.
— überliefert —

◇

Aus unseren Gedanken entsteht unsere Welt.
— Buddha —

◇

Was Ihr gesät habt, werdet Ihr ernten.
— Jesus Christus —

◇

Die meisten Menschen, gleich ob Buddhisten oder nicht, sind mit dem Konzept von Karma bereits vertraut. Um aber sicher zu gehen, dass wir es klar verstehen, werde ich einige Analogien aufzeigen.

Stellt Euch vor, wir hätten einen Kübel, gefüllt mit klarem Wasser und dann mischten wir etwas Schmutz oder Farbe hinein. Dann wird sich das Wasser eintrüben. Genauso ist unser Geist wie das klare Wasser und jede Handlung und jeder Gedanke wird in unserem Gedankenstrom einen Eindruck hinterlassen. Wir müssen einsehen, dass alles, was wir denken, reden und tun, von unserem Geist abhängt, weil unsere Handlung im Geist beginnt und im Geist endet. Der Geist ist gleichsam ein König und Rede und Tat sind seine Untertanen, die alles ausführen, was der Geist anordnet. So ist also alles, was wir tun, im Geist eingeschrieben. Nach buddhistischer Ansicht hängen Geist und Sprache vom Körper ab und sind daher vergänglich, aber der subtile Geist ist unabhängig von einem Körper und bleibt daher bestehen, wenn wir gestorben sind. Aus diesem Grund haben wir die Vorstellung von unaufhörlichen Lebenszyklen, mit diesen Prägungen des Geistes, die von Leben zu Leben fortgeschrieben werden.

Eine weitere Analogie ist jene von einer Bank. Wenn wir Geld verdienen, indem wir hart arbeiten, bringen wir es auf die Bank und später, wenn wir dieses Geld benötigen, liegt es für uns bereit. Gleichermaßen sammeln wir, wenn wir gute Gedanken haben und Gutes tun, Verdienst für unsere Zukunft an; wenn wir allerdings negativ denken oder handeln, heben wir einen Teil des Verdienstes wieder ab und wenn wir einen Großteil davon abheben, kann es sein, dass wir später die Schuld zurückzahlen müssen.

Karma ist ein grundlegendes Konzept im Buddhismus[36], selbst wenn wir keinerlei spirituelle Glaubensvorstellungen haben, ist es für uns gültig. Wenn wir uns einer anderen Person gegenüber unfreundlich oder unachtsam verhalten, wird das zwei unangenehme Konsequenzen haben. Als erstes wird uns diese Person nicht mehr mögen und zweitens werden wir Bedauern verspüren. Vielleicht bemerken wir es am Anfang nicht so, aber unterschwellig werden wir immer ein Gefühl des Bedauerns in unserem Herzen haben, das gelegentlich an die Oberfläche kommen wird. Andererseits zeigen heute psychologische Studien, dass wir uns glücklicher fühlen, wenn wir freundlich zu anderen sind, und die anderen Menschen sind dann eher bereit auch zu uns freundlich zu sein[37]. Der einzige wirkliche Unterschied zwischen diesen einfachen Tatsachen und dem, was wir Buddhisten glauben, ist unsere Vorstellung, dass wir dieses angesammelte Karma in unser nächstes Leben mitnehmen.

Auf welche Weise werden unsere künftigen Leben durch unser Karma erzeugt? Wenn wir immer großzügig sind, werden wir zunächst bemerken, dass die Menschen ringsum auch uns gegenüber großzügig sind. Wir werden bemerken, dass auch Leute, denen wir noch nie begegnet sind, großzügig zu uns sind und also finanzieller oder jeglicher Erfolg leicht zu erreichen ist. Die meisten von uns würden das einfach „Glück" nennen, aber Buddhisten sind davon überzeugt, dass diese günstigen Bedingungen das Ergebnis der angesammelten guten Taten, oder des

Karmas, aus diesem oder früheren Leben sind. Wenn wir heute andererseits eher armselige äußerliche Bedingungen vorfinden, dann liegt das an dem miesen Karma, dass wir abzuarbeiten haben. Diese Vorstellung beruht auf dem Prinzip der Interdependenz (gegenseitigen Abhängigkeit) und deshalb ist dabei nichts Zufälliges, nicht einmal das, was wir normalerweise für „Glück" oder „Pech" halten.

Deshalb brauchen wir auch auch nicht zu verzagen, wenn unsere Bedingungen miserabel sind, oder stolz zu sein, wenn unsere Lebensbedingungen äußerst günstig sind. Jene Menschen, die es sich „gut gehen" lassen, verbrauchen ihr gutes Karma von der Karmabank, während jene Menschen, die schwierige Umstände erfahren, ihr mieses Karma „reinigen" oder erschöpfen. Beide haben aber die Möglichkeit, gute Bedingungen für dieses und künftige Leben zu schaffen, indem sie heilsame Handlungen ausführen.

LEIDEN UND LÄUTERUNG

Leiden ist für Buddhisten eng verbunden mit Karma. Buddha erklärte, dass Leiden die erste Wahrheit dieses Lebens ist, dass wir, wenn wir leben, auch leiden[38]. Wir kennen das schon aus dem eigenen Leben, weil die Dinge unvermeidlich schiefgehen – wir erleben Kummer und wir verlieren Menschen und Dinge, die uns wichtig waren. Wenn wir also die äußeren Ereignisse, die Leiden erzeugen, nicht vermeiden können, was können wir dann tun, um sie zu bewältigen? Die Antwort ist, dass wir verstehen müssen, dass die Wurzelursachen des Leidens in unseren früheren negativen Emotionen und Handlungen zu finden sind. Wenn wir aufmerksam auf diese Wahrheit achten, können wir lernen heilsame Geisteszustände hervorzurufen und lernen, die Gedanken, die in unserem Geist umherwandern, zu beobachten, zu akzeptieren und gehen zu lassen, anstatt an ihnen festzuhalten. Durch diesen Prozess können wir das aktuelle Ausmaß unseres Leidens verringern und allmählich, Schritt für Schritt das Leiden völlig überwinden.

Als Erstes müssen wir verstehen, dass Leiden durch uns selbst erschaffen wird, durch unseren Geist und sonst niemand. Die äußeren Bedingungen, die wir für die Ursachen unseres Leidens halten, sind in Wirklichkeit sekundäre Bedingungen, das Ergebnis von Karma. Das heißt nicht, dass wir uns wegen unserer äußeren Gegebenheiten Vorwürfe machen sollen – Vorwürfe oder Schuldzuweisungen sind weder notwendig noch hilfreich. Vielmehr sollten wir die Ursachen für unsere äußeren Bedingungen erkennen und diese dann bearbeiten.

Wenn also das gegenwärtig wie das künftige Leiden eine Folge negativen Karmas ist, was können wir dann tun? Sind wir dann verdammt die Folgen unseres früheren Handelns auzuleben, oder können wir die Situation verändern?

Glücklicherweise ist es möglich unser altes Karma zu reinigen, solange wir damit aufrichtig umgehen. Das kann uns vor künftigem Leiden schützen und auch die Leid-Erfahrung während des Sterbeprozesses verringern. Um etwas Schmutziges zu waschen benötigen wir Wasser und Seife. Wenn wir unser negatives Karma reinigen wollen brauchen wir vier Voraussetzungen:

1. Reue

Von Herzen kommendes Annehmen aller Konflikte und Schwierigkeiten, die uns im Leben gequält haben, muss entstehen, zusammen mit großer Reue über alles, was wir in diesem Leben falsch gemacht haben. Das schließt auch Alles ein, woran wir uns in diesem nicht mehr erinnern können, oder das möglicherweise aus früheren Leben nachwirkt. Sich an all das erinnern zu können ist weniger wichtig, als die Intensität und Aufrichtigkeit unseres Reuegefühls. Das könnte etwa so lauten: „Hier stehe ich, so wie ich bin. Ich habe nichts zu verbergen; ich nehme mich selber vollständig an und anerkenne ehrlich meine Fehler." Denkt daran, Reue nicht mit Schuld oder der schädlichen Scham zu verwechseln: Die Idee ist, sich seine negativen Tendenzen ganz offen bewusst zu machen, ohne dabei sich selbst zu kritisieren. Ihr gebt Euch die Erlaubnis, jeden Anteil Eures Menschseins zu akzeptieren und dann alles gehen zu lassen, was Euch beschwert oder niederdrückt.

2. Anwenden der Gegenmittel

Das bedeutet, sich wirklich anzustrengen gute Handlungen zu setzen und heilsame Geisteshaltungen zu pflegen, weil das Teil des Reinigungsprozesses ist. Entwickelt Mitgefühl anderen gegenüber und bittet um Vergebung wo immer Ihr es als sinnvoll empfindet, bittet oder betet um Hilfe für das Reinigen Eures negativen Karmas. Viele Menschen finden es hilfreich, sich an eine ‚höhere Macht' zu wenden, sei es Gott, Buddha oder das gemeinsame menschliche Potenzial für Güte, Tugend, Gutherzigkeit. Wenn Ihr die Dinge aus dieser Perspektive seht, werdet Ihr herausfinden, dass Ihr fähig seid, jenen zu verzeihen, gegen die Ihr einen Groll hegt, offen zu jenen zu sprechen, die sich von Euch entfernt haben, oder vielleicht sogar lange andauernde Konflikte zu lösen. Das wichtigste Ergebnis ist aber die Veränderung Eurer eigenen Geisteshaltung.

3. Entschlossenheit

Das bedeutet, dass Ihr ehrlich entschlossen seid, jene Handlungen und Verhaltensweisen aufzugeben, die Euch veranlasst haben negatives Karma anzusammeln, oder in einem Zustand emotionaler Konflikte zu leben. Dies kann nicht wichtig genug eingestuft werden. Eure Entschlossenheit sollte so stark sein, dass Ihr, selbst wenn Euer Leben auf dem Spiel stünde, diese Handlungen nicht mehr begehen oder diese Gedanken nicht mehr denken wollt. Es wird gesagt, dass eine feste und ehrliche Entschlossenheit mächtig genug sein kann, das während mehrerer Lebenszeiten angesammelte negative Karma aufzulösen. Das ist weniger abhängig von der Zeit, die Ihr dafür aufwendet, als vielmehr von der Aufrichtigkeit und Stärke Eures Entschlusses.

4. Stärke

Schließlich braucht Ihr ein hohes Maß an Sammlung, indem Ihr ernsthaft über alle von Euch begangenen Handlungen nachdenkt und alles ehrlich bestätigt, was Ihr ändern wollt. Ihr könnt inbrünstig dafür beten, dass dies alles gereinigt werde. Es gibt tausende formelle Gebete im Buddhismus und genauso viele im Christentum und in anderen Religionen, aber wenn Du kein formelles Gebet kennst, kannst Du alles sagen, was aus deinem Herzen spricht. Es ist nicht so wichtig, was Du sagtst, solange es aufrichtig und ehrlich ist. Dann kann das sehr mächtig sein.

Das Leiden, das wir beim Sterben erfahren, kann groß sein. Das mentale Leiden eines Menschen ist aber oft viel größer als das tatsächliche, physische Leid. Indem wir lernen, wie wir negatives Karma reinigen können, wird die Erfahrung mentalen Leidens weitgehend reduziert. Sogar das physische Leid, obwohl wir es immer noch durchleben, wird uns bei weitem nicht mehr so belasten, wie davor. Wir mögen dann immer noch Leiden erfahren, aber es wird uns nicht mehr überwältigen.

Die westliche Psychologie hat die unterschiedlichen Stadien beschrieben, die wir durchleiden, nachdem wir erfahren haben, dass wir an einer tödlichen Krankheit leiden oder mit einer wirklich unerwarteten, schlechten Nachricht konfrontiert sind[39]. Diese beinhalten: Zu Beginn die Leugnung, dass irgendetwas nicht in Ordnung ist, den Ärger und die Frustration, dass es nicht so läuft, wie wir es gerne hätten, und danach die Depression und den Vertrauensverlust, wenn wir erkennen, dass wir da in einer Situation sind, über die wir keine Kontrolle haben. Zum Schluss, aber nicht alle Menschen kommen in diese Phase, können wir einen Zustand friedvoller und aufrichtiger Akzeptanz erreichen, wo wir lernen, alle Qualen, die wir durchlitten haben, gehen zu lassen und das Leben noch einmal mit einem Gefühl für Tiefe und Weisheit zu betrachten. Wenn wir die Wahrheit vom Leiden verstanden haben und hart daran arbeiten unser Karma zu reinigen, können wir diesen Zustand von Frieden und angenommensein viel früher erreichen.

Am Ende ist es, wenn wir krank und müde sind, wichtig das Leiden, das daraus folgt, anzunehmen, anstatt dagegen anzukämpfen, oder uns zu zwingen uns mit der äußerlichen Welt zu beschäftigen. Das Leiden zu akzeptieren befreit uns auch von dem Gefühl der Schuld, unseren früheren Aufgaben und Verantwortungen nicht mehr nachkommen zu können, was wiederum nur zusätzlichen Schmerz zu dem Leiden hinzufügen würde, das wir ohnedies gerade erleben. Die moderne Gesellschaft ist so sehr darauf fixiert weiterzukommen und beschäftigt zu sein, dass es oft schwierig ist sich selbst die Erlaubnis zu geben, auf den eigenen Körper zu hören und auszuruhen, wenn das nötig ist. Das gilt für Menschen jeden Lebensalters, aber besonders gegen Ende unseres Lebens, wenn viele von uns zum ersten Mal gezwungen sind sich etwas langsamer zu bewegen.

MITGEFÜHL

Wenn jemand unglücklich ist und ein Problem hat, empfehle ich oft Mitgefühl zu praktizieren. Vielleicht antworten sie: „Ich bin selber so unglücklich, wie soll ich da Mitgefühl für andere üben?" So zu denken legt nahe, dass Mitgefühl das gleiche sei wie Mitleid mit anderen zu haben, oder sie zu bedauern und dass wir noch mehr leiden müssten, wenn wir uns auch noch ihre Sorgen aufbürden. Aber das Leiden entsteht meistens dann, wenn wir die Gefühle der anderen missachten und in unserem eigenen Stolz oder unserer Eitelkeit gefangen sind. Deshalb kann das Entwickeln von echtem Mitgefühl für andere ein sehr wirksamer Weg sein unser eigenes Leid zu verringern.

Obwohl es so unglaublich wohltuend sein kann Mitgefühl zu praktizieren, haben viele Menschen eine sehr eingeschränkte Vorstellung davon, was Mitgefühl wirklich ist. Sie meinen, es ginge darum andere zu bedauern und selber mit einem Gefühl des Unbehagens übrigzubleiben. Die logische Schlussfolgerung könnte lauten: „Mitgefühl für andere zu empfinden erzeugt Leiden für mich selbst und deshalb sollte ich nicht über das Leid anderer nachdenken." Das ist eine sehr begrenzte Denkweise, weil echtes Mitgefühl immer mit Weisheit Hand in Hand geht und uns deshalb niemals Leiden bringen oder uns schwächen wird. Warum ist das so? Echtes Mitgefühl bedeutet, dass wir die Ursachen für Leid verstehen und dass jedes Lebewesen, beginnend bei uns selbst, die Fähigkeit besitzt dieses Leiden zu überwinden. Wenn wir dann geistig das Leiden anderer auf uns nehmen, können wir einen starken und mutigen Geist entwickeln, der uns sogar davor schützt, Leid zu erfahren!

Wie wir Mitgefühl mit Weisheit verbinden, werde ich nun an einem Beispiel zeigen. Wenn jemand eine Person erschießt oder seine Besitztümer stiehlt, dann ist es normalerweise ganz leicht, mit dem Opfer, das Geld oder sogar sein Leben verloren hat, Mitgefühl zu haben und Wut über jene Person zu empfinden, die das Verbrechen begangen hat. Wenn wir aber Mitgefühl mit Weisheit verbinden, erkennen wir, dass beide unser Mitgefühl verdienen. Zuerst zu der Person, die das Geld verloren hat, sie leidet jetzt aus mehreren Gründen, einschließlich ihrem vorhergehenden negativen Karma. Während die andere, die das Verbrechen begangen hat, dies unter der Kontrolle bedauernswerter Affekte getan hat und damit, als Konsequenz ihrer Tat, neues Leid für sich selbst und ihre Zukunft geschaffen hat (das in künftigen Leben noch größer werden kann). Auf dieser Basis kann das Mitgefühl auf alle Wesen gleichmäßig ausgedehnt werden, egal ob Freund oder Feind.

Diese Art von Mitgefühl versucht nicht nur das Leid der anderen zu verstehen, sondern erzeugt auch die Selbstsicherheit im Handeln, damit wir ihr Leid tatsächlich lindern können. Es ist wunderbar, wenn wir in der Lage sind anderen zu helfen, aber auch wenn wir einmal nicht helfen können, bleibt uns die Gewissheit, dass das Mitgefühl jedenfalls uns selbst hilft. Indem wir das Leiden anderer verstehen, verringern wir unser eigenes Leid, sobald wir begreifen, dass wir alle ähnliche Kämpfe zu bestehen haben und es daher keinen Sinn macht, nur auf unsere eigenen Probleme zu achten. Wie die kreisförmigen Wellen, die von einem Stein ausgehen, den wir ins Wasser werfen, kann unsere mitfühlende Einstellung auch jenen helfen, die mit uns verbunden sind, wie unsere Freunde und Familie. Sie kann auch vermittelnd wirken, wenn wir ein friedliches Miteinander zwischen uns und anderen aufbauen wollen, und als Beispiel für jene dienen, die uns dabei zusehen. Wer weiß, wie weit sich die Wellen unseres Mitgefühls ausbreiten werden?

DIE ANGST VOR DEM TOD ÜBERWINDEN

Sterben ist wie das Wechseln der Kleider
— *Seine Heiligkeit der Dalai Lama* —

〜

Im Allgemeinen neigen die Menschen dazu das Nachdenken über den Tod zu vermeiden, aber früher oder später müssen wir erkennen, dass es unvermeidlich ist. Wenn wir älter werden, kann also die Angst vor dem Tod größer werden, eine Angst, die weitgehend auf drei Hauptfaktoren beruht. Zuerst kommt die Angst vor dem Verlust von lieben Menschen und Besitztümern, zusammen mit der Angst vor dem Verlust des eigenen Lebens. Dann folgt die Angst vor dem tatsächlichen, körperlichen Schmerz des Sterbeprozesses. Schließlich werden wir uns unseren guten und schlechten Taten gegenübersehen und Angst vor den Folgen der Verfehlungen, die wir begangen haben, entwickeln, oft begleitet von einem Gefühl großer Reue. Aber all diese Ängste können überwunden werden, wenn wir wissen, wie das geht.

Von einem buddhistischen Standpunkt aus ist das Anhaften der Ursprung des Leidens und sollte deshalb aufgegeben werden. Wenn wir an geliebten und uns nahestehenden Menschen hängen, kann uns bereits die Angst, diese zu verlieren, erhebliches Leid bereiten. Um diese Angst zu verringern ist es sehr hilfreich, sich vorzustellen, dass alle, mit denen wir in diesem Leben verbunden sind, auch unsere nächsten Verwandten, wie Leute sind, an denen wir auf der Strasse vorübergehen, oder wie Figuren, die in einem Traum erscheinen. In einem größeren Zusammenhang sind sie alle nur vorübergehende Bekanntschaften.

Das heißt natürlich nicht, dass wir unsere Liebsten gar nicht mehr wiedersehen. Im Gegenteil, indem wir von unserer Anhaftung loslassen, ist die Wahrscheinlichkeit höher, dass wir sie unter günstigeren Bedingungen wiedersehen. Das liegt daran, dass die positiven Begegnungen, die wir mit ihnen hatten, die auf Freundlichkeit und Großzügigkeit beruhten, uns ganz sicher wieder zusammenführen, wenn die Bedingungen übereinstimmen. Obwohl wir also Lebewohl zu all unseren Angehörigen sagen müssen, können wir uns auf den Tod auch freuen, wenn wir ihn als Neubeginn sehen, der nur darauf wartet sich zu entfalten, und in der Lage sind, die Anhaftung an unser altes Leben zu lockern.

Wir könnten auch eine tiefsitzende Angst vor physischem Schmerz haben. Als Antwort darauf könnte es helfen, sich zu vergegenwärtigen, dass nicht alle Menschen einen schmerzvollen Tod erleiden. Viele Menschen sterben tatsächlich schmerzlos und mit einem wahrhaft friedvollen Geist. Wenn wir allerdings Schmerz erfahren, ist es besser einen starken Geist zu entwickeln und eine Haltung, die bereit ist tapfer Schmerz zu ertragen, anstatt ihn mit Angst oder Ablehnung zu betrachten. Viel wichtiger ist, dass wir uns bewusst sind, dass der Schmerz, den wir erfahren, ein Weg sein kann, ungeheure Mengen negativen Karmas zu reinigen, besonders, wenn wir eine tugendhafte Geisteshaltung bewahren. Wenn wir krank sind, ist der Schmerz oft ein Zeichen dafür, dass der Heilungsprozess in unserem Körper voranschreitet. Es ist hilfreich in gleicher Art zu denken, wenn unser Körper den Übergang zu einer neuen Geburt vollzieht.

Weiters ist es entscheidend, dass der Geist nicht nur mit dem Schmerz und dem Festhalten daran beschäftigt ist. Wie gut wir damit umgehen können, gerade wenn wir Schmerz erleiden, wird davon abhängen, wie sehr wir von unserer Reaktion auf diesen Schmerz loslassen können, auch wenn er uns zu überwältigen droht. Deshalb ist es empfehlenswert das Schmerzgefühl einfach nur ‚betrachten' zu lernen, oder es in den Hintergrund auszublenden, oder es als ‚nur eine Empfindung' zu sehen, während wir unseren Geist mit starken, tugendhaften Gedanken auffüllen, wie etwa die Eingebungen Gottes, oder was auch immer unsere höchste Wahrheit repräsentiert.

Wenn wir mit dem Reuegefühl richtig umgehen wollen, müssen wir zuerst verstehen, dass ein gewisses Mass an Reue über das Fehlverhalten, das wir in diesem Leben gezeigt haben, durchaus gut ist. Erinnern wir uns daran, dass jegliche negative Handlungen und deren Auswirkungen vorübergehend sind und daher nicht definieren können, wer wir sind. In Wirklichkeit ist unsere wahre Natur grundlegend rein und unverschmutzt von leidbringenden Emotionen, wie ein klarer Himmel, unbefleckt von Wolken. Je größer unser Gefühl ehrlicher Reue für alle Missetaten ist, desto größer ist auch die Kraft, mit der wir uns anhand der vier früher erwähnten Voraussetzungen – Reue, die Gegenmittel anwenden, Entschlossenheit und Stärke – reinigen können. Erinnern wir uns daran, dass wirkliche Reue nichts zu tun hat mit dem Verharren in Schuldgefühlen oder im Nichtstun. Vielmehr sollte es uns dazu anregen wirklich zu akzeptieren, wer wir sind und was in unserem Leben vorgefallen ist, unser Bestes zu tun, um unheilsame Geisteszustände zu reinigen und heilsame Qualitäten zu pflegen.

Es kann auch sehr hilfreich sein zu verstehen, was während des Sterbeprozesses geschieht. Viel Kenntnis darüber stammt aus der tantrischen Praxis im tibetischen Buddhismus, durch welche es großen Praktizierenden möglich ist, bei Lebzeiten den Durchgang durch die Stadien des Todes bewusst zu trainieren. Wir sind in der sehr glücklichen Lage, dass dieses Wissen mittlerweile weit verbreitet zugänglich ist, da es uns hilft genau zu wissen, was wir während des Sterbeprozesses zu erwarten haben, und uns beim Überwinden der Angst vor der Auslöschung hilft.

Sterben ist auch ein Prozess, den wir täglich beim Einschlafen erleben. Wenn wir einschlafen, löst sich das grobe Bewusstsein (Alltagsbewusstsein), das aus unseren gewöhnlichen Gedanken und Empfindungen besteht, in das subtile (feinstoffliche) Bewusstsein hinein auf und, während dies stattfindet, können wir Erfahrungen von Glückseligkeit und Klarheit erleben. Beim Sterben wird das subtile Bewusstsein noch feiner und die Energie des physischen Körpers löst sich eine nach der anderen in die vier Elemente auf: Erde, Wasser, Feuer, Luft. Deshalb fühlen wir uns zunächst sehr schwer, wenn wir sterben, als würden wir ertrinken, während sich das Erdelement langsam in das Wasserelement auflöst. Danach fühlen wir uns extrem ausgetrocknet, wenn sich das Wasserelement auflöst und danach wird unser Körper ganz kalt, wenn sich das Feuerelement auflöst. Schließlich können wir uns kaum noch bewegen und unsere Atmung hört schrittweise auf, während sich das Luftelement auflöst.

Es gibt noch viel mehr Details zu diesem Auflösungsprozess[40] und das kann in der einschlägigen Literatur zu diesem Thema nachgelesen werden. Wir sollten jedenfalls wissen, dass der Prozess mit dem Aufhören der Atmung noch nicht abgeschlossen ist. Selbst wenn Atmung und Herzschlag bereits aufgehört haben und der Mensch für „tot" gehalten wird, gehen die geistigen Prozesse des Sterbens noch weiter und deshalb ist es wichtig diese Menschen einige Zeit lang nicht zu berühren und nicht durch Lärm zu stören. Solche Störungen können das subtile Bewusstsein des Sterbenden während der abschließenden Phase der Auflösung beunruhigen und zu geistiger Ruhelosigkeit während gewisser Stadien des Übergangs (Bardo) führen.

In Tibet gibt es viele Fälle, in denen spirituelle Praktizierende vollständige Meisterschaft über ihren Sterbeprozess erlangt haben. Oft bleiben ihre Körper über dem Herzzentrum viel Tage, nachdem ihre

Atmung aufgehört hat, noch warm. Um ein Beispiel zu geben, konnten mein eigener Lehrer, Lama Lobsang Trinley und dessen spiritueller Bruder Lama Rinpal den genauen Zeitpunkt ihres Todes angeben, sie starben friedvoll in tiefer meditativer Versunkenheit und ohne Krankheit. Der große 16. Karmapa war immerfort guter Laune während seiner tödlichen Krankheit und viele Tage nach seinem Tod war sein Herz immer noch warm[41], was die westlichen Ärzte und Wissenschafter vor ein Rätsel stellte. Das zeigt, dass es, weit über die Zeit hinaus, wo wir sagen „jemand sei gestorben", noch eine Verbindung zwischen Körper und Geist geben kann.

Für die meisten Menschen wird es wohl so sein, dass ihr subtiler Geist langsam, während der Trennung vom gegenwärtigen Körper, immer gröber wird und einer nächsten Wiedergeburt zusteuert. Das ist detailreich in den „Bardobelehrungen" beschrieben, wobei der Begriff Bardo den Zwischenzustand oder Veränderungsprozess während des Übergangs von einem zum nächsten Leben beschreibt. In diesem Zustand erscheint unser wahrnehmendes Bewusstsein wieder, mit der Fähigkeit die Dinge zu bemerken, zu fühlen und zu erkennen, allerdings ohne die Unterstützung durch einen physischen Körper. Nach einer Übergangsperiode, die mit etwa sieben Wochen angegeben wird, nimmt dieses wahrnehmende Bewusstsein wieder Geburt in einem neuen Körper an.[42]

Wir alle wünschen uns einen friedlichen Tod, das hängt aber davon ab, wie wir unser Leben gelebt haben. Es ist wichtig ein friedvolles Leben zu führen und sich wirklich anzustrengen, um gute mentale Qualitäten, wie liebevolle Güte, Mitgefühl, Versöhnlichkeit und Toleranz zu entwickeln. Wenn wir uns dem Tod nähern, ist es umso wichtiger uns darauf zu konzentrieren diese Qualitäten zu entfalten, weil das eine sehr wirkmächtige Zeit ist und wir nun die großartige Gelegenheit haben uns selbst einen friedvollen Tod und eine günstige Wiedergeburt zu erwirken.

ÜBUNGEN FÜR DEN AUGENBLICK DES TODES

Zwei wichtige spirituelle Übungen können wir ausführen, die uns helfen einen friedvollen Tod zu erlangen. Die erste ist eine ausführliche Reinigungs-Praxis, die wir bereits einige Zeit vor dem Sterben oder zum Zeitpunkt des Todes ausführen können, wenn wir noch die Kraft dazu haben. Die zweite Übung ist eine sehr spezielle und praktische Methode, die uns hilft in einem „reinen Bereich" oder „Himmel" Wiedergeburt zu erlangen. So ein Bereich strahlt die Qualitäten von erleuchteten Wesen aus und ist frei von Leiden, weil es dort keine Gelegenheit für das Entstehen negativer Geisteszustände gibt und die Wesen, die dort verweilen, von sich aus heilsame Geisteszustände und göttliche Wahrnehmung besitzen.

Alle beide Übungen stützen sich aber auf unsere Fähigkeit, einen ruhigen und beständigen Geist aufrechtzuerhalten. Daher ist es von großer Bedeutung, zuerst die Grundlagen der Meditationspraxis zu üben. Ich gebe also zuerst einen kurzen Überblick, wie Meditation praktiziert wird, bevor ich diese beiden wichtigen Übungen erkläre.

Meditieren lernen

Unglücklicherweise ist unser Geist meistens so zerstreut, dass es uns schwer fällt uns auf ein Objekt auszurichten ohne die Konzentration zu verlieren. Deshalb ist es nötig eine Methode oder eine Routine zu erlernen, jederzeit, wenn wir es wollen, unseren Geist und Körper achtsam in einen entspannten, ruhigen und aufmerksamen Zustand bringen zu können.[43] Das fängt bei den richtigen Meditationshaltung an.

Die vier Meditationshaltungen

Man kann im Sitzen, Liegen, Gehen oder Stehen meditieren – und alle diese Haltungen können formal oder formlos genutzt werden.

Für das Sitzen benötigen wir einen komfortablen, gepolsterten Sessel mit aufrechter Lehne oder einen Meditationsschemel oder ein Kissen. Die Hände ruhen entweder übereinandergelegt im Schoß oder auf den Oberschenkeln, während der Rücken aufrecht gehalten wird und das Kinn ein wenig eingezogen. Der Unterkiefer, die Zunge, die Schultern und die Bauchdecke bleiben entspannt, die Augen entweder geschlossen oder halb geöffnet, der Blick leicht nach unten gerichtet. Die Zunge hinter die obere Zahnreihe zu schieben kann den Geist mehr anregen, während sie an der unteren Zahnreiche liegend mehr zu einem entspannten und ruhigen Zustand verhilft.

Für die liegende Position können wir uns entweder auf den Rücken legen, die Hände seitlich, Handflächen nach oben gerichtet, oder uns auf die rechte Seite legen, die rechte Hand unter dem Gesicht, die Beine geschlossen und leicht angewinkelt, die linke Hand entlang der linken Körperseite ausgestreckt. Für das Gehen und Stehen legen wir die Hände, rechts über links, an der Vorderseite des Körpers ineinander und lassen die Arme seitlich natürlich, locker, die Wirbelsäule in einer aufrechten aber entspannten Haltung.

Die elementare Meditationsmethode

Alle Arten der Meditation folgen derselben grundlegenden Methode und die beginnt mit der Entspannung des Körpers. Eine wirksame Methode, dies zu erreichen, sind „Entspannungsübungen", die vor der Meditation ausgeführt werden, wie das Ausschütteln oder Massieren der einzelnen Körperteile oder sanfte Dehnungsübungen aus dem Yoga. Dann lassen wir am besten alle Sorgen über Vergangenheit und Zukunft einfach fallen, lösen sie auf und werden zu jemandem „ohne Geschichte", während wir meditieren. Dann richten wir die Aufmerksamkeit auf das Gewahrsein des gegenwärtigen Moments, einschließlich unserer Atmung, der physischen Präsenz unseres Körpers, der Gefühle in diesem Körper, der Klänge rundherum und des eigenen Geisteszustandes, während wir wahrnehmen, wie all diese Dinge erscheinen und wieder vergehen.

Wenn unsere Achtsamkeit einmal klar und stabil ist, können wir weiterhin auf den gegenwärtigen Augenblick fokussieren, fest verankert in der Aufmerksamkeit auf den Atem, der nun durch den gesamten Körper zirkuliert (erkennend, wann es ein langer Atemzug, wann ein kurzer ist). Zur Abwechslung können wir die Aufmerksamkeit auch auf ein bestimmtes Meditationsobjekt, wie etwa eine Visualisation, einen Klang, die Kontemplation eines bestimmten Themas, wie etwa liebende Güte, oder reines Gewahrsein des Atems auf Höhe unseres Herzens oder an unserer Nasenspitze lenken.

Unvermeidlich werden Gedanken entstehen und wir versuchen diese nur mit dem „Gewahrseinsaspekt" unseres Geistes zu betrachten, ohne sie festzuhalten und danach wieder sanft zum Meditationsobjekt zu wechseln. Klänge und andere Wahrnehmungen werden immer noch da sein, aber im Hintergrund; ein Teil unseres Geistes wird sich dessen immer noch bewusst sein, aber sie brauchen unsere Achtsamkeit nicht mehr zu stören, wenn wir sie nur betrachten ohne darauf zu reagieren. Wenn wir in dieser Weise praktizieren, werden wir einen Zustand mit völlig entspanntem Körper, ruhigen Emotionen und klarem Geist erreichen.

Am Anfang ist es günstig öfter, dafür aber kürzer zu meditieren, um einen ruhigen, ausgeglichenen Geist zu entwickeln. Auf diese Weise bleibt die Übung freudig und interessant und wir werden nach einiger Zeit der Praxis einen Unterschied bemerken. Ein ruhiger Geisteszustand erlaubt es uns die Auswirkungen der beiden Übungen, die nun folgen, wirklich zu spüren und einen echten Einblick in ihre wahre Bedeutung zu gewinnen.

Reinigungspraxis

Die wichtigste Aufgabe zur Vorbereitung auf das Sterben ist es, unser negatives Karma zu reinigen. Dazu brauchen wir die die vier Voraussetzungen, die ich vorher erklärt habe: Reue, das Anwenden der Gegenmittel, Entschlossenheit und Stärke. Wir können diese Praxis durch

Vajrasattva, die Verkörperung der Reinheit in den
tibetisch-buddhistischen Traditionen.

eine Visualisation, die von den Buddhisten Vajrasattva genannt wird, noch stärker machen.[44] Vajrasattva ist eine strahlend weiße Gottheit, die Reinheit, Mitgefühl und Heilkraft verkörpert. Für jene Menschen mit anderen spirituellen Neigungen ist es wichtig diese Praxis mit der Unterstützung durch das, was für sie die Wahrheit repräsentiert, auszuführen. Beispielsweise können sie Jesus visualisieren, eine liebevolle Erscheinung in Form eines weißen Strahlenkranzes, oder vielleicht ein Bild aus der Natur, wie etwa die Sonne, die durch einen lichterfüllten Regenschauer hindurchscheint.

Zunächst nehmen wir eine der oben beschriebenen Meditationshaltungen ein, die für uns angenehm ist. Erinnert euch an alles, was ihr in diesem Leben falsch gemacht habt, und bekennt es offen, wie auch jeglichen Schmerz, an dem ihr, aus welchem Grund auch immer, festgehalten habt. Ihr könnt auch bekennen, dass Ihr über zahlreiche Leben hinweg zahllose unheilsame Taten ausgeführt habt. Stellt Euch nun Vajrasattva (oder wer auch immer für Euch diese Wirklichkeit verkörpert) über Eurem Kopf vor, von mondgleicher weißer Körperfarbe, jedoch durchscheinend, geschmückt mit Juwelen sitzt er mit überkreuzten Beinen auf einer weißen Lotusblüte. Bittet nun mit tiefempfundener Aufrichtigkeit, „Mitfühlender, bitte reinige all mein negatives Karma."

Danach stellt Euch vor, wie der milchig-weiße Segensnektar voller Mitgefühl und Vergebung sich aus Vajrasattvas Herzzentrum in Euren Körper ergießt, in jede Pore und jede Zelle Eures Körpers eindringt und alles negative Karma und alle schädlichen Emotionen aus dem Körper herausspült. Der ganze Schmutz wird herausgewaschen, er verlässt den Körper durch die unteren Öffnungen wie schwarzer Rauch oder Tinte oder verunreinigtes Blut und versickert im Boden. Danach wird der Körper langsam und vollständig mit dem göttlichen Nektar ausgefüllt, der wie ein Kristall wird, als hätte man Milch in ein Glas gegossen. Dies ist nicht bloß eine Vorstellung, sondern etwas, das Ihr in Eurem ganzen Körper spüren könnt.

Wenn diese Visualisation eine zu große Herausforderung darstellt, könnt Ihr Euch alternativ auch vorstellen, wie die Wärme der Sonne Euren Körper allmählich ausfüllt, gefolgt von einem sanften, lichtdurchfluteten Regenschauer, der erst über Eure Haut rinnt und dann auch die Muskeln, Knochen und inneren Organe abwäscht. Am besten findet Ihr eine Form der Übung, die am ehesten geeignet ist in Euch ein Gefühl der Ruhe, der Glückseligkeit und der Ausstrahlung im ganzen Körper hervorzurufen.

Setzt diese Visualisation jeden Tag, so oft Ihr könnt, fort und entwickelt Vertrauen darin, dass Euer negatives Karma und Eure schädlichen Emotionen jetzt vollständig bereinigt sind. Wenn Euer Karma ausreichend gereinigt ist, werdet Ihr schließlich keine Angst mehr vor dem Tod haben und auch nicht mehr von Bedauern (Reue) geplagt sein und das führt zu einem friedvollen Tod und einer kostbaren Wiedergeburt.

Man kann sagen, dass die Praxis erfolgreich ist, wenn Ihr den weißen, strahlenden, segensreichen Nektar spüren könnt, der Euren Körper vollständig auffüllt und wenn Ihr davon überzeugt seid, dass Ihr gereinigt seid, als ob ein großes Gewicht von Euren Schultern genommen würde.

Weshalb Vajrasattva? In der buddhistischen Tradition wird von einem Heiligen gesprochen, der als Vajrasattva bekannt war, der Erleuchtung erlangte mit der Sehnsucht, das negative Karma anderer Menschen zu reinigen, was vergleichbar ist mit dem Kreuzestod von Jesus Christus, um die Sünden der Welt zu tilgen. Deshalb kann das Beten mit der Unterstützung von Vajrasattva, oder Jesus, wenn Ihr Christen seid, besonders kaftvoll sein.

Praxis für eine Wiedergeburt frei von Leid

Haben wir den Wunsch, schön, reich und mächtig wiedergeboren zu werden, so ist das sicher erreichbar, wenn wir mit den Methoden zum Reinigen unseres negativen Karmas ausgestattet sind und die Sehnsucht nach einer solchen Wiedergeburt entwickeln. Aber als jemand Schöner, Reicher und Mächtiger wiedergeboren zu werden garantiert uns nicht, dass wir in zukünftigen Leben auch frei von Leiden sein werden.

Wenn wir wirklich frei von Leiden sein wollen, dann ist es am besten eine Wiedergeburt in einem reinen Land oder einem Götterbereich anzustreben. Es gibt eine Schule des Buddhismus (Reines Land Buddhismus), die das geistige Training bevorzugt auf diese Sehnsucht ausrichtet, damit wir beim Herannahen des Todesaugenblicks voller Zuversicht und mit dem Übergang zu einer neuen Geburt im reinen Land namens Sukhavati vertraut sind. Obwohl diese Lehren aus buddhistischen Schriften stammen, die vor vielen Jahrhunderten erstellt wurden, sind sie keinesfalls veraltet oder auch keine bloße Glaubenslehre. Vielmehr wurden sie zu jeder Zeit durch die direkte Erfahrung höchst verwirklichter Praktizierender bestätigt, selbst heute noch und bei vielen Anlässen war ihr Tod von wundervollen Zeichen begleitet. Ich war sogar selbst mehrfach Zeuge solcher Ereignisse in Tibet. Um ein Beispiel zu geben, anlässlich einer solchen Gelegenheit sagte mir eine Frau aus meinem Dorf, die an Kehlkopfkrebs tödlich erkrankt war, dass sie einige Wochen lang Angst vor dem Tod gehabt hätte, bis sie eines Tages in einer Vision den roten Buddha Amithaba vor sich gesehen hatte – von diesem Augenblick an verlor sie alle Furcht vor dem Sterben und fühlte sich glücklich und wohl, ohne Besorgnis um irgendwelche physischen Schmerzen.

Wenn wir die Meditation gewissenhaft üben, um uns mit Sukhavati vertraut zu machen, werden wir die Bedingungen für einen furchtlosen, friedvollen und freudvollen Tod schaffen, im Vertrauen darauf, dass wir eine wunderbare neue Wiedergeburt haben werden. Seid Euch dessen bitte bewusst, dass diese Praxis nicht nur für Buddhisten ist. Wenn Ihr einen tiefen Glauben an Gott, oder ein großartiges Wesen wie Jesus habt, dann ist das für Euch „Sukhavati" und die Praxis wird für Euch genauso wirksam sein.

Warum ist Sukhavati so besonders? Genauso wie Vajrasattva seine Erleuchtung dem Reinigen unseres negativen Karmas gewidmet hat, heißt es, dass ein Bodhisattva, ein großartiges Wesen, namens Amitabha versprach, die Menschen im Augenblick ihres Todes vom Leid zu befreien. Er schuf durch seine Erleuchtung das reine Land von Sukhavati. Das heißt nicht, dass er diesen Ort erschaffen hat; vielmehr hat er Ozeane positiven Karmas gewidmet, damit sich so ein reines Land manifestieren kann, in dem jede/r wiedergeboren werden kann, der/die sich mit aufrichtiger Sehnsucht dorthin wendet.

Werden wir in einem reinen Land wiedergeboren, sind wir von Geburt an perfekt. Das bedeutet, dass wir von Natur aus die höchsten geistigen Qualitäten besitzen, die all jene Qualitäten, die ich in diesem Buch beschrieben habe, weit überragend. Im Besonderen werden wir Hingabe, Gewissenhaftigkeit, außergewöhnliche Erinnerungsfähigkeit und Vorausschau, Sammlung, Mitgefühl und Weisheit besitzen. Wir werden als physisch und mental perfektes Wesen mit einer göttlichen Ausstrahlung geboren. Auch wenn wir noch gewisse Neigungen haben, bekommen negative Emotionen oder schlechte Gewohnheiten keine Gelegenheit mehr uns zu überwältigen, weil die äußeren Umstände von Amitabhas göttlicher Macht gesegnet sind. Beispielsweise ist niemand mehr da, der einen Streit anfangen wollte, und es gibt keine Umweltbedingungen mehr, die zu irgendeiner Art von Verfall, Leiden oder negativen Emotionen führen könnten. Daher wird unser gesamtes Karma ganz natürlich gereinigt und wir werden nie mehr in einem unreinen Bereich wiedergeboren, außer auf eigenen Wunsch. Wir weden also wirklich frei sein.

Wie erreichen wir also Amitabhas reinen Bereich? Die Lehren sprechen von vier Bedingungen, die sehr einfach und wirksam sind. Seid Euch dessen bewusst, dass dies eine äußerst kostbare und machtvolle Praxis ist. Äußerst selten kommen wir in die Gelegenheit solche Belehrung zu erhalten, und dann auch noch das Glück zu haben, diese praktizieren zu können.

1. Aufrichtiges Streben

Ihr müsst eine wirklich aufrichtige Absicht und den Wunsch haben in Sukhavati wiedergeboren zu werden. Gewöhnlich denken wir, dass Begehren eher ein Hindernis für einen friedlichen Tod ist; in diesem Falle haben wir die einzigartige Gelegenheit, diese Emotion für das Streben in Sukhavati wiedergeboren zu werden, zu nutzen. Als Menschen sind wir gewöhnlich von unseren Begierden gesteuert, aber hier haben wir die Gelegenheit, das Begehren so zu lenken, dass wir in Amitabhas reinem Land wiedergeboren werden.

2. Vertrautheit

Wir müssen mit dem reinen Land vertraut sein und besonders mit der Form von Amitabha, die wie das Tor ist, durch das wir Sukhavati betreten können. Deshalb ist es angeraten eine Visualisationspraxis, entweder auf Buddha Amitabha oder einen anderen göttlichen Aspekt, zu dem wir eine Herzensverbindung haben, zu machen, bei der wir auch eine der oben beschriebenen formalen Meditationshaltungen einnehmen.

Buddha Amitabha

Amitabha wird traditionell in rubinroter Farbe dargestellt, wie ein Berg aus Rubinen, der im Licht von tausend Sonnen strahlt. Er trägt einfache Mönchsroben, sitzt mit überkreuzten Beinen und hält die Hände in Meditationshaltung (rechte Hand auf der linken, in den Schoß gelegt). Die rote Farbe symbolisiert das menschliche Begehren und Amitabha, der sich manifestiert, um uns durch genau dieses Begehren zu befreien. Traditionell wird Amitabha über unserem Kopf visualisiert oder uns gegenüber, auf Höhe unserer Stirn, mit dem Blick zu uns gewandt. Normalerweise stellen wir uns das Bild viel größer vor als ein Menschenwesen, sogar so groß wie ein Berg, aber er kann jede Größe annehmen, die für uns angenehm ist. Ihr könnt auch unermessliches Ausstrahlen von liebender Güte aus Amitabhas Herzzentrum in Form von rotem oder rosa Licht visualisieren, das sich mit jedem Lebewesen im Universum verbindet.

Wenn diese Visualisation Euch nicht leichtfällt, könnt Ihr alternativ auf Höhe Eures eigenen Herzzentrums eine rote Rose visualisieren, die sich entfaltet und jeden Körperteil mit rotem Licht erfüllt. Dann könnt Ihr Euch vorstellen, wie sich das Licht um Euch ausdehnt, wie eine Kugel, die sich nach allen Seiten ausbreitet und wiederum mit jedem Lebewesen im Universum Verbindung aufnimmt.

Es ist sehr gut, wenn Ihr diese Visualisation klar in Eurem Geist aufrechterhalten könnt, verstärkt durch regelmäßige Praxis. Jeden Tag solltet Ihr das, so oft Ihr könnt, immer wieder visualisieren, bis Ihr so vollkommen vertraut damit seid, dass Ihr die Anwesenheit von Amitabha spüren könnt. Es ist ganz wichtig seine Nähe, oder ein Gefühl der Verbundenheit mit Amithaba zu spüren. Wenn Ihr diese Visualisation zu schwierig findet, dann füllt Euren Geist mit rubinrotem Licht und empfindet seine außerordentliche Liebe und das Mitgefühl Euch gegenüber und für alle fühlenden Wesen. Ein wichtiger Punkt ist abschließend noch, dass wir die Visualisation nicht „machen", wie wir uns etwa vorstellen, ein Stück Holz verwandle sich in Gold; vielmehr versuchen wir mit einer viel tiefgründigeren Wirklichkeit in Berührung zu kommen.

Es ist auch vorteilhaft sich mit den einzigartigen Eigenheiten von Sukhavati[45] vertraut zu machen, die in unterschiedlichen buddhistischen Texten detailreich beschrieben sind. Wie ich vorher bereits erwähnt habe, können dort keine geistigen Beschwerden/Leiden entstehen, weil die Umgebung und seine Bewohner von völlig reiner Natur sind.

3. Ansammeln von Verdienst

Ihr müsst Euch anstrengen so gut Ihr könnt, gute Taten zu vollbringen und heilsame Geistesqualitäten zu entwickeln. Seid nett zu anderen, vermeidet Zorn und Eifersucht und lernt zu vergeben und alles loszulassen, woran Ihr haftet. Erinnert Euch ständig daran, dass Ihr lernen wollt Euren Geist zu verändern, damit Ihr in Sukhavati wiedergeboren werden könnt. Betet auch dafür, dass Ihr dort wiedergeboren werdet zum Wohle aller fühlenden Wesen, denn wenn Ihr dort wiedergeboren werdet, habt Ihr bedeutend mehr Freiheiten und Möglichkeiten, anderen wohlzutun, weil Ihr besondere göttliche Kräfte besitzt, die über unser gewöhnliches Verständnis hinausgehen. Sammelt jeden Tag Verdienst an und tut Heilsames, vermeidet negative Handlungen. Überprüft Eure Motivation jeden Morgen, entscheidet Euch aktiv dafür freundlich und mitfühlend zu handeln, anstatt von Eigeninteresse motiviert zu sein. Beschließt diesen Tag nicht zu vergeuden, sondern weise zu nutzen und Verdienst anzusammeln, mit dem Wunsch in Sukhavati wiedergeboren zu werden. Überdenkt all eure Handlungen am Abend. Seid Euch sowohl Eurer heilsamen als auch Eurer unheilsamen Taten bewusst, widmet und genießt Eure guten Taten und beschließt, die negativen künftig nie mehr zu wiederholen.

4. Widmung

Sämtliche gute Taten, die Ihr in diesem Leben getan habt, sollt Ihr widmen und ebenso die Ozeane guter Taten anderer Menschen, von denen Ihr gehört habt oder die Ihr euch vorstellen könnt, auf dem Weg zu einer himmlischen Wiedergeburt. Die guten Taten anderer gemeinsam mit unseren eigenen zu widmen verstärkt die Kraft unseres Strebens. Wann immer Ihr etwas Gutes tut, widmet es mit einem aufrichtigen Gebet und sprecht den Herzenswunsch aus, in Sukhavati wiedergeboren zu werden zum Wohle aller anderen Lebewesen. Denkt Euch: „Ich widme diese Verdienste und jene aller anderen Lebewesen, damit ich in Sukhavati wiedergeboren werde, zum Wohle aller Wesen. Ich widme diese Verdienste, damit alle Hindernisse für das Vollenden dieser Praxis beseitigt werden. Ich widme diese Verdienste auch, damit alle Wesen das Glück haben mögen, diese Lehren kennenzulernen und praktizieren zu können."

Vergewissert Euch, dass Ihr die guten Taten nicht für eine künftige

Geburt in guter Gesundheit, Schönheit, Reichtum oder Einfluss widmet. Diese Qualitäten sind begrenzt und erschöpfen sich mit der Zeit. Wenn Eure Widmung auf eine Wiedergeburt in Sukhavati ausgerichtet ist, dann werdet Ihr diese und noch viel mehr grenzenlose Qualitäten entdecken, die jetzt noch völlig über Euer Vorstellungsvermögen hinausgehen.

Das Leben nach dem Tod

Was passiert wirklich, wenn wir sterben und gut in der Amitabhapraxis geübt sind? Die Lehren sprechen davon, dass wir auf wundersame Weise aus einer Lotusblüte geboren werden und die Erfahrung des Verschmelzens mit warmem, unbegrenztem Licht machen, dabei sehen wir direkt ins Antlitz Amitabhas, oder spüren seine liebevolle Präsenz. Vielleicht erhalten wir auch eine Prophezeiung über unsere eigene Erleuchtung, oder wir werden von erleuchteten Wesen zu unserer nächsten Wiedergeburt begleitet.

Wenn wir sehr vertraut mit ihm sind und einen starken Glauben an Amitabha etwickeln, können wir ihn, bevor wir sterben, wirklich sehen und diese direkte Erfahrung wird uns jegliche Angst vor dem Tod nehmen. Obwohl das unglaublich klingen mag, ist es doch kein bloßer Aberglaube. In meinem Bezirk in Tibet kannte ich Menschen, die in ihrem Berufsleben so beschäftigt waren, dass sie keine Zeit für spirituelle Praxis hatten, sich aber später der Amitabhapraxis zuwandten. Als sie dann älter wurden und die Zeit des Sterbens näherkam, hatten viele von ihnen Visionen von Amitabha und fühlten sich sehr glücklich und sicher. Jede/r erlangte einen friedlichen, furchtlosen und schmerzlosen Tod. Vor einigen Jahren durfte ich selber Zeuge dessen werden – das ist also nicht bloß eine Geschichte.

Gilt das alles auch für westliche Menschen? Ganz gewiß! Jene Menschen, die eine Nahtoderfahrung gemacht haben, sprechen oft davon, dass sie von Licht angezogen und später darin eingehüllt wurden[46] und von der Gegenwart bedingungsloser Liebe. Besonders interessant war für mich, dass auch Elizabeth Kubler-Ross[47], die durch ihre Arbeiten mit Sterbenden bekannt wurde, eine sehr ähnliche Erfahrung kurz vor ihrem Tod in ihrer Autobiographie beschreibt. Sie erinnert sich ihren Körper verlassen und vor sich viele wunderschöne Lotusblüten gesehen zu haben, dann sah sie ein Licht und wusste auf einmal, dass sie durch eine bestimmte riesengroße Lotusblüte gehen und mit dem Licht und seiner liebevollen Präsenz verschmelzen musste. Nach dieser Erfahrung verlor sie jegliche Angst vor dem Tod:

Vor dem Sterben brauchen wir uns nicht zu fürchten. Es kann die wundervollste Erfahrung unseres Lebens sein. Es hängt nur davon ab, wie wir gelebt haben.[48]

Das entspricht weitgehend den Erfahrungen der tibetischen Praktizierenden auf Amitabha. Zwar hat sie nicht davon gesprochen ein rubinrotes Wesen gesehen zu haben, aber die Details müssen ja nicht überall gleich sein, weil unsere Wahrnehmung auch davon abhängt, wie wir unseren Geist trainiert haben. Viel wichtiger ist es zu erkennen, dass es notwendig ist als „gute" menschliche Wesen zu leben mit einem starkem Glauben und Mitgefühl und die unerschütterliche Überzeugung zu gewinnen, dass unser Tod friedlich und angstfrei sein wird.

Aber selbst, wenn wir noch nicht so vertraut sind mit der Amitabhapraxis, oder keine Verbindung dazu aufbauen können, sollten wir uns vergegenwärigen, dass spirituelle Lehren uns die Möglichkeit eines Lebens nach dem Tod nahebringen. In der tibetischen Tradition weist vieles darauf hin, dass es sich dabei nicht bloß um einen Glauben oder blindes Vertrauen handelt. Eines der deutlichsten Beispiele ist der Dalai Lama, dessen gegenwärtige Inkarnation, Tenzin Gyatso, auch als Seine Heiligkeit der XIV. Dalai Lama bekannt ist. Er wurde als Kind bereits als die Reinkarnation des dreizehnten Dalai Lama anerkannt, nachdem er einer gründlichen Überprüfung, die unter anderem das Wiedererkennen von persönlichen Gegenständen seines früheren Lebens beinhaltete, standgehalten hatte. Zusätzlich kam er, verglichen mit anderen Studenten, ungewöhnlich schnell in seinem Studium voran, was wohl an der großen Menge angeborener spiritueller Fähigkeiten liegt. Darüberhinaus gibt jeder Dalai Lama am Ende seines Lebens Anweisungen, wo er in seinem nächsten Leben wiedergeboren wird. Das liegt vermutlich daran, dass er genügend Kontrolle über seinen Geist hat, um die Umstände seiner künftigen Geburt selbst zu wählen und dass sein Gelöbnis zum Wohle des tibetischen Volkes ihn dazu verpflichtet mehrere Leben hindurch dort zu bleiben.

In gleicher Weise gibt es viele Beispiele von tibetischen Tulkus oder anerkannten Reinkarnationen, die sich entschlossen haben Leben für Leben zurückzukehren, damit sie ihr Werk, sei es in einem Kloster oder außerhalb, was immer ihr Bestreben gewesen sein mag, fortsetzen können. Diese Tulkus sind nicht nur nach bestimmten Tests und sorgfältiger Interpretation von Hinweisen anerkannt worden, sondern viele von ihnen konnten sich auch an wichtige Ereignisse aus einem früheren Leben erinnern, genauso, wie wir uns vielleicht an Erlebnisse aus der frühen Kindheit erinnern.

Dieses Phänomen ist bestimmt nicht nur auf Tibet begrenzt. In letzter Zeit wurden auch einige „Westler" als Reinkarnationen tibetischer Lamas anerkannt.[49] Es gibt inzwischen auch eine bemerkenswerte Anzahl von Berichten über Menschen aus dem Westen, die erstaunliche Fähigkeiten im Erinnern früherer Leben haben. Einige ihrer Geschichten stimmen sehr genau mit den historischen gesicherten Umständen einer bestimmten Region oder Lebens-Situation überein und enthüllen Tatsachen, die mit betrügerischen Mitteln einfach nicht herauszufinden gewesen wären. Beispielsweise gibt es viele dokumentierte Fälle von Kindern, die das Haus und die Familienmitglieder eines früheren Lebens wiedererkannten und Namen und Ereignisse erzählen konnten[50], die von den Menschen, die dort noch lebten, bestätigt wurden.

Grundsätzlich gibt es zwei Arten von Wiedergeburten. Zunächst jene, die man selber auswählt, dabei haben wir unseren Geist auf sehr entwickeltem Niveau unter Kontrolle und können eine Geburt unter bestimmten Bedingungen und Menschen auswählen, wo wir anderen eine effektive Hilfe sein werden, wie beispielsweise seine Heiligkeit der Dalai Lama. Dann gibt es die Wiedergeburt unter karmischer Kontrolle, wo wir durch unsere vorangehenden Handlungen getrieben zu einer neuen Existenz gemäß unseren Emotionen und unserem Karma gezogen werden.

Wenn wir in Sukhavati wiedergeboren werden, können wir diese karmische Kettenreaktion umgehen. Das bedeutet, dass wir niemals mehr in einem irdischen, menschlichen, oder anderen Daseinsbereich wiedergeboren werden, außer wir entscheiden uns selber dazu. Diese Belehrung ist daher sehr kostbar, hilft sie uns doch den Kreislauf des unkontrollierten Todes und der Wiedergeburt ein für alle Mal zu verlassen.

Epilog

Dieses Buch wurde nicht zur Unterhaltung geschrieben. Vielmehr ist es mein ehrlicher Wunsch, dass Ihr es als einen nützlichen Ratgeber betrachtet, an den Ihr Euch in jedem Lebensalter wenden könnt. Ich hoffe, Ihr macht Gebrauch davon, wenn Ihr in Schwierigkeiten seid, wenn Ihr große Entscheidungen zu treffen habt oder wenn Ihr nur das Bedürfnis habt eine Auszeit zu nehmen und darüber zu reflektieren, wie Euer Leben bisher gelaufen ist.

Deshalb rate ich Euch, dieses Buch nicht nur ins Regal zu stellen, damit es Staub ansetzt, wenn Ihr es einmal fertiggelesen habt. Nehmt es mit, wohin Ihr auch geht. Denkt über seinen Inhalt immer wieder nach und wendet die Weisheit, die Ihr ansammelt, in Eurem Alltagsleben an. Sprecht mit Euren Partnern, Eurer Familie, Euren Freunden über die Gedanken in diesem Buch. Akzeptiert sie nicht einfach in blindem Vertrauen, sondern probiert sie aus, prüft nach, ob sie funktionieren, wie ein Wissenschaftler, der ein Experiment macht. Vielleicht denkt Ihr, dass manche Bereiche ohnedies völlig klar sind und Ihr deshalb nicht darüber nachzudenken braucht, doch wir stolpern oft im Leben gerade über jene Bereiche, wo wir über scheinbar Offensichtliches nicht ordentlich nachgedacht haben.

Am hilfreichsten wird es sein, wenn Ihr alle Prinzipien, die Ihr lernt, auf alle Lebenssituationen, denen Ihr begegnet, anwenden könnt und Euch dann selbst fragt, wie gut das funktioniert hat und ob Ihr nächstes Mal etwas besser machen könnt. Macht das immer und immer wieder und erneuert Euer Versprechen jeden Tag aufs Neue Heilsames zu tun, besonders Freundlichkeit und Dankbarkeit. Selbst wenn Euch manches völlig offensichtlich erscheint, so bedenkt bitte, dass es eine große Kluft gibt zwischen dem „Wissen" über eine Sache und dem wirklichen

„Verstehen" oder dem Begreifen. Vielleicht gelingt es Euch eine 15 bis 20-minütige Pause in Eurem Alltag einzuplanen, wo Ihr ein Ritual der Selbstreflexion abhaltet, später dann auch regelmäßig über den ganzen Tag verteilt – dann werdet Ihr in der Lage sein die Weisheit in diesem Buch zu verinnerlichen und sie in jeder Lebenssituation anzuwenden, die Euch begegnet. Wenn Ihr einmal gut geübt darin seid, die heilsamen geistigen Qualitäten im gewöhnlichen Leben anzuwenden, werdet Ihr schrittweise die höchste Glückseligkeit empfinden, die auf den höheren Stufen des Glücklichseins entsteht.

Als Kinder wollen wir uns gut und selbstsicher fühlen. Als Teenager und junge Erwachsene wollen wir die Geheimnisse einer erfolgreichen wirtschaftlichen Karriere und für eine erfolgreiche Beziehung kennen. Wenn wir älter werden, wollen wir lernen, wie wir ein reichhaltiges und lohnendes Leben führen können und wie wir mit Veränderung und Herausforderungen bestmöglich umgehen können. Wenn wir uns schließlich unserem Lebensende nähern, wollen wir wissen, wie wir uns auf einen friedvollen Tod vorbereiten können. In allen Lebensstadien können wir lernen jene Bedingungen herauszufinden und zu fördern, die uns zum Glücklichsein führen, wenn wir sie in den jeweils passenden Situationen unseres Lebens anwenden.

Allerdings sollte niemand glauben, dass nur das Kapitel über unser derzeitiges Lebensalter für uns gültig sei. Es ist genauso gut möglich, dass uns als älteren, vielleicht bereits pensionierten Menschen gerade das Kapitel über die Teenager und jungen Erwachsenen in der gegenwärtigen Situation wichtige Hinweise geben kann. Andererseits könnte, auch wenn wir noch jung sind, ein späteres Kapitel des Buches uns dabei helfen, die richtigen Entscheidungen für unseren künftigen Lebensweg zu finden, indem es uns Einblick in die möglichen Herausforderungen späterer Jahre gibt. Es sollte also jedes Kapitel zu jeder Zeit hilfreich für uns sein.

Stell Dir vor, Du wärest in einigen Jahren in der Zukunft in Deiner lokalen Gemeinde beliebt und respektiert. Du wärest weise, großzügig und voll Vertrauen; so wärst Du also für die Menschen in Deiner Umgebung eine große Wohltat und Dein eigenes Leben wäre von Zufriedenheit und Freude erfüllt. Das ist, zumindest vom buddhistischen Blickwinkel aus, eine Entwicklung, die Dein Leben nehmen kann, wenn Du die Bedingungen für Glück jetzt in Deinem Leben zu pflegen beginnst, gleich ob Du es noch erlebst, oder erst in einem nächsten Leben. Wie es der Buddha sagte: „Was Ihr heute seid, ist Ergebnis Eurer früheren Taten und was Ihr künftig sein werdet, hängt von Euren gegenwärtigen Taten ab." Aus dieser Perspektive können wir dieses Buch als eine Anleitung zum Erlangen von Glück betrachten, über viele Lebenszeiten hinweg, nicht nur für dieses Leben. Wenn Ihr also in diesem Leben als Teenager einige falsche Entscheidungen getroffen habt, werdet Ihr vielleicht in der nächsten Lebensrunde etwas weiser handeln!

Seit vielen Jahren wünschte ich mir ein Buch wie dieses zu schreiben, als ich bemerkte, wie hilfreich es für mich gewesen wäre, als ich erwachsen wurde. Ich habe auch bemerkt, dass viele Probleme, denen ich in Tibet begegnet bin, exakt die gleichen waren, die Menschen im Westen beschäftigen, und dass die Ursachen für Glück ebenfalls identisch sind, ganz gleich, woher wir kommen, wie alt oder wie vermögend wir sind. Dann habe ich festgestellt, dass es hier im Westen ein Erziehungssystem gibt, das sehr auf Intelligenz, Wissen und Produktivität ausgerichtet ist, während es wenig darauf Wert legt, wie man mit Emotionen umgehen und weise Entscheidungen treffen kann; das bleibt oft dem Zufall überlassen. Darüber hinaus scheint heute eher wenig Interesse an einer „Kultur der Weisheit" und deshalb auch kaum Gelegenheit zum Austausch über die wesentlichen Fragen des Lebens zu bestehen. Ich hoffe, dass dieses Buch einen kleinen Beitrag leisten wird, um einige dieser Lücken zu füllen.

Zum Abschluss möchte ich Euch noch drei wichtige Empfehlungen auf den Weg mitgeben. Als erstes bitte ich Euch dringend Euer Glück niemals auf Kosten anderer Menschen zu suchen. Zum Zweiten bitte ich

Euch dringend zu versuchen den anderen Menschen soviel Wohltaten als möglich zu erweisen. Schließlich fordere ich Euch auf im Gedächtnis zu behalten, dass das Glücklichsein beinahe vollkommen an Euch selbst liegt, abhängig vom Ausmaß der Dankbarkeit und Wertschätzung in Eurem Herzen. Mein Herzenswunsch ist, dass Ihr die tiefere Bedeutung dieses Buches versteht und davon inspiriert das Beste aus Eurem kostbaren Menschenleben machen werdet. Ich bete dafür, dass es Euch hilft in die Richtung eines reichhaltigen, bedeutungsvollen und glücklichen Lebens weiterzugehen.

Wiederholung der Übungen

DIE GRUNDLEGENDE MEDITATIONSÜBUNG

Alle Arten von Meditation folgen der gleichen grundlegenden Methode und diese beginnt mit dem bewussten Entspannen des Körpers. Ein guter Weg, dies zu erreichen, ist es einige Lockerungsübungen zu machen, wie beispielsweise das Ausschütteln oder Massieren der Gelenke, oder einige sanfte Yoga-strechings (Dehnungsübungen). Danach solltest Du alle Bedenken hinsichtlich der Vergangenheit oder Zukunft fallen lassen und beschließen während der Meditation zu einem „Wesen ohne Geschichte" zu werden. Übe Deinen Geist in der Achtsamkeit auf den gegenwärtigen Augenblick, auf den Atem, auf die physische Präsenz Deines Körpers, auf die Empfindungen im Körper, auf die Klänge, die Dich umgeben und auf Deinen Geisteszustand, während Du wahrnimmst, wie all diese Dinge entstehen und wieder vergehen.

Wenn Deine Achtsamkeit einmal stabilisiert ist, kannst Du damit fortfahren Dich auf den gegenwärtigen Augenblick zu konzentrieren, verankert in der Aufmerksamkeit auf den Atem im ganzen Körper (und im Bewusstsein ob Du lange oder kurz ein- und ausatmest). In Abwechslung dazu kannst Du die Aufmerksamkeit auf ein besonderes Meditationsobjekt richten, wie etwa eine Visualisation, einen Klang, auf die Kontemplation eines bestimmten Themas, wie liebende Güte, oder das reine Gewahrsein Deines Atems auf Höhe des Herzens oder an der Nasenspitze.

Weil es unvermeidlich ist, dass Gedanken entstehen, sollst Du sie nur betrachten oder mit dem „Gewahrseinsaspekt" Deines Geistes wahrnehmen, ohne sie festzuhalten und dann kehrst Du wieder zum Meditationsobjekt zurück. Im Hintergrund werden Klänge und andere Wahrnehmungen weiterhin da sein; ein Teil Deines Bewusstseins wird sich dieser Wahrnehmungen gewahr sein, doch sie können Deine Achtsamkeit nicht mehr stören, wenn Du sie nur wahrnimmst, ohne zu reagieren. Wenn Du in dieser Weise praktizierst, wirst Du schließlich einen Zustand erreichen, wo der Körper entspannt, die Emotion beruhigt und der Geist klar ist.

Am Anfang sind kurze, regelmäßige Sitzungen der geeignetste Weg, um einen ruhigen und ausgeglichenen Geisteszustand zu erlangen. Auf diese Weise bleibt die Praxis erfreulich und interessant und Du wirst eine Veränderung wahrnehmen, wenn Du eine Zeitlang praktiziert hast. Erst der ruhige Geisteszustand ermöglicht es Dir den Effekt der folgenden zwei Übungen wirklich zu spüren und die volle Einsicht in ihre wahre Bedeutung zu erlangen.

BESINNUNG – ENTSCHEIDUNGEN TREFFEN

Denke an irgendeine wichtige Entscheidung, die Du in letzter Zeit zu treffen hattest. Wie hast Du sie getroffen? Hast du andere Leute, die bereits mehr Lebenserfahrung haben, um Rat gefragt? Hast Du alle Folgewirkungen Deiner Entscheidung mitbedacht? Waren Deine Erwartungen realistisch oder unrealistisch? Hast Du Dir auch den „schlimmsten Fall" (worst case), das Scheitern überlegt? Hattest Du im Falle des Scheiterns eine zweite Möglichkeit (Plan B, back-up) mitbedacht? Warst Du ganz ehrlich mit Dir selbst, oder wolltest Du mit dieser Entscheidung jemandem imponieren? Hast Du alle Möglichkeiten ausreichend bedacht?

Nun denke an Entscheidungen, die Du treffen wirst. Frage Dich dieselben Fragen wie oben und vergewissere Dich, dass Du alle Möglichkeiten sorgfältig mitbedacht hast. Setze Dich aufrecht, mit gerader

Wirbelsäule hin, entspanne Deinen Körper, nimm einige tiefe, große Atemzüge und mache deinen Geist klar. Wenn Du ganz ehrlich zu Dir bist: Was ist denn nun die beste Entscheidung?

ÜBUNG – REFLEXION ÜBER DEN TAG

Halte Dir fünfzehn Minuten jeden Morgen und Abend frei. Während der Morgensitzung überprüfe deine Einstellung, bevor Du in den Tag startest. Konntest Du es wertschätzen, dass Du heute am Leben bist, in einem Land, wo es soviel einfacher ist zu leben als in manchem Land der „dritten Welt"? Bist Du entschlossen, diesen Tag weise zu nutzen und Mitgefühl wo immer Du kannst zu üben, immer aufrichtig Deinen inneren Werten gegenüber? Bist Du bereit, in der Arbeit und in Deiner Partnerschaft geduldig zu sein, auch wenn nicht alles wie erwartet läuft?

Am Abend betrachte, was an diesem Tag passiert ist. Denk an die Menschen, mit denen Du gesprochen hast, an die Orte, an denen Du warst, und an gute wie auch schlechte Erfahrungen, die Du heute gemacht hast. Wofür kannst Du dankbar sein? Vielleicht magst Du eine Liste von fünf bis zehn Dingen anfertigen, in einer Art „Dankbarkeitstagebuch".

Setz Dich mit aufrechtem Oberkörper hin, entspanne alle deine Muskeln und nimm einige tiefe Atemzüge. Versuche in einem natürlichen Gefühl der Zufriedenheit und Freude zu verweilen und denke daran, wie Du (auch) den kommenden Tag wirklich sinnvoll und wertvoll gestalten kannst.

ÜBUNG – VON DER ERFAHRUNG IM LEBEN LERNEN

Im Laufe unseres Lebens haben wir viel Erfahrung angesammelt und wir können viele wertvolle Lehren daraus ziehen, falls wir bereit sind gründlich darüber nachzudenken, was uns das Leben gelehrt hat. Das kann sogar dazu führen, dass wir einige unserer Prioritäten noch einmal überprüfen.

Vergegenwärtige Dir zunächst einen Menschen, zu dem Du in der Vergangenheit eine Verbindung hattest. Das muss nicht unbedingt ein/e Partner/in sein – es kann auch eine Freund/in, ein Elternteil oder auch ein/e Mitarbeiter/in sein. Hat es so geklappt, wie Du es Dir vorgestellt hast? Wie gut ist es gelungen Schwierigkeiten zu bewältigen? Wie offen konntet Ihr miteinander reden? Wenn es etwa eine Zeit großer Schwierigkeiten gab, kannst Du auch aufschreiben, woran Du Dich erinnerst – das kann Dir dabei helfen, die Vergangenheit anzunehmen und weiterzugehen.

Danach vergegenwärtige Dir eine Arbeitssituation aus Deiner Vergangenheit und frage Dich in der gleichen Weise wie oben. Was war Deine Motivation, diese Art von Arbeit anzunehmen? Was hast Du noch alles aus dieser Erfahrung gelernt?

Jetzt schau auf Deine gegenwärtige Situation. Frage Dich selbst: „Wie kann ich das, was ich gelernt habe darauf anwenden? Wie kann ich mein Leben auf die sinnvollste Art leben?"

Setze Dich aufrecht hin, mit geradem Rücken und den Händen im Schoß, spanne Deinen Körper zunächst an und fühle danach die Entspannung überall. Frage Dich selbst aufrichtig, ob es etwas gibt, das Du in Deinem gegenwärtigen Leben ändern möchtest, und denke darüber nach, wie Du das zustande bringen kannst.

ÜBUNG – ÜBER VERGÄNGLICHKEIT MEDITIEREN

Vergegenwärtige Dir einige der Verluste und Veränderungen, deren Zeuge Du im Laufe Deines Lebens warst, und denke über Folgendes nach:

- Alles Geborene wird alt und stirbt.
- Alles, was zusammengesetzt ist, wird wieder auseinanderfallen.
- Alles, was angesammelt wurde, wird wieder aufgebraucht.
- Alles, was aufgebaut wurde, wird auch wieder zusammenbrechen.

Freundschaft und Feindschaft, Glück und Leid, alle Gedanken, die uns durch den Geist gehen – alles verändert sich immer.

Wie kann Dir diese Einsicht dabei helfen mit dem Verlust eines lieben Menschen umzugehen? Wie könnte sie Deine Wahrnehmung der unterschiedlichen Arten von Verlust, die wir erleiden, verändern – des Verlustes lieber Menschen, der Verlustes unserer Arbeit, oder der Verlust von etwas, dem wir große Bedeutung beimessen? Hilfreich wird es sein sich daran zu erinnern, dass Veränderungen nicht notwendigerweise auch Unglück bedeuten – manchmal wirst Du großen Nutzen aus Veränderungen ziehen, auch wenn es zunächst gar nicht ersichtlich sein mag.

Während Du über diese Fragen meditierst, sitze mit aufrechter Wirbelsäule, lass Deinen Körper entspannt und nimm einige tiefe und ruhige Atemzüge. Welche Lehren hält die Wahrheit der Unbeständigkeit für Dich bereit?

Anmerkungen

KAPITEL 1: EINE EINFÜHRUNG INS GLÜCKLICHSEIN

1. Für eine einfache Darstellung des buddhistischen Konzepts von Erleuchtung und wie wir dem Pfad zur Erleuchtung folgen können, siehe die Kapitel drei und vier in: Shar Khentrul Rinpoche; Unveiling Your Sacred Truth: A Gradual Discovery of Enlightenment through the Jonang-Shambala Kalachakra Tradition (Melbourne: Tibetan Buddhist Rimé Institute 2015).

2. Siehe: Martin Seligman, Authentic happiness (Sydney: Random House, 2002).

3. Die Frage nach einem „Glücks-Sollwert" war ein Hauptthema auf der Konferenz mit Vertretern der westlichen Wissenschaft und dem Dalai Lama Ende 2004, die sich auf das aufregend neue Gebiet der „Neuroplastizität" bezog, zusammengefasst in: Sharon Begley (ed), Train Your Mind, Change Your Brain (New York: Ballantine Books, 2007), 226-9. Deutsch: „Neue Gedanken - neues Gehirn: Die Wissenschaft der Neuroplastizität beweist, wie unser Bewusstsein das Gehirn verändert" (München: Arkana) Dieses Thema wird auch angesprochen in: Norman Doidge. The Brain that Changes Itself (New York: Viking, 2007).

4. Unterschiedliche Positionen zur Glücksfrage aus westlich-philosophischer Sicht sind wunderbar umgangssprachlich beschrieben in: Alain de Botton, Consolations of Philosophy (London: Penguin Books, 2001).

5. Eine praktische Einführung in die kognitive Verhaltenstherapie ist nachzulesen in: David Burns, Feeling Good: the New Mood Therapy (New York: Avon Books, 1999). Deutsch: „Feeling Good: Depres-

sionen überwinden, Selbstachtung gewinnen" (Paderborn: Junfermann)

6. Siehe: P. Brickman, D. Coates and R. Janoff-Bulman, 'Lottery winners and accident victims: is happiness relative?' Journal of Personal and Social Psychology 36 (1978): 917-27.

7. Siehe: T. Elbert, C. Pantev, C. Wienbruch, B. Rockstroh, and E. Taub, 'Increased cortical representation of the fingers of the left hand in string players,' Science 270 (1995): 305-7.

8. Siehe: A. Lutz, L.L. Greischar, N.B. Rawlings, M. Ricard, and R.J. Davidson, 'Long-term meditators self-induce high-amplitude gamma synchrony during mental practice,' Proceedings of the National Academy of Sciences 101 (2004): 16369-73.

9. Siehe nochmals: Sharon Begley (ed), Train Your Mind, Change Your Brain: 226-9. (vgl. Anm. 3)

KAPITEL 2: DIE BEDINGUNGEN FÜR GLÜCK ERFORSCHEN

10. Das Phänomen des „flow" wurde von Psychologen gut erforscht – siehe: M. Csikszentmihalyi, Finding Flow: The Psychology of Engagement with Everyday Life (Basic Books: 1998). Aus buddhistischer Sicht ist das gleichbedeutend mit dem Erlangen eines Geisteszustandes der einsgerichteten Konzentration – obwohl das ein glücklicher und segensreicher Zustand ist, entspricht er nicht den tieferen Erfahrungen von Glück.

11. Im Bereich der Positiven Psychologie werden sechs Haupttugenden oder –kräfte aufgelistet, die beinahe allen Traditionen gemeinsam sind: Weisheit, Mut, Liebe und Menschlichkeit, Gerechtigkeit, Mäßigkeit und Transzendenz (oder Spiritualität). An der Stärkung der menschlichen tugendhaften Qualitäten zu arbeiten wird nun als

wichtige Therapieform angesehen. Siehe: Martin Seligman, Authentic happiness: 125-61.

12. Siehe: Tal Ben-Shahar, Even Happier: A Gratitude Journal for Daily Joy and Lasting Fulfillment (New York: McGraw-Hill, 2010): 9-11.

13. Das ist das Grundprinzip einer Schule der Psychotherapie, bekannt als ACT (Akzeptanz- und Commitmenttherapie). Es nutzt Achtsamkeitsaufgaben, um das Problem der Vermeidung direkter Erfahrung zu bewältigen, wo wir unser Leiden dadurch verschlimmern, dass wir mit unangenehmen Gedanken und Gefühlen und wiederkehrenden Erinnerungen an schmerzhafte Erlebnisse ringen. Gleichzeitig konzentrieren wir uns darauf, ein erfülltes und reiches Leben zu schaffen. Obwohl die Verringerung der Symptome eines Patienten nicht das Ziel der Therapie ist, werden sie als Nebenprodukt fast immer verringert. See: Russel Harris, 'Embracing Your Demons: an Overview of Acceptance and Commitment Therapy.' Psychotherapy in Australia 12 (4): 2-8.

14. Bewusstsein oder Einsicht über unsere negativen Tendenzen zu erlangen, war für viele Jahre der Hauptzugang der westlichen Psychotherapie. Die Kognitive Therapie hilft uns unsere Gedankenmuster in der Augenblickswahrnehmung zu erkennen und nach verborgenen Annahmen zu suchen, die diesen Mustern zugrunde liegen. Andererseits spricht die Psychoanalyse von Abwehrmechanismen wie Verleugnung, Zurückweisung oder Ausagieren, die schmerzhafte Erfahrungen der Vergangenheit blockieren; Bewusstheit und Einsicht in diese Muster kann uns helfen die Vergangenheit zu akzeptieren und weiterzugehen.

KAPITEL 3: KINDHEIT – DIE SAMEN DES GLÜCKS SÄEN

15. Die moderne Psychologie ist der Ansicht, dass Eltern eine entscheidende Rolle beim Setzen von Samen bei ihren Kindern spielen, selbst wenn sie das nicht wissen. Es wurde sogar gesagt, dass Kinder die elterlichen Botschaften speichern können oder das Eltern ihr Kind „hypnotisieren" können (see: Steve Biddulph, The Complete Secrets of Happy Children [Sydney: Harper Collins, 1998]). Es besteht die Hoffnung, dass das Gespräch über die hier in den Geschichten angesprochenen wichtigen Themen ein familiäres Umfeld schaffen kann, welches förderlich ist, um den Kindern positive Botschaften zu vermitteln.

16. Die Geschichte über Freundschaft und jene über Achtsamkeit sind beide adaptiert nach den Geschichten aus dem Leben Buddhas, aus: Thich Nhat Hanh, Old Path White Clouds: Walking in the Footsteps of the Buddha. (Berkley: Parallax Press, 1991). Deutsch: „Wie Siddharta zum Buddha wurde. Eine Einführung in den Buddhismus." Berlin, Theseus).

KAPITEL 4: JUGEND – DEN RICHTIGEN WEG WÄHLEN

17. Tal Ben-Sahar spricht von drei grundlegenden Dingen, die für die Karriere oder jegliche Verpflichtung zu berücksichtigen sind – Stärke, Freude und Sinn. Wir können uns selber fragen: „Was sind meine Stärken?", „Was bereitet mir Freude?" und „Was gibt mir Sinn?" Der Autor rät uns auch niederzuschreiben, was wir wirklich machen wollen (etwas, das aus tiefer innerer Überzeugung oder starkem Interesse kommt), und dann zu überprüfen, ob das in irgendeiner Weise durch die Erwartungen anderer beeinflusst ist. Wenn Ihr etwas wirklich machen wollt, dann spielt

es letztlich keine Rolle, was andere darüber denken. Siehe: Tal Ben-Shahar, Happier: Learn the Secrets to Daily Joy and Lasting Fulfillment (New York: McGraw Hill, 2007): 103-105.

18. In der tantrisch-buddhistischen Tradition sprechen wir von einem dynamischen psycho-physischen System in unserem Körper, das nach einigen Jahren yogischen Trainings tatsächlich wahrgenommen werden kann. Wenn wir unseren Körper mit einer Stadt vergleichen, dann sind die Kanäle wie die Strassen, der innere Wind ist wie ein Fahrzeug und der Geist ist der Chauffeur (der als subtile Essenz an bestimmten Stellen des Körpers visualisiert wird). Für eine detaillierte Darstellung siehe: Sogyal Rinpoche, The Tibetan Book of Living and Dying (Sydney: Random House, 2002), 252-3. Deutsch: „Das tibetische Buch vom Leben und vom Sterben" (München, Knaur MensSana)

KAPITEL 5: JUNGE ERWACHSENE – „EINE ZWEITE GELEGENHEIT WEISHEIT ZU ENTWICKELN"

19. Die moderne Psychologie erachtet eine reife Einstellung gegenüber der romantischen Liebe ebenfalls als grundlegend, siehe: Tal Ben-Shahar, Happier: Learn the Secrets to Daily Joy and Lasting Fulfillment (111-22).

20. Der Reifegrad emotionaler Intelligenz von Paaren ist ein Schlüsselfaktor für deren Zusammenhalt und die Stärke ihrer Beziehung. Nach John Gottmann ist dies eine Fähigkeit, die erlernt werden kann. Dazu gehört sich auf die positiven Eigenschaften der Partner konzentrieren zu lernen, häufig und offen zu kommunizieren, Werte und Interessen zu teilen, Konflikte auf reife Art und Weise zu lösen und bereit zu sein Kompromisse einzugehen, siehe: John Gottman & Nan Silver. The Seven Principles for Making Marriage Work (New York: Random House, 2000). Deutsch: „Die 7 Geheimnisse

der glücklichen Ehe" (Berlin, Marion von Schröder Verlag) Für die praktische Anleitung zur emotionalen Intelligenz siehe auch: Jeanne Segal. The Language of Emotional Intelligence: The Five Essential Tools for Building Powerful and Effective Relationships (New York: McGraw Hill, 2008).

21. Es gibt bereits mehrere Studien in dem aufstrebenden Bereich der Geist-Körper-Medizin, die sich auf die Verbindung zwischen einem friedvollen Geist und einem gesunden Körper konzentrieren. Für die fachliche Diskussion über den Zusammenhang von Stress und Krankheit siehe: Craig Hassed, Know Thyself: the Stress Relief Program. (Melbourne: Michelle Anderson Publishing, 2006, 18-22), and references therein.

22. In der tibetisch-buddhistischen Tradition wird die höchste Form des Mitgefühls Bodhicitta genannt, der altruistische Wunsch Erleuchtung zu erlangen, um alle Lebewesen zur Erleuchtung zu führen. Siehe auch die Kapitel vierzehn und fünfzehn in: Shar Khentrul Jamphel Lodrö, Unveiling Your Sacred Truth.

23. Aus dem Digha Nikaya, der „Sammlung der langen Lehrreden" des Buddha (DN 31).

KAPITEL 6: LEBENSMITTE –
„DIE ZEIT DER LEBENSERFAHRUNG"

24. Der achtfache Pfad enthält: richtige Sichtweise, richtige Motivation, richtiges Handeln, richtige Rede, richtige Lebensführung, richtige Anstrengung, richtige Konzentration und richtige Achtsamkeit. Die ersten beiden Stufen repräsentieren Weisheit, die folgenden vier repräsentieren Disziplin und die letzten beiden haben mit Konzentration zu tun. Es gibt viele Zugänge zum Verständnis der Lehre des Buddha. Eine gute Einführung gibt: Walpola Rahula, What the Buddha

Taught. (London: Gordon Fraser, 1978). Deutsch: „Was der Buddha lehrt" (Bern, Origo) Zur Beschreibung der Stadien auf dem Weg zur Erleuchtung siehe Kapitel acht in: Shar Khentrul Jamphel Lodrö, Unveiling Your Sacred Truth.

25. Es gibt zahlreiche Berichte über das außergewöhnliche Leben des 16. Karmapa. Siehe beispielsweise: Ken Holmes, Karmapa (Forres: Altea Publishing, 1995). Hier ist auch mein eigener Wurzellama zu erwähnen, dessen unermüdliche Hingabe zum Wohle anderer, aber auch viele wundersame Zeichen während seines Lebens und Sterbens, ich bezeugen kann.

26. Bezüglich der Hinweise, wie ein spiritueller Meister zu finden und wie ihm zu folgen ist, siehe: S.H. XIV. Dalai Lama: His Holiness the Dalai Lama. Becoming Enlightened (New York: Atria Books, 2009), 31-36. Für eine genauere Darstellung, siehe Kapitel zwölf in: Shar Khentrul Jamphel Lodrö, Unveiling Your Sacred Truth.

27. Aus dem Digha Nikaya, der „Sammlung der langen Lehrreden" des Buddha (DN 31). In diesem Sutra spricht Buddha über die Ethik und Praxis für Laienbekenner.

28. Es ist in der westlichen Psychologie allgemein anerkannt, dass Männer und Frauen die Welt subtil unterschiedlich wahrnehmen. Die angegebenen Beispiele beruhen auf: John Gray, Men are from Mars, Women are from Venus: the Classic Guide to Understanding the Opposite Sex (New York: Harper Collins, 2004). Deutsch: „Männer sind anders. Frauen auch" (München, Goldmann)

29. Ein hervorragender Literaturhinweis für Eltern, der sich mit vielen der hier vorgestellten Ideen beschäftigt, ist: Steve Biddulph, The Complete Secrets of Happy Children (Sydney: Harper Collins, 1998).

30. In der modernen Psychologie ist ein Grundprinzip für Glück am Arbeitsplatz, die Arbeit zu einer Berufung zu machen. Wir können herausfinden, was wir für sinnvoll erachten und wo unsere Stärken liegen, und dann lernen unsere Arbeit so zu gestalten, dass sie uns persönlich Sinn gibt, während wir uns mit unseren Stärken und guten Eigenschaften dafür einsetzen. Siehe: Martin Seligman, Authentic Happiness, 165-184.

KAPITEL 7: REIFES ERWACHSENENALTER – „ZEIT DER WEISHEIT"

31. Für eine umfangreichere Diskussion und Reflexion über Tod und Vergänglichkeit aus buddhistischer Sicht, siehe Kapitel zehn in: Shar Khentrul Jamphel Lodrö, Unveiling Your Sacred Truth.

32. Dies ist die Geschichte von Krisha Gotami, nacherzählt in: Sogyal Rinpoche: The Tibetan Book of Living and Dying, 28-9. (vgl. Anm. 18)

33. Wir können uns einer spirituellen Tradition anschließen, die uns hilft unser „inneres Leben" und gute Eigenschaften zu kultivieren, wir können auch eine gewisse Hilfe bei Lebensratgeber-Literatur oder in psychologischen Kursen finden (solange diese eine fundierte wissenschaftliche Basis haben). Ein gutes Beispiel für ein solches Buch ist: Tal Ben-Shahar, Even Happier: A Gratitude Journal for Daily Joy and Lasting Fulfillment (New York: McGraw-Hill, 2010).

34. Siehe: Sharon Begley, Train Your Mind, Change Your Brain, 246-9 (und die Anmerkungen darin). vgl. Anm. 3, Siehe auch: Norman Doidge, The Brain that Changes Itself. Deutsch: „Neustart im Kopf: Wie sich unser Gehirn selbst repariert" (Frankfurt/Main, Campus-Verlag) Neuerdings gibt es zahlreiche Bücher und andere Quellen mit praktischer Anleitung, wie wir unser Gedächtnis verbessern können. Eine solche Quelle ist die Webseite www.

lumosity.com, die online Übungen bereitstellt, die darauf zielen bestimmte Bereiche unserer geistigen Abläufe zu verbessern, aufgebaut auf seriöser wissenschaftlicher Forschung. Eine andere nützliche Quelle, die Menschen aller Altersgruppen helfen kann, ist Tony Buzan, Use Your Head: Innovative Learning and Thinking Techniques to fulfill your Mental Potential (Harlow: Educational Publishers LLP, 2006).

35. Zu den Vorteilen des Entwickelns von Dankbarkeit aus der Sicht der modernen Psychologie, siehe: Martin Seligman, Authentic Happiness, 70-5.

KAPITEL 8: SPÄTES ERWACHSENENALTER – „DEN ABSCHIED VON DIESEM LEBEN VORBEREITEN"

36. Für eine tiefergehende Untersuchung über das buddhistische Verständnis von Karma und Wiedergeburt, mit einem logischen „Beweis" beider Prinzipien, siehe Kapitel sechs in: Shar Khentrul Jamphel Lodrö, Unveiling Your Sacred Truth.

37. Es wurde viel über den psychologischen Nutzen anderen Gutes zu tun geforscht; beispielsweise können ehrenamtliche Tätigkeiten den Grad von Depression und Ängstlichkeit mindern und anderen dabei zu helfen keinen Alkohol zu trinken, kann die Rückfallquote für ehemalige Alkoholiker senken. Viele dieser Studien werden vorgestellt in dem Buch: Stephen Post, Why Good Things Happen to Good People (New York: Broadway, 2007).

38. Für eine tiefergehende Darstellung des buddhistischen Verständnis von Leiden, siehe Kapitel sieben, in: Shar Khentrul Jamphel Lodrö, Unveiling Your Sacred Truth.

39. Für eine weiterführende Erörterung der Stadien, die wir durchlaufen, wenn wir die Diagnose einer tödlichen Krankheit erhalten,

siehe: Elisabeth Kübler-Ross, On Death and Dying (London: Tavistock/Routledge, 1989). Deutsch: „Interviews mit Sterbenden" (Freiburg, Herder), Kübler-Ross' Untersuchung basiert auf einer ganzen Reihe von Interviews, die sie mit sterbenden Patienten gemacht hat und deren Abschrift im Buch aufscheint.

40. Für eine detaillierte Beschreibung der äußeren und inneren Auflösung während des Sterbeprozesses nach tibetisch-buddhistischer Tradition, siehe: Sogyal Rinpoche, The Tibetan Book of Living and Dying, 255-260. (vgl. Anm. 18). Siehe auch das Kapitel vierundzwanzig in: Shar Khentrul Jamphel Lodrö, Unveiling Your Sacred Truth.

41. Einer der größten Meister der vorangegangenen Generation, der 16. Karmapa, starb in einem westlichen Krankenhaus in den Vereinigten Staaten 1981. Einige der bemerkenswerten Ereignisse zum Zeitpunkt seines Todes, sowie ein Bericht des behandelnden Arztes, sind nachzulesen in: Reginald Ray, Secret of the Vajra World (Boston: Shambala, 2001), p465-80.

42. Die Übergangsphase oder der Zwischenzustand (Bardo) zwischen Tod und Wiedergeburt in einem neuen Körper, wird detailreich in der tibetischen Tradition beschrieben. Siehe: Sogyal Rinpoche, The Tibetan Book of Living and Dying, p291–302. (vgl. Anm. 18). Für eine detaillierte Beschreibung siehe Kapitel vierundzwanzig in: Shar Khentrul Jamphel Lodrö, Unveiling Your Sacred Truth.

43. Ein nützliches Referenzwerk für jene, die mit einer Meditationspraxis beginnen und diese weiterführen wollen ist: Graham Williams, Life in Balance: the Lifeflow Guide to Meditation (Adelaide: Print Know How 2008). Weitere Empfehlungen sind: Ajahn Brahm, Mindfulness, Bliss and Beyond: A Meditator's Handbook (Somerville: Wisdom 2006) and B. Alan Wallace, The Attention Revolu-

tion: Unlocking the Power of the Focused Mind (Boston: Wisdom 2006). Deutsch: „Die Achtsamkeitsrevolution" (Frankfurt/Main, O.W.Barth) Siehe auch Kapitel vier in: Shar Khentrul Jamphel Lodrö, Unveiling Your Sacred Truth. Dieses Kapitel enthält eine detaillierte Beschreibung eines authentischen, leicht zugänglichen und praktischen Meditationspfades.

44. Mehr und vollständige Hinweise zur traditionellen Vajrasattva Reinigungspraxis finden sich im Kapitel sechzehn von: Shar Khentrul Jamphel Lodrö, Unveiling Your Sacred Truth.

45. Zahlreiche Texte, die der Recherche wert sind, sprechen über die Praxis des Reinen Landes von Amithaba und die Merkmale von Sukhavati, manche von ihnen beruhen auf den direkten Einsichten höchst verwirklichter Meister. Einer der kostbarsten Texte wurde von Lama Tsoknyi Gyamtso im neunten Jahrhundert zusammengestellt und besteht aus über hundert Seiten tibetischen Textes, der dieses reine Land beschreibt. Es ist mein inniger Wunsch dieses Werk in naher Zukunft zu übersetzen und einem breiteren Publikum bekannt zu machen.

46. Für Nachforschungen bezüglich der Nahtoderfahrungen, siehe beispielsweise: Kenneth Ring, Life at Death: a Scientific Investigation of the Near-death Experience (Boston: Arkana 1985).

47. Elisabeth Kübler-Ross, The Wheel of Life: A Memoir of Living and Dying (London, Bantam 1997). Deutsch: „Das Rad des Lebens" (München, Knaur MensSana).

48. Elisabeth Kübler-Ross, The Wheel of Life, p288.

49. In letzter Zeit wurden auch einige Menschen aus dem Westen als Reinkarnationen anerkannt, siehe: Vicki Mackenzie, Reborn in the West: the Reincarnation Masters (London: Bloomsbury 1995). Deutsch: „Im Westen wiedergeboren" (München, Diamant-Verlag)

50. Über viele Jahre hinweg hat Dr. Ian Stevenson detaillierte Nachweise von über zweitausend Fällen von Kindern, die sich an frühere Leben erinnern, gesammelt, siehe: Ian Stevenson, Twenty Cases Suggestive of Reincarnation (Charlottesville: Univ. of Virginia Press, 1974); Deutsch: „Der Mensch im Wandel von Tod und Wiedergeburt" (Bielefeld, Aurum) und Jane Henry (ed), Parapsychology Research on Exceptional Experiences (London: Routledge 2005). Unglücklicherweise wird derartige Forschung oft verworfen, weil sie nicht dem „Mainstream" entspricht – allerdings glaube ich, dass eine kritische aber offene Evaluation, wie es in der „Mainstream" Wissenschaft üblich ist, uns allen großen Nutzen bringen könnte.

Quellen

PRAXISBÜCHER BASIEREND AUF MODERNER PSYCHOLOGIE

Tal Ben-Shahar. Even Happier: A Gratitude Journal for Daily Joy and Lasting Fulfillment (New York: McGraw-Hill, 2010).

Tal Ben-Shahar. Happier: Learn the Secrets to Daily Joy and Lasting Fulfillment (New York: McGraw-Hill, 2007).

Steve Biddulph. The Complete Secrets of Happy Children (Sydney: Harper Collins,1998).

John Bradshaw. Healing the Shame that Binds You (Deerfield Beach: Health Communications, 1988). Deutsch: „Wenn Scham krank macht: Verstehen und überwinden von Schamgefühlen" (München, Knaur MensSana)

David Burns. Feeling Good: the New Mood Therapy (New York: Avon Books, 1999). Deutsch: „Feeling Good: Depressionen überwinden, Selbstachtung gewinnen" (Paderborn: Junfermann)

John Gottman & Nan Silver. The Seven Principles for Making Marriage Work (New York: Random House, 2000). Deutsch: „Die 7 Geheimnisse der glücklichen Ehe" (Berlin, Marion von Schröder Verlag)

Russ Harris. The Happiness Trap: Stop Struggling, Start Living (Wollombi: Exisle Publishing, 2007). Deutsch: „Wer dem Glück hinterherrennt, läuft daran vorbei" (München, Goldmann)

Craig Hassed. Know Thyself: the Stress Relief Program (Melbourne: Michelle Anderson Publishing, 2006).

Jeanne Segal. The Language of Emotional Intelligence: The Five Essential Tools for Building Powerful and Effective Relationships (New York: McGraw Hill, 2008).

Martin Seligman. Authentic Happiness (Sydney: Random House, 2002).

Timothy Sharp. The Happiness Handbook (Sydney: Finch, 2007).

INFORMATIONEN ÜBER DAS SPIRITUELLE LEBEN (AUS BUDDHISTISCHER SICHT)

Bikkhu Bodhi (ed). In the Buddha's Words: An Anthology of Discourses from the Pali Canon (Boston: Wisdom 2005). Deutsch: ‚In den Worten des Buddha" (Stammbach, Verlag Beyerlein u. Steinschulte)

Ajahn Chah. A Still Forest Pool: The Insight Meditation of Ajahn Chah. Compiled by Jack Kornfield and Paul Breiter (New York: Quest, 1986). Deutsch: „Ein stiller Waldteich" (Bielefeld, Theseus)

His Holiness the Dalai Lama. Becoming Enlightened (New York: Atria Books, 2009).

His Holiness the Dalai Lama. How to Practise: The Way to a Meaningful Life (Rider: London, 2002). Deutsch: „Der Weg zum Glück. Sinn im Leben finden" (Freiburg, Herder)

Philip Kapleau. The Three Pillars of Zen: Teaching, Practice and Enlightenment (Anchor Books: New York, 2000). Deutsch: „Die drei Pfeiler des Zen" (München, O.W.Barth)

Walpola Rahula, What the Buddha Taught. (London: Gordon Fraser, 1978). Deutsch: „Was der Buddha lehrt" (Bern, Origo)

Shar Khentrul Rinpoche Jamphel Lodro, A Secret Incarnation: Reflections on the Life of a Tibetan Lama. (Melbourne: TBRI 2014)

Shar Khentrul Rinpoche Jamphel Lodro. Unveiling Your Sacred Truth: A Gradual Discovery of Enlightenment through the Jonang-Shambala Kalachakra Tradition. (Melbourne: TBRI 2014)

Über den Autor

Khentrul Rinpoche Jamphel Lodrö ist der Gründer und spirituelle Leiter von Dzokden. Rinpoche ist der Autor zahlreicher Bücher, darunter: "Die Enthüllung der inneren Wahrheit", "Der große mittlere Weg: Klärung der Jonang-Sicht der Anderen-Leere", "Ein glücklicheres Leben" und "Der verborgene Schatz des tiefen Pfades".

Rinpoche verbrachte die ersten 20 Jahre seines Lebens mit dem Hüten von Yaks und dem Singen von Mantras auf den Hochebenen Tibets. Inspiriert von den Bodhisattvas verließ er seine Familie, um in verschiedenen Klöstern unter der Anleitung von über fünfundzwanzig Meistern aller tibetisch-buddhistischen Traditionen zu studieren. Aufgrund seines nicht-sektiererischen Ansatzes erwarb er sich den Titel eines Rime (unvoreingenommenen) Meisters und wurde als Reinkarnation des berühmten Kalachakra-Meisters Ngawang Chözin Gyatso identifiziert. Im Mittelpunkt seiner Lehren steht die Erkenntnis, dass die Vielfalt aller spirituellen Traditionen dieser Welt von großem Wert ist; er konzentriert sich auf die Jonang-Shambhala-Tradition. Die Lehren des Kalachakra (Rad der Zeit), die von den Kalki-Königen von Shambhala überliefert wurden, enthalten tiefgreifende Methoden, um unsere äußere Umgebung mit der inneren Welt von Körper und Geist zu harmonisieren. Dieses Tantra ist direkt mit dem Karma unserer Erde verbunden, um das Goldene Zeitalter des Friedens und der Harmonie (Dzokden) herbeizuführen. Khentrul Rinpoche hat es sich zur Lebensaufgabe gemacht, diese kostbaren Lehren in so vielen Sprachen wie möglich weltweit zu verbreiten, damit wir unsere Welt wirklich transformieren können, ein Mensch nach dem anderen von innen heraus.

Rinpoche's Vision

Dzokden wurde mit dem ausdrücklichen Ziel gegründet, Khentrul Rinpoche bei der Verwirklichung seiner Vision zu unterstützen, das Goldene Zeitalter des Friedens und der Harmonie in dieser Welt herbeizuführen. Während unsere Gemeinschaft weiter wächst und sich entwickelt, beteiligen sich immer mehr Menschen an dieser außergewöhnlichen Anstrengung.

Um dir ein Gefühl für das Ausmaß von Rinpoches Vision zu geben, können wir von acht Zielen sprechen, die Rinpoches kurz- und langfristige Prioritäten widerspiegeln:

KURZFRISTIGE ZIELE

Letztendlich kann dauerhaftes, echtes Glück nur durch tiefgreifende persönliche Transformation erreicht werden. Mehr denn je benötigen wir heutzutage Methoden, um unsere Weisheit zu entwickeln und unser größtes Potential zu verwirklichen. Aus diesem Grund ist es für Rinpoche von besonderer Wichtigkeit, die Jonang-Kalachakra-Linie zu erhalten. Rinpoche hofft, das auf vier Arten erreichen zu können:

1. **Gelegenheiten schaffen, in Zusammenarbeit mit engagierten Meditierenden in abgelegenen Gegenden Tibets mit einer authentischen und vollständigen Kalachakra-Übertragungslinie in Verbindung zu kommen.** Unser Ziel ist es, jegliche Unterstützung zu schaffen, um Kalachakra in Übereinstimmung mit den authentischen Linienmeistern, die diese Tradition tausende Jahre lang aufrechterhalten haben, zu praktizieren. Dazu geben wir Statuen und Bilder in Auftrag, schreiben Bücher und lehren auf

der ganzen Welt. Wir legen besonderen Wert auf die Authentizität unseres Materials, wobei wir uns auf die tiefgründige Erfahrung hoch realisierter Meditierender, die ihr ganzes Leben diesen Übungen widmen, stützen.

2. **Internationale Retreatzentren für Studium und Praxis des Kalachakra zu etablieren.** Um die Lehren in unseren Geist zu integrieren, ist eine Gelegenheit für Perioden intensiver Praxis unabdingbar. Wir sind dabei, die notwendige Infrastruktur zu schaffen, die die Mitglieder unserer Gemeinschaft unterstützt und fördert, sich für ein kurzes oder langes Retreat zurückzuziehen. Dazu gehören der Erwerb von Grund und die Errichtung von Gebäuden, die für Gruppen- oder Einzelretreats notwendig sind. Langfristig möchten wir ein Netzwerk von Zentren auf der ganzen Welt aufbauen. Dadurch soll eine globale Gemeinschaft entstehen, die eine Vielzahl von Praktizierenden unterstützt.

3. **Die einzigartigen und seltenen Schriften der Kalachakra-Meister übersetzen und veröffentlichen.** Während der langen Geschichte Tibets wurden unzählige Schriften über das Kalachakra-System verfasst. Bisher wurde nur ein kleiner Teil dieser Texte übersetzt und im Westen zugänglich gemacht. Während die theoretischen Texte wichtig sind, möchten wir uns aber besonders auf die Kernunterweisungen konzentrieren, die hingebungsvolle Praktizierende zu einer tieferen Erfahrung dieser tiefgründigen Lehren hinführen können..

4. **Hilfsmittel und Programme für eine strukturierte Lernerfahrung entwickeln.** Da kleine Gruppen von Schülern auf der ganzen Welt verstreut sind, halten wir es für wichtig, moderne Technologien bestmöglich einzusetzen, um den Lernprozess zu fördern. Wir möchten eine stabile Online Lernplattform entwickeln, durch die unsere internationale Gemeinschaft Zugang zu

qualitätsvollen Studienprogrammen erhalten kann, die intuitiv, strukturiert und anregend sind.

LANGFRISTIGE ZIELE

Während wir – jeder und jede für sich – daran arbeiten, höchsten Frieden und Harmonie in unserem eigenen Geist zu etablieren, dürfen wir darüber hinaus nicht vergessen, dass wir im größeren Zusammenhang einer unglaublich vielfältigen Welt existieren. Einzelpersonen verfolgen verschiedenste Glaubensrichtungen und Praktiken, die wiederum beeinflussen, wie wir uns im Verhältnis zu anderen sehen und mit ihnen interagieren. Angesichts dieser gegenseitigen Abhängigkeit ist es wesentlich, brauchbare Strategien zu entwickeln, um vermehrt Toleranz und Respekt zu fördern. Dazu empfiehlt Rinpoche vier spezielle Bereiche von Aktivitäten:

1. **Die Entwicklung einer Rime-Philosophie durch Dialog mit anderen Traditionen fördern.** Wenn wir konstruktive Mitglieder einer pluralistischen Gesellschaft sein wollen, müssen wir lernen, unsere Unterschiede miteinander in Einklang zu bringen. Darum wollen wir Menschen helfen, die guten Qualitäten zu entwickeln, die eine Haltung wechselseitigen Respekts, Offenheit gegenüber neuen Ideen und die Neugier, unsere Unwissenheit zu überwinden, fördern.

2. **Hoch realisierte Vorbilder entwickeln, indem wir engagierte Praktizierende finanziell unterstützen.** Um die Authentizität unserer spirituellen Traditionen zu erhalten, sind Personen, die höchste Verwirklichungen erlangen, unverzichtbar. Daher möchten wir ein Stipendienprogramm ins Leben rufen, um aufrichtig Praktizierende dabei zu unterstützen, ihr Leben der spirituellen Entwicklung zu widmen, unabhängig von ihrem Übungssystem. Wenn wir Menschen helfen, die Lehren in die Praxis umzusetzen,

werden sie positive Vorbilder für ihre Umgebung und geben Inspiration und Orientierung für zukünftige Generationen.

3. **Durch spezielle Trainingsprogramme das große Potenzial weiblicher Praktizierender verwirklichen.** Die tibetische Kultur hat eine lange Geschichte, durch intensives Training von Personen, deren großes Potenzial erkannt wurde, hoch verwirtlichte Meister hervorzubringen. Leider konzentrierte sich die Suche nach solchen Personen meist auf männliche Kandidaten. Nach Rinpoches Ansicht ist es zunehmend wichtiger, starke, hoch realisierte weibliche Vorbilder zu haben, um eine bessere Balance in unsere Welt zu bringen. Darum arbeiten wir an einem einzigartigen Trainingsprogramm, um Frauen die Möglichkeit zu geben, ihr spirituelles Potenzial zu verwirklichen. Unser Ziel ist es, sowohl ein spezielles Curriculum als auch die finanzielle Infrastruktur zu entwickeln, um alle Aspekte ihrer Ausbildung zu unterstützen.

4. **Durch moderne Ausbildungsprogramme eine größere Flexibilität des Geistes und ein breiteres Verständnis der Realität fördern.** In einer sich rasch entwickelnden Welt müssen wir überlegen, welche Fähigkeiten wir unsere Kinder lehren wollen. Die starren Strukturen der Vergangenheit sind oft schlecht geeignet, Schülerinnen und Schüler auf die Herausforderungen, denen sie in ihrem Leben begegnen werden, vorzubereiten. Wir möchten verschiedene Ausbildungsprogramme entwickeln, um Kindern zu helfen, flexibler zu werden und sich besser in ihre Umgebung einfügen zu können. Ein wichtiger Teil dieser Programme ist die Entwicklung von größerem Gewahrsein der Rolle, die unser Geist bei unseren tagtäglichen Erfahrungen spielt. Wir möchten auch das Erziehungssystem in den Klöstern reformieren, um seine Relevanz für die heutige moderne Welt zu erhöhen.

WIE KÖNNEN SIE HELFEN?

Das oben Gesagte wird ohne deine Unterstützung und Beteiligung nicht möglich sein. Eine Vision dieser Tragweite erfordert ein großes Maß an Verdienst und Großzügigkeit vieler Wohltäter über viele Jahre hinweg. Wenn du deine Unterstützung anbieten möchtest, zögere bitte nicht, uns zu kontaktieren.

Dzokden
3436 Divisadero Street
San Francisco, California 94123
United States of America
www.dzokden.org